高职高专汽车专业系列教材

汽车 4S 店管理实务

姚凤莉　黄艳玲　彭菊生　主　编
高元伟　张丽丽　史燕妮　副主编

清华大学出版社
北　京

内 容 简 介

本书的编写从高职学生的学习实际出发,以职业能力培养为主线,结合汽车 4S 店对从业人员的岗位能力及技能要求,对汽车 4S 店管理的知识和技能进行了整合创新。本书从汽车 4S 店经营与管理的实际业务出发,主要介绍了汽车销售和汽车服务企业各工作岗位实际业务的处理方法,兼顾介绍企业管理、个人综合素质等基本知识,结合高等职业教育的要求,突出实际工作业务的实训指导,强调工作岗位实际业务能力的需求及实践动手能力的训练和培养。

本书具有较强的实践性和应用性,希望能带给高职汽车类及汽车营销类专业学生全新的学习体验,从而可以获取更多的知识和技能储备,为将来的就业和创业做好衔接。

本书封面贴有清华大学出版社防伪标签,无标签者不得销售。
版权所有,侵权必究。举报:010-62782989,beiqinquan@tup.tsinghua.edu.cn。

图书在版编目(CIP)数据

汽车 4S 店管理实务/姚凤莉,黄艳玲,彭菊生主编. —北京:清华大学出版社,2020.10
高职高专汽车专业系列教材
ISBN 978-7-302-56606-9

Ⅰ. ①汽… Ⅱ. ①姚… ②黄… ③彭… Ⅲ. ①汽车—专业商店—经营管理—高等职业教育—教材 Ⅳ. ①F717.5

中国版本图书馆 CIP 数据核字(2020)第 192642 号

责任编辑:孙晓红
封面设计:刘孝琼
版式设计:杨玉兰
责任校对:周剑云
责任印制:刘海龙

出版发行:清华大学出版社
　　　　网　　　址:http://www.tup.com.cn, http://www.wqbook.com
　　　　地　　　址:北京清华大学学研大厦 A 座　　邮　　编:100084
　　　　社　总　机:010-62770175　　　　　　　　邮　　购:010-62786544
　　　　投稿与读者服务:010-62776969,c-service@tup.tsinghua.edu.cn
　　　　质量反馈:010-62772015,zhiliang@tup.tsinghua.edu.cn
　　　　课件下载:http://www.tup.com.cn, 010-62791865
印 装 者:北京国马印刷厂
经　　销:全国新华书店
开　　本:185mm×260mm　　印　张:16.5　字　数:401 千字
版　　次:2020 年 10 月第 1 版　　　印　次:2020 年 10 月第 1 次印刷
定　　价:48.00 元

产品编号:086718-01

前　　言

随着世界经济的快速发展，汽车品牌专卖店——汽车 4S 店已经成为目前汽车销售和汽车服务企业线下经营的主要模式。我国汽车市场逐渐成熟，竞争更加激烈，汽车销售和汽车服务企业面对的不仅仅是发展的机遇，更要面对竞争带来的诸多挑战。汽车企业能否拥有掌握企业管理知识，同时又具有良好综合素质的职业人才，是企业生存和发展的关键。"汽车 4S 店管理实务"课程对于培养学生掌握汽车 4S 店管理的基本业务能力，在汽车销售和服务企业，特别是在汽车 4S 店胜任相应岗位的业务工作方面具有重要作用。

本书的编写结合高职学生的学习实际，充分考虑汽车 4S 店对从业人员的岗位能力及技能要求，编写内容从汽车 4S 店的管理实务出发，涵盖了汽车 4S 店的主要工作岗位的实际业务。全书共分为 7 个项目，每个项目包括若干个任务，具体内容包括汽车 4S 店管理概述、汽车 4S 店的人力资源管理、汽车 4S 店的销售管理、汽车 4S 店的售后服务管理、汽车 4S 店的配件管理、汽车 4S 店的信息反馈管理和汽车 4S 店的财务管理等。本书强调以职业能力培养为主线，以项目导入与项目目标引入所要掌握的知识和技能，以【任务导入】【任务分析】【知识准备】【知识拓展】和【任务实施与考核】等模块构成本书的基础框架。

本书由辽宁省交通高等专科学校姚凤莉和黄艳玲、湖州职业技术学院彭菊生主编，副主编有辽宁省交通高等专科学校高元伟、张丽丽和杭州技师学院史燕妮，其他参编人员有刘雅杰、冯华亚、张锡东、李磊、张睿等。本书在编写过程中，参考和借鉴了大量的文献资料，在此特向资料的作者表示诚挚的敬意和衷心的感谢！

由于编者时间和水平有限，书中难免存在不妥和疏漏之处，敬请广大读者批评指正。

编　者

目　　录

项目一　汽车 4S 店管理概述 1

任务　了解汽车 4S 店的管理 2
- 一、汽车 4S 店的含义 2
- 二、汽车 4S 店的特点 2
- 三、汽车 4S 店的建立条件与要求 3
- 四、汽车 4S 店的组织结构 4
- 五、汽车 4S 店的管理业务 4

思考题 7

项目二　汽车 4S 店的人力资源管理 9

任务一　了解汽车 4S 店的人力资源管理 10
- 一、人力资源的含义与构成 10
- 二、人力资源管理的目标与任务 11
- 三、人力资源管理的形成与发展 11
- 四、我国人力资源管理的发展 12
- 五、人力资源管理的主要职能 13
- 六、人力资源管理的主要内容 14

任务二　汽车 4S 店的人员招聘与培训 16
- 一、汽车 4S 店的常规部门设置和职责 16
- 二、汽车 4S 店的人员招聘 19
- 三、汽车 4S 店的员工培训 31

任务三　汽车 4S 店的薪酬与绩效管理 37
- 一、薪酬管理 37
- 二、绩效管理 38
- 三、绩效考评的用途 41
- 四、绩效考评的原则 42
- 五、绩效考评的内容 42
- 六、绩效评估管理的程序 44
- 七、绩效考评的方法 45

思考题 51

项目三　汽车 4S 店的销售管理 53

任务一　了解汽车 4S 店的销售管理 54

一、汽车4S店的销售组织管理 54
　　二、汽车4S店的销售预测管理 60
　　三、汽车4S店的销售目标与销售配额管理 66
　任务二　汽车4S店的销售业务流程管理 75
　　一、销售准备管理 76
　　二、销售接洽管理 79
　　三、销售陈述管理 81
　　四、处理异议管理 92
　　五、成交管理 95
　　六、售后服务管理 100
　思考题 102

项目四　汽车4S店的售后服务管理 103

　任务一　汽车4S店的售后服务管理概述 104
　　一、汽车4S店售后服务组织结构 104
　　二、售后服务工作的内容 109
　　三、汽车维修业务流程 110
　　四、汽车保修业务管理 115
　　五、汽车三包常识 118
　任务二　维修预约与接车服务 126
　　一、预约服务 127
　　二、接车服务 135
　任务三　维修与质检服务 146
　　一、服务顾问在维修与质检过程中的职责 146
　　二、维修和质量检验流程 148
　　三、维修质量检验的内容及方法 149
　　四、质检工作程序 151
　任务四　交车服务 159
　　一、汽车4S店交车服务的主要内容 160
　　二、交车服务流程 160
　　三、交车后的回访 161
　思考题 165

项目五　汽车4S店的配件管理 167

　任务一　了解汽车4S店的配件管理 168
　　一、汽车4S店配件部的岗位设置及工作职责 168
　　二、汽车配件的基本知识 172
　　三、配件仓库的基本设施及配件管理的内容 180
　　四、汽车4S店配件业务管理制度 181

任务二　汽车4S店的配件管理工作流程 183
　　　　一、配件计划与采购 183
　　　　二、配件仓库盘点 185
　　　　三、汽车配件提货与配送管理 188
　　　　四、汽车配件零售管理 190
　　　　五、汽车配件入库与出库管理 190
　　　　六、汽车配件报损管理 190
　　思考题 199

项目六　汽车4S店的信息反馈管理

　　任务一　了解汽车4S店的信息反馈管理 202
　　　　一、信息反馈的含义 202
　　　　二、汽车4S店信息反馈的现状与创新要求 202
　　　　三、汽车4S店信息反馈的工作内容 205
　　　　四、客户服务部的主要岗位工作职责 207
　　　　五、客户管理 208
　　任务二　客户信息反馈与处理 211
　　　　一、客户跟踪服务 211
　　　　二、客户投诉处理 214
　　　　三、客户满意与客户关怀 220
　　思考题 226

项目七　汽车4S店的财务管理

　　任务一　了解汽车4S店的财务管理 228
　　　　一、企业财务与财务管理 228
　　　　二、财务管理目标 230
　　　　三、汽车4S店的财务管理构成 231
　　任务二　汽车4S店的资金筹集管理 233
　　　　一、企业筹资的动机 233
　　　　二、筹资分类 234
　　　　三、股权筹资 234
　　　　四、债务筹资 236
　　任务三　汽车4S店的营运资金管理 238
　　　　一、营运资金的含义与特点 238
　　　　二、营运资金管理的基本要求 240
　　　　三、现金管理 240
　　　　四、应收账款管理 241
　　　　五、存货管理 242
　　任务四　汽车4S店的成本与费用管理 247

一、成本、费用的含义及其分类 248
二、经营成本的内容及要素 249
三、期间费用的含义及构成 250
四、成本控制 250
思考题 255

参考文献 256

项目一 汽车 4S 店管理概述

【项目导入】

随着我国汽车市场的规模和吸引力的与日俱增,中国已经成为世界主流汽车的必争之地,市场竞争异常激烈,汽车销售和服务企业(以下简称"汽车 4S 店"或"4S 店")管理的重要性越来越明显,直接关系到企业的兴衰成败。汽车 4S 店是一类特殊的企业,要想掌握其管理的真谛,首先要对这类特殊的企业有充分的认识和了解,对其管理业务进行深入的学习和探索。

【项目目标】

- 熟悉汽车 4S 店的含义和特点。
- 了解汽车 4S 店的建立条件。
- 熟悉汽车 4S 店的组织结构。
- 掌握汽车 4S 店经营管理的内容。

任务　了解汽车4S店的管理

【任务导入】

消费者王先生想要购买一辆汽车,但其对汽车4S店不太了解。通过学习,请你为王先生做好4S店的介绍工作。

【任务分析】

为了能够让客户了解汽车4S店,信任汽车4S店,我们需要从4S店的特点、功能、组织结构、经营范围等几方面进行介绍,让客户了解到在汽车4S店可以得到全方位的优质服务。

【知识准备】

一、汽车4S店的含义

汽车4S店是集汽车整车销售、维修、配件供应和信息服务为一体的汽车品牌销售店。汽车4S店是一种以"四位一体"为核心的汽车特许经营模式,包括新车整车销售(Sale)、零配件供应(Sparepart)、售后服务(Service)、信息反馈(Survey)的汽车整体服务方式。它是一种以消费者为中心,从售前服务到售后跟踪服务的一条龙服务模式,其核心含义是"汽车终身服务解决方案",汽车4S店目前是我国汽车销售和服务的主要模式。该模式的优点是有厂家支持、有客户投诉及索赔的反馈机制、有配件供应的保障。

汽车4S店模式是汽车市场激励竞争下的产物,随着汽车市场的成熟和发展,用户的消费心理也逐渐成熟,需求逐渐多样化,对产品和服务的要求也越来越高。汽车4S店的出现,恰好能满足用户的各种需求,为客户提供整洁干净的维修区、现代化的设备、高度职业化的气氛、保养良好的服务设施、供应充足的零配件、迅速及时的跟踪服务体系等。

特许经营已经成为我国汽车4S店的一种主要经营形式。特许经营起源于美国,现在这种经营形式已经运用于世界各国许多行业。在我国,最初是几个国际知名汽车公司将这一经营方式用于汽车的销售和服务机构,形成汽车产品的汽车4S店。如今,我国几乎所有的汽车销售和服务企业都采用了这种4S店的经营模式。

二、汽车4S店的特点

虽然我国汽车4S店的发展历史不长,但随着各国汽车巨头进军我国,各个汽车品牌的

4S 店也是遍地开花，成为城市的一道风景线。相对于国外来说，我国汽车 4S 店的发展有以下几个中国特色。

1. 品牌全

在国外，一般是中高档以上的汽车品牌才会建立 4S 店模式，因为这样的汽车商务和服务利润空间比较大，车主能够承受比较高昂的服务成本。反观国内，我们几乎所有的汽车企业、所有的汽车品牌，都建立了自己的汽车 4S 店，甚至包括微型车和卡车。

2. 密度高

随着我国汽车行业的飞速发展，汽车 4S 店遍布我国大江南北，数量庞大。在同一个城市投资建立的汽车 4S 店少则几百家，多则上千家。不管是合资品牌还是国产品牌，汽车厂商都积极建立自己的分销网络，甚至有些品牌的汽车 4S 店已经建在了经济不太发达的县级城市。国内一个拥有 300 万汽车保有量的城市就有约 300 家汽车 4S 店，如此高的密度，在世界上是不多见的。

3. 投资大、装修豪华

我国的汽车 4S 店，普遍崇尚大投入、豪华装修，即使是中低端汽车品牌的 4S 店，投资也都高达上千万元，而豪华品牌的汽车 4S 店的投资建店成本甚至高达上亿元。

4. 水平差别大

一些经营规范的汽车 4S 店，管理水平比较高，在店容、人员风貌、销售、服务、投诉处理等方面，都明显高于普通的汽车维修企业；但也有相当一部分汽车 4S 店从建立之初就有先天不足的缺陷，在后期经营管理过程中，还存在一些困难和不足。

三、汽车 4S 店的建立条件与要求

对汽车厂商来说，授权的 4S 店一般要具有如下条件：资金实力强；在当地有较强的影响力(在客户、政府、社会资源等方面)；有一定的汽车销售经验和一支较强的管理团队；认可该汽车品牌的营销理念；与现有的同品牌 4S 店间距离不能太近，一般是 15 公里，在大中城市、发达地区该距离可以缩短到 7 公里或更短。

汽车 4S 店除了设立企业必需的注册资本、工商行政部门审批等条件外，还必须按照汽车特许经营的契约要求，具备特许人(汽车制造厂家)提出的要求。由于每个品牌的 4S 店加盟方法都不一样，要求也会有所不同。下面是厂商对 4S 店的基本要求：

(1) 完成制定的商品车销售任务。
(2) 完成制定的配件任务。
(3) 完成保质期内的车辆索赔任务。
(4) 反馈车辆信息，为厂家提供改进建议。
(5) 保证一定比例的客户满意度。
(6) 作为厂家和客户沟通的桥梁，为客户服务，完成汽车制造厂家的各项计划。

(7) 利用第三方公司对下属汽车 4S 店进行检查、整改。
(8) 售后服务必须按厂家规定使用专用工具。
(9) 定期按照特许人要求安排人员参加培训,合格后方能上岗。
(10) 使用特许人规定的服务系统,记录客户信息,并且上传给特许人。
(11) 利用特许人授权的特殊系统,完成售后车辆的防盗等系统解锁工作。
(12) 按照特许人制定的标准建立标准展厅。
(13) 按照特许人制定的标准服务核心流程开展工作。
(14) 企业行为要合乎国家和行业规定。

四、汽车 4S 店的组织结构

不同品牌汽车 4S 店的组织结构不尽相同,一般来说,汽车 4S 店都实行董事会领导下的总经理负责制,其管理结构大致可以分为四层,即总经理、总监(副总经理)、部门主管和职员。一般来说,汽车 4S 店大多包括七个部门,常见的 4S 店组织结构如图 1-1 所示。

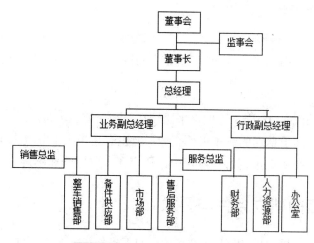

图 1-1 汽车 4S 店的组织结构图

五、汽车 4S 店的管理业务

科学管理之父泰勒认为,管理就是"确切地知道你要别人去干什么,并使他用最好的方法去干"。在泰勒眼里,管理就是指挥他人用其最好的工作方法去工作,所以他在其名著《科学管理原理》中就讨论和研究了两个管理问题:第一,员工如何能寻找和掌握最好的工作方法以提高效率?第二,管理者如何激励员工努力地工作以获得最大的工作业绩?对于现代企业而言,管理就是针对市场环境的变化,按管理者的意志对企业系统的响应进行控制,微观上,可以理解为企业生产经营过程中各种服务。

汽车 4S 店作为企业的具体形式,其管理活动具有自身独有的内容和特点,具体是以汽车销售和服务市场为出发和归宿,进行市场调查和预测,掌握市场需求和变化规律,以便调整企业的经营方针，制定长远发展规划，组织安排生产，开展优质服务，达到预订目标的一个循环过程。

1. 汽车 4S 店管理的意义和作用

汽车 4S 店作为一个相对独立的经济实体，具有决策权，企业的这种独立性和决策权是提高企业经济效益所必需的。企业必须自觉地研究市场规律和价值规律的作用，在竞争的环境里学会自主经营管理的本领。

企业有了与它对国家承担经济责任相适应的经济利益，这种责任和利益，构成了企业发挥经营积极性的外部压力和内在动力，使企业的管理活动成果与其物质利益发生了直接联系，这就要求企业要千方百计地学会管理，提高企业经济效益。

企业制定的经营管理目标，必须建立在对市场需求的准确预测和对企业生产能力的精确计算的基础上，每个企业的生产活动都要同市场发生直接的关系。目前，我国市场竞争激烈，要求企业能及时准确地掌握市场动态，根据用户需要提供适当的服务，提高企业的竞争能力。在社会主义市场经济体制下，汽车 4S 店作为一个汽车产品的销售和服务者，只有制定正确的经营战略和经营策略，扬长避短，发挥优势，才能立于不败之地。所以，经营管理的意义和作用就更重要了。

2. 汽车 4S 店管理的内容

总体来看，汽车 4S 店与一般企业一样，其全部活动由经营活动和生产活动两大部分组成，生产活动是基础，具有内向性，其基本要求是充分利用和合理组织企业内部的各种资源(人力、财力、物力和技术)，用最经济的方法，向用户提供满意的产品和服务。经营活动是与企业外部环境相联系的活动，具有外向性，它的基本要求是使企业的生产技术经济活动适应外部环境的变化，根据汽车维修市场的需求和竞争者的状况以及其他条件的变化，制定企业的经营战略、目标和计划，以保证企业生产成果的实现，并取得良好的经济效益。

汽车 4S 店管理的内容十分广泛，涉及企业的各个方面，贯穿于企业整个生产经营活动的全部过程。归纳起来，主要内容有人力资源管理、汽车销售管理、汽车售后服务管理、汽车配件管理、信息反馈管理、财务管理等。

【知识拓展】

特许经营的特点

1. 特许人与受许人相互独立

在汽车销售和服务过程中，某一国际或国内品牌的汽车生产厂家是特许人，专门从事汽车销售和服务的汽车 4S 店是受许人，两者在各自从事的经济活动中，是相互独立的经济主体。

2. 在特许契约的约束下，双方互有权利和义务

汽车生产厂家根据双方合作契约的内容，有提供合格汽车产品和技术及服务支持等义

务，同时拥有品牌管理和收取汽车产品价款的权利；汽车4S店有按照汽车厂家统一的定价原则、销售和服务等方面的要求，从事汽车销售和服务的义务，也享有在一定的区域内独家从事双方约定的品牌汽车产品的销售、保修服务、质量索赔等权利。

3. 受许人要对其业务进行投资

汽车4S店在汽车销售和服务的过程中，需要根据经营目标和拥有资本的多少，确定投资规模，自行组织经营活动，自行进行销售和服务活动所需资金的筹集、使用和管理。

一般说来，特许经营可分为两种类型：商品商标型特许经营和经营模式特许经营。汽车销售和服务企业主要是经营模式特许经营。汽车4S店是投资型特许经营模式。这种经营模式需要的资金数额更高，投资型受许人首要关心的是获得投资回报。

从消费者和整个经济的角度考虑，特许经营也有一些特点。对于消费者来说，特许经营可以使特许人优秀的经营方法和技术被广泛应用，提高了为消费者服务的水平；各个特许的汽车4S店在特许人指导下的标准化经营，使消费者无论在哪里都能感受到实行特许经营的汽车4S店与普通汽车维修企业存在很大的不同，并在市场竞争中具有突出的优势。

【任务实施与考核】

(一) 技能学习

通过该工作任务的学习，使学生能了解汽车4S店的基本含义和特点，以及建立汽车4S店的基本条件和要求，熟悉汽车4S店的基本组织结构以及经营管理的内容。

(二) 任务实施

实训任务：以某一汽车4S店为例，为客户王先生介绍该4S店。

具体操作：学生分组进行训练，每组4～6人，分别扮演不同角色(客户和工作人员)。

实训内容需要课前布置给学生，便于学生提前了解相关内容，预设客户可能提问的问题，准备好相应的回答内容，设计介绍方案，分配好角色。教师需要提前准备好考核标准和评分标准，便于在课堂中进行考核。

课堂模拟实践时，学生按角色及设计方案进行模拟，互相评价，修订设计方案。结束后，小组成员针对遇到的问题进行分析与总结，形成总结报告。

在实训教学过程中以学生为主，教师为辅。

(三) 实训考核

学生提交活动设计方案和活动分析总结。教师根据学生提交的设计方案及分析总结，以及在模拟实践过程中学生的应变反应能力进行打分。

思 考 题

1. 什么是汽车 4S 店？汽车 4S 店有哪些特点？
2. 汽车 4S 店的管理结构及岗位设置有哪些？其组织结构是怎么样的关系？
3. 汽车 4S 店管理的意义是什么？有什么作用？
4 汽车 4S 店管理的内容主要包括哪些？

项目二　汽车 4S 店的人力资源管理

【项目导入】

在现代企业管理中，人力资源的开发和利用起着举足轻重的作用，人力资本已经超过了物质资本和自然资本，成为最主要的生产要素和社会财富，成为经济、财富增长的源泉。对人力资源的争夺，创新人才的培养成为当今各类企业时刻关注的重心。汽车 4S 店作为一个劳动密集型的服务性企业，要想生存和发展，就必须有效地提供适销对路的服务，而人力资源正是提供这些服务的要素之一。作为现代企业核心竞争力之一的现代人力资源管理，对汽车 4S 店的建设和发展尤为重要，可以说企业管理决定着汽车 4S 店的命运，而企业建设依赖的是人力资源管理。

【项目目标】

- 熟悉人力资源管理的意义。
- 了解人力资源管理的内容。
- 理解人员招聘的意义。
- 熟悉人员招聘的决策、程序、形式。
- 熟悉人员培训的步骤。
- 掌握汽车 4S 店员工培训的内容。
- 掌握绩效考评的含义、用途及内容。
- 了解绩效考评的程序，熟悉绩效考评的相关方法。
- 认识薪酬，了解薪酬的主要内容。
- 了解企业薪酬体系设计的原则和过程。

任务一　了解汽车 4S 店的人力资源管理

【任务导入】

通用电气公司是美国,也是世界上最大的电气和电子设备制造公司,它以惊人的耐力,历经 130 多年来企业之盛衰和荣枯。公司成功的最重要原因是用人,以人为本,尊重个性,重视培养是通用电气的管理风格。通用电气的用人之道已成为现代企业管理的典范。"你要勤于给花草施肥浇水,如果它们茁壮成长,你会有一个美丽的花园。"通用电气公司前 CEO 韦尔奇用这样一个形象的比喻道出了人本管理的思想。他的一番话更是揭示了人力资源管理的真谛:"我最大的成就就是发现人才,发现一大批人才。他们比绝大多数的首席执行官都要优秀。"

那么到底什么是人力资源管理呢?汽车 4S 店又该如何利用人力资源管理理论来提升自身的业务管理水平呢?

【任务分析】

人力资源已被很多组织视为第一资源,人力资源管理也已成为越来越多企业获取和保持竞争优势的重要工具,并成为组织管理的重要组成部分。下面我们需要从人力资源的含义及构成、人力资源管理的目标和任务、人力资源管理的发展、人力资源管理的职能和内容等方面来了解和认识人力资源管理。

【知识准备】

一、人力资源的含义与构成

1. 资源与人力资源的含义

在经济学中,资源是指为了创造物质财富而投入于生产活动中的一切要素,如自然资源、资本资源、信息资源、人力资源等,而人力资源普遍被认为是第一资源。

人力资源具体是指能够推动国民经济和社会发展的,具有智力劳动和体力劳动能力的人才的总称。这里的人力资源可从以下几个方面去理解。

(1) 能够推动经济和社会发展的劳动者的能力,即处在劳动年龄的已直接投入建设和尚未投入建设的人口。

(2) 包含在人体内的一种生产能力,它是表现在劳动者身上的,以劳动者的数量和质量表示的资源。

(3) 企业组织内外具有劳动能力的人的总称。

(4) 一个国家或地区有劳动能力的人的总称。

(5) 企业全体员工的能力。

2. 人力资源的构成

人力资源由人力资源的数量和质量两方面构成。

人力资源的数量包括绝对量和相对量。绝对量是指具有劳动能力的人口总基数；相对量是指人力资源的绝对量占总人口的比例，又称人力资源率，是反映经济实力的重要指标。

人力资源的质量包括身体素质、心理素质、知识素质、道德素质和能力素质等几方面。其中，身体素质指人的体质、体力和体能等；心理素质受心理特征和个性心理两方面的影响；知识素质包括基础理论知识和专业技能知识；道德素质包括思想品德和道德情操；能力素质包括综合分析能力、理解能力、判断能力、组织协调能力、决策能力和沟通能力等。

二、人力资源管理的目标与任务

人力资源管理就是组织为实现既定的目标，运用科学系统的理念和方法，对人力资源进行获取、使用、开发、保持和整合的一系列管理活动。即运用现代化的科学方法，对与一定物力相结合的人力进行合理的培训与调配，使人力、物力经常保持最佳比例，同时对人的思想、心理和行为进行恰当的诱导、控制和协调，充分发挥人的主观能动性，使人尽其才，事得其人，人事相宜，以实现企业的发展目标。

1. 人力资源管理的目标

人力资源管理的基本目标就是"吸引、保留、激励与开发"企业所需要的人力资源，以改善工作质量、提高生产率、获取竞争优势。

2. 人力资源管理的任务

要实现上述目标，人力资源管理需完成以下工作任务。

(1) 通过规划、组织、调配和招聘等方式，保证以一定数量和质量的劳动力和各种专业人员加入并配置到组织的生产经营活动中，满足组织发展的需要。

(2) 通过各种方式和途径，有计划地加强对现有员工的培训，不断提高他们的文化知识和业务技术水平。

(3) 结合每一个员工的具体职业生涯发展目标，搞好对员工的选拔、使用、考核和奖惩工作，做到能发现人才、合理使用人才和充分发挥人才的作用。

(4) 采用思想教育、安排劳动和工作，关心员工的生活和物质利益等措施，激发员工的工作积极性。

(5) 根据现代企业制度要求，做好工资、福利等工作，协调劳资关系。

三、人力资源管理的形成与发展

人力资源管理活动的发展可以追溯到很远，它的理论形成和发展可分为四个阶段。

第一阶段(1930年以前)：当时大机器生产已经是社会生产的主要方式，与之相适应，庞大且复杂的大机器工业工厂应运而生，如何管理好大机器生产企业中的人，如何提高大机器生产的效率，就成为这一时期人力资源管理研究的中心问题。出现了从工作管理角度和从企业角度进行研究的两个代表人物泰勒和法约尔。泰勒的研究形成了工作管理制度：一是对企业中的一些基本生产过程要完成的工作动作和时间进行一系列研究，通过大量的试验确定一项工作所需要的时间，同时研究工人的操作与工具设备，得出最合理的方法，以此作为合理工作量，即生产定额；二是为制定好生产定额挑选并培训合格的工人，按规定的科学动作从事生产；三是实行"差别付酬制"，按不同的单价来计算工人的工资，以此刺激工人积极性；四是实行管理与执行的明确分工，明确各自的工作范围与职责，以提高管理工作的效率和生产操作的效率。法约尔提出了分工与协作、权利与责任要相适应、命令要统一、指挥要统一、集权分权要恰当、生产经营要有秩序、要注重纪律、企业层次要严整等14条原则。他强调在企业里要建立一种高效非个人化的行政级别式的企业结构，经过科学的设计形成一定的层级关系，每一个岗位权责分明，一切按规章制度办事。这一时期的人力资源管理理论开始在员工管理方面发挥积极的作用。

第二阶段(1930—1960年)：随着企业劳资矛盾的加深，工人开始反对劳动定额，公开与管理部门对抗，人力资源管理成为处理劳资关系的工具。随着企业规模的扩张，人力资源管理也不断地开拓其业务领域和研究范围，包括薪酬管理、基本培训和产业关系咨询等，但仍停留在企业管理的战术层次，未能得到企业管理层的高度重视。

第三阶段(1960—1980年)：随着科学技术的迅猛发展，企业管理者开始意识到经济的高速健康发展并非大量实物资本投资的结果，而是与技术、人才的有效运用密切相关，人在工作中的能动性对工作效率和质量具有重要意义，不能把人看作是机器、工具，不能把人看作是被动接受管理的对象，开始强调建立从吸引人、留住人、尊重人到用好人的一系列方法和制度。这一时期的人力资源管理在企业管理中的地位已变得不可替代。

第四阶段(1980年以后)：20世纪80年代出现了战略人力资源管理理论，把人力资源管理和企业的战略计划作为一个整体来加以考虑，这个战略计划的目的是提高企业的绩效。管理重点在于发现、留住、有效使用核心员工，通过强化核心员工的归属感激发其优良工作业绩，管理目标也由单一目标转为实现企业和员工共同利益的双重目标。总的来说，人力资源管理从保护者、甄选者向规划者、变革者转变，从企业战略的"反应者"向企业战略的"制定者""贡献者"发展。现代人力资源管理更具有战略性、整体性与发展性，在这种企业结构中，人力资源管理起着核心作用，与其他职能部门充分交往，帮助企业实现其战略目标。人力资源管理从早期的着眼于"物"的、"硬"的管理到强调"人"的、"软"的管理，再到开发性管理，是人力资源管理不断走向科学的一个进步过程。

四、我国人力资源管理的发展

在我国，企业长期以来把管理人的部门叫作人事劳动部门，现在大多数企业已经改为人力资源开发部，但在功能方面以及角色的扮演上并无显著的改变。人力资源管理不是简单的名词置换，而是从思想、理论到方法都有根本的区别。传统的人事管理把人作为一种成本，将人作为一个工具，注重的是投入、使用和控制，而现代人力资源管理则把人作为一种资源，注重投入、开发和产出，系统化地进行保护、引导、开发。从人力资源管理的发展阶段来看，目前我国大多数汽车4S店的人力资源管理还都处于从传统的人事管理到现代战略性的人力资源管理的过渡阶段。对比传统人事管理与现代人力资源管理，在本质上两者有以下几点区别。

(1) 对人的看法不同。传统的人事劳动管理把人看作"经济人"，认为人干活就是为了钱，因此对人的管理立足于控制与奖惩。而现代人力资源管理则把人看作"社会人"，认为人除了要求基本的物质生活条件外，还有着对友谊、尊重、信任等较高层次的、社会感情性的、复杂的多种需要，因此，管理者要重视安排好令员工满意的工作条件，搞好与员工们的关系，提高员工的士气，从而使其自觉自愿地提高生产效率。

(2) 传统的人事劳动管理是以"事"为中心的。人事劳动管理部门是在企业为之确立业务目标之后，开展具体的人事劳动管理工作的，主要是人的调配、进出、上下等这样一些具体事情。而现代人力资源管理是"以人为中心的"，它把人力资源看作是最宝贵的战略资源，是企业在竞争中生存和发展的最重要的物质基础，同时其工作重点是人力资源的开发利用，即开发人的潜能，激发人的活力，调动人的积极性。

(3) 传统的人事劳动管理是战术性的，工作重点是完成当前的任务；而现代人力资源管理则是战略与战术的结合，不仅要为实施企业战略完成当前的工作任务，更要根据企业战略搞好人力资源开发规划，把工作的重点放在企业未来的发展上。

(4) 传统的人事劳动管理是静态的，把人招了进来，安排下去，该干什么就干什么，就可以不管了。而现代人力资源管理在人员到岗后，要根据人的兴趣、特点、能力，做好其同岗位相吻合的工作。能力低，岗位高，工作做不好；能力高，岗位低，工作也做不好。要根据人的能力安排适当的岗位，使其工作具有挑战性，岗位具有竞争性，促进人的能力不断提高。

(5) 传统的人事劳动管理是机械性的管理，照章办事。而现代人力资源管理是科学性、技术性、艺术性相结合的。

(6) 传统的人事劳动管理是被动反应型的，是领导让干什么就干什么，一切照领导指示办。而现代人力资源管理是事先有规划，按规划办事，主动去做的。

(7) 传统的人事劳动管理是执行性的，与其他部门是平行的，属于中间执行层。而现代企业却把人力资源开发部门的领导摆在董事、总经理或副总经理的层级上，参与企业经营决策。

(8) 传统的人事劳动部门被看成是非生产非效益部门，而现代人力资源部则被看作是生产部门和产生效益的部门。

五、人力资源管理的主要职能

人力资源管理工作直接影响着汽车4S店的经营状况，这种影响作用可能是有利的，也可能是不利的,具体效果如何,取决于人力资源的具体政策、体制设计和贯彻实施。汽车4S店的人力资源管理的根本任务就是在企业内部实施各种有关的制度,使之有利于充分发挥员工的才干,从而圆满实现企业的经营目标。汽车4S店的人力资源管理职能主要包括以下几个方面:

(1) 人力资源配置(包括规划、招聘、选拔、录用、调配、晋升、降职和转岗等);
(2) 绩效考核;
(3) 薪酬体系建立和完善(包括工资、奖金、福利等);
(4) 制度建设(汽车4S店的企业设计、工作分析、员工关系、员工参与、人事行政等);
(5) 培训与开发(包括技能培训、潜能培训、职业生涯规划管理、汽车4S店企业学习等)。

六、人力资源管理的主要内容

人力资源管理活动具体内容包括:人力资源规划、工作分析与职务设计、员工招聘选拔、员工培训、员工的使用与调配、员工绩效管理、员工薪酬管理、员工激励、职业生涯设计与管理、人员保护和社会保障、劳动关系和劳动合同、企业文化与团队建设、人力资源管理系统评估与生产力改进等。

在我国,由于长期以来对行业的偏见,淡化了对汽车销售和服务企业人员的管理,因此面对市场巨大的需求,形成了巨大的人才缺口。现代汽车销售和服务企业本身就是在日益复杂而激烈竞争的市场中提供服务的,经济活动越来越复杂,汽车产品的高新技术含量越来越高,要熟练掌握市场经营手段,提高服务水平,增强企业的核心竞争力,就必须拥有有用人才,合理使用人才,科学管理人才,有效开发人才,只有这样才能促进汽车销售和服务企业经营目标的实现。

1. 选择人

选择人主要是指如何确定企业的员工需求并把合适的人员吸引到企业中来,它包括人力资源规划、工作分析、招聘、选拔和委派。企业经过人力资源规划,确定了需要招聘的职位、部门、数量、时限、类型等,再进行工作分析,确定空缺职位的工作性质、工作内容以及胜任该工作的员工应具备的资格、条件,就可以进行人员的招聘。

招聘是通过各种信息传播渠道,把可能成为和希望成为企业员工的人吸引到企业应聘,实现员工个人与岗位的匹配,也就是人与事的匹配;选拔是企业根据用人标准和条件,运用适当的方法和手段,对应聘者进行审查、选择、聘用;委派是把招聘、选拔来的员工安排到一定的岗位上,担任一定的职务。在人才来源上要有一个正确的观念,一定要摒弃过去那种从社会上招聘"散兵游勇"或者是任人唯亲的做法,在对企业需求和工作进行分析的基础上,招聘具有一定技能的人到企业空缺的岗位上。汽车销售和服务人员最好是选择在专业院校接受过专业培训及高等教育的。管理人员必须具有相当的市场营销、企业经营管理和汽车专业等知识和实践经验。

2. 培育人

培育人一是对新招聘来的员工进行一定时间的教育，如企业发展现状和远景教育，企业经营理念和企业价值观教育等，使新员工尽快熟悉企业情况、环境；二是对现有员工不断地进行继续教育和业务培训，不断提高员工的业务水平和经营观念。

3. 使用人

使用人是指对人才要量才使用，大材小用不行，小材大用也不行；要用其所能，避其所短，充分发挥其优势。要坚持员工的素质评估和绩效考评制度，对员工的德、智、能、技做出客观的、公正的评价。对那些素质高、绩效显著的员工给予奖励和升迁；对那些素质低、绩效差的员工适当采取降级使用、惩罚、解雇等措施，要做到奖惩分明。

4. 激励人

激励人是指建立各种绩效管理指标，加强对员工的素质、行为及工作成果评价，在绩效考评的基础上，为员工提供所需的、同其事业成功度相匹配的工资、奖酬，增加其满意感，充分发挥工资、奖酬的激励功能(注：奖酬包括薪酬、福利及事业)。

人力资源管理是管理的一个分支，和其他管理一样，也要遵循一定的规律，这样才能使人员管理更加科学，更加有效。

(一)技能学习

通过该工作任务的学习，使学生能理解人力资源管理的基本含义，了解现代人力资源管理与传统人事管理的区别，熟悉汽车4S店的人力资源管理内容及其意义。

(二)任务实施

实训任务：调查某一汽车4S店的工作岗位设置情况。

具体操作：学生分组进行实训，每组 4~6 人，采取文献法和访问法收集某一汽车4S店的工作岗位设置情况，包括岗位数、相关工作职责及岗位任职条件等信息，从而总结其人力资源的基本构成情况，形成调研报告。

温情提示：实训前认真复习调研知识和技巧，做好调研计划，可以访问在汽车4S店就职的毕业生。

(三)实训考核

学生提交调研设计方案和调研报告。教师根据学生提交的设计方案及报告，以及在实训过程中学生的表现进行打分。

任务二 汽车4S店的人员招聘与培训

【任务导入】

新入职的人事专员小张被领导要求从就职的汽车4S店的工作岗位中选取一个岗位,进行岗位职责分析,确定该岗位完成各项工作所需的技能、责任和知识,从而形成岗位说明书。小张应该从哪些知识点入手呢?

【任务分析】

汽车4S店的生存和发展必须依靠高质量的人力资源,招聘就是为了确保企业发展所必需的高质量人力资源而进行的一项重要工作。通过招聘,被录用的员工进入企业工作前要经历培训过程。要想完成上述任务,我们需要学习汽车4S店的常规部门设置,汽车4S店的人员招聘决策的含义、原则和程序,企业招聘决策的主要内容,招聘时需要考虑的因素,招聘的程序、方法和形式,员工培训的目的和意义,员工培训的步骤,汽车4S店具体岗位培训的内容和方法等。

【知识准备】

一、汽车4S店的常规部门设置和职责

汽车4S店从经营的需要出发,根据企业的规模和汽车制造厂家的要求,一般设置以下6个部门并具有相应的职责。

1. 整车销售部

整车销售部是汽车4S店直接同消费者接触的部门,是汽车4S店主要的业务部门之一,该部门的业绩决定着整个公司的经营业绩。该部门具有以下职责。

(1) 负责车辆的进货渠道、进口报关及车辆的档案管理。
(2) 进行售后质量跟踪及客户档案编制。
(3) 负责受理并解决客户的投诉。
(4) 负责车辆进货质量、售前检查及售前保管。
(5) 负责整车销售部门的管理工作和营销工作,包括员工培训。
(6) 负责车辆的运输。
(7) 负责与用户确定交货日期。
(8) 负责车辆采购价格信息。
(9) 负责车辆的交货质量。

(10) 负责车辆的交货价格。
(11) 负责展示和推介车辆。
(12) 负责汽车的交易磋商。
(13) 负责解答顾客关于车辆和销售政策的咨询。
(14) 负责汽车消费贷款的办理。
(15) 负责汽车交易中的手续办理。
(16) 负责顾客信息的搜集与管理。
(17) 负责准客户的跟进服务。

2. 售后服务部

售后服务是汽车销售业务的延伸。在汽车售出之后，售后服务部承担为顾客服务的所有业务，是汽车 4S 店另一个主要的业务部门。售后服务部的业务包括售后跟进、客户跟踪调查和管理、维修保养、精品装饰与服务、路上救援、保险理赔、技术咨询等。售后服务部的职责有以下几个方面。

(1) 客户的技术服务与支持。
(2) 建立并管理用户车辆档案。
(3) 客户抱怨、投诉、纠纷的协调、处理和记录。
(4) 产品保修的审查、统计、结算。
(5) 产品质量信息的搜集，产品质量改进的建议，并及时反馈到有关部门。
(6) 服务网络的布局、规划、建设和发展。
(7) 服务站的管理、协调与考评。
(8) 服务站维修人员的培训及技术支持。
(9) 旧件处理及二次索赔工作。
(10) 配件供应体系的规划与实施。
(11) 建立健全合理高效的配件运作体系。
(12) 负责售后服务部门人员的管理、考评与培训。
(13) 负责车辆的维修与保养。
(14) 为顾客提供技术咨询和培训。
(15) 协助顾客进行保险索赔。
(16) 路上救援。

售后服务部的工作职责范围包括从服务到保修保养的全过程，根据工作需要和整车厂的要求，可对不适宜之处进行调整并由售后服务部制定相应的工作流程和标准。对生产经营存在的问题和人员使用问题提出意见和建议，然后由总经理做出相应决策。售后服务部有权根据工作需要和岗位需要进行服务部维修岗位人员调整。对进厂维修的车辆实行全面的生产指挥，统一协调维修车间各工种的衔接，对维修质量全面负责。

3. 配件管理部门

配件管理部门具有以下职责。

(1) 凡供应商新供货物到达后，须由保管员验收，验收合格后制作入库验收单，经采购员签字，由部门领导签字认可后方可入库。
(2) 配件汇款要由部门领导签字认可，经总经理批示，送达财务审核后方可付款。
(3) 入厂车辆正常维修由配件部经理签字，领料员工签字后方可发料。
(4) 新车索赔配件必须经索赔员签字方可办理出库手续，还要由经办人签字。
(5) 除配件采购员采购配件外，任何部门不得采购物资。
(6) 内部各部门用料，由部门领导提出申请，经批准后由配件部采购。
(7) 定期对库存进行盘点，及时发现盈亏，做到账物相符。
(8) 配件采购一律实行增值税发票入库，特殊情况经各部门负责人确认方可采用普通发票入库。

4．市场部

市场部具有以下职责。
(1) 深入了解市场，为企业发展寻找最多的用户和发展机会。
(2) 掌握企业内部的优势，从产品和市场结合关系出发，用企业现有的汽车产品及维修服务和市场结合，扩大市场的占有率。
(3) 了解用户对汽车产品及维修服务的需求和期望，做好信息反馈，便于企业做出相应的决策。
(4) 在开发汽车购买市场和维修服务市场的同时，配合财务部进行维修服务欠款的催缴。
(5) 定期进行维修客户走访，确保长期用户不流失，短期用户变成长期用户。
(6) 协助销售、服务两部门的各种促销活动，有计划不定期地组织联谊活动，增强与客户的感情交流。对客户反馈的信息要及时整理，提出建设性意见供领导决策。

5．行政办公室

行政办公室负责研究企业政策，协调各职能部门的工作，贯彻中心指令，起草文件，制定决策，沟通情况，下达指示，办理文书档案、会务工作及其他日常行政事务和交办事项，接待来访客人、安排活动，做好文件登记管理，办理公司文书和文件打印、档案管理、网络工作管理，承办领导交办的事务，同时负责企业广告宣传、人事管理、人员使用、招聘管理工作，人员考核、工资管理、统筹保险等工作。

6．财务部门

财务部门具有以下职责。
(1) 建立健全财务制度，做好财务基础工作。
(2) 负责本企业的财务结算。
(3) 编制本企业各项财务计划，制作财务预算。
(4) 及时处理账务，编制成本明细表，做出成本分析。
(5) 审核财产物资变动和结存情况。

项目二　汽车4S店的人力资源管理

(6) 监督各项计划执行情况，发现问题找出原因，提出整改意见和建议。
(7) 组织编制本企业的月、季、年报表，每月正确无误地核算经营成果。
(8) 对企业内部资产和财务部门的工作实行监督。
(9) 以企业财务标准、会计通则为依据进行业务操作。
(10) 参与制订年度经营计划并负责经营成果考核工作。

二、汽车4S店的人员招聘

(一)人员招聘决策的含义及内容

员工招聘决策是指企业的最高管理层对重要工作岗位的招聘和大量其他工作岗位的招聘所进行的计划、组织及抉择的过程。企业招聘决策的主要内容包括以下几个方面。

(1) 哪种岗位需要招聘员工，招聘数量是多少，每个岗位的具体要求有哪些。
(2) 何时发布招聘信息，通过何种渠道发布招聘信息。
(3) 哪个部门负责进行招聘测试。
(4) 编制招聘预算。
(5) 制订招聘工作时间计划。
(6) 新招聘的员工何时到岗。

企业在做出招聘决策后，就应迅速发布招聘信息，即向可能应聘的群体传递企业将要招聘的信息。这项工作直接关系到招聘的质量。

发布信息的原则是面广、及时和分层。所谓面广，就是使更多的人接收到该信息，使更多的人提出工作申请，从而使企业提高招聘到合适员工的可能性；及时就是招聘信息应尽早发布，这样可缩短招聘进程，也有利更多的人获得信息，增加应聘人数；分层就是根据招聘岗位的特点，向特定层次的人员发布招聘信息，这样可以提高信息的效率。

企业招聘周期的长度要受到许多因素的影响。首先，不同的工作岗位空缺填补的时间会有所不同。企业人力资源计划的质量对招聘周期也有影响。以美国为例，平均地说，经理人员和业务主管的招聘周期是6.8周，销售人员的招聘周期是4.9周，办公室文秘人员的招聘周期是2.7周，操作员工的招聘周期是2.1周。一般而言，企业中空缺待续的时间既反映着发现应聘者的难度，也反映着企业招聘和选择过程的效率。

(二)招聘决策应遵循的一般原则

1. 公正公平原则

公正公平是最基本的原则。人事部门及经办人员在人员招聘中，必须克服个人好恶以客观的态度及眼光去甄选人员，做到不偏不倚、客观公正，通过公平竞争来吸引人才。要做到客观公正、公平性竞争，企业要本着"直接选，越级聘"，即选聘一岗位人员，选择权归这个岗位的直接上级，而聘用权则归其上级的上级。这样做的目的，主要是建立用人方面相互制约机制，做到合理化、科学化，从而给竞聘者提供公平竞争的机会。

2. 少而精原则

经济发展的不同时期，人力资源供给的情况是有所差异的，对企业来说，创造效益是第一目标。因此，招聘来的人员总要发挥其作用，可招可不招时尽量不招，可少招可多招时尽量少招。

3. 宁缺毋滥原则

如果没有合适的人选，一个岗位宁可使其暂时空缺，也不要让不适合的人员占据着。岗位的暂时的空缺，还可以在企业内部形成竞争。当然，人员空缺的时间不能太长。

4. 先内后外原则

人事部门及用人部门在人才招聘中，应先从公司内部选聘合适人才，在此基础上进行对外招聘，从而充分运用和整合公司现有人力资源，在满足用人需求的基础上兼顾经济性原则。

(三) 人员招聘应考虑的因素

汽车4S店生意兴隆或业务发展时，要面临招聘新员工的问题。企业招聘新人要考虑到增加的生意能够可以满足新增员工的工资和福利。因为对大多数汽车4S店来说，劳动力报酬是企业不小的固定支出。企业忙的时候，需要足够多的工作人员为客户服务，而在业务淡季，开工资给无事可做的员工对于企业老板来说也不是一件轻松的事情，因此，员工招聘要考虑以下几个方面。

1. 确实需要

无论从长期还是短期来考虑，招聘的员工对企业的生意都会有很大帮助，不是可有可无的。坚持少而精、宁缺毋滥，是招聘工作的基本原则。

2. 职位空缺

当有人辞职或到其他岗位上时，企业就需要把人员补充上来。这时第一步应该考虑空缺的工作分摊给其他员工是否可行，第二步才考虑员工招聘。

3. 人才储备

一些关键岗位应有人才储备，否则关键岗位的人员离去对企业的打击将是致命的，这也称为未雨绸缪。

4. 长期发展计划

如果汽车4S店有长期的发展计划，就应该提前进行人才规划，避免临时抱佛脚。

5. 季节性因素

汽车4S店的业务受季节性因素的影响比较突出，例如一般来说每年春节后的两个月是机修淡季，而钣金喷漆生意不少；夏季空调维修是旺季。在淡季时可能有人要离职，这时企业可以缓一缓，到旺季来临前再招人。

(四)招聘过程中应注意的问题

1. 合理选择招聘人员

在企业招聘的过程中，应聘者首先是与企业的招聘组成员接触而不是与企业接触。应聘者在对企业的具体情况了解甚少的情况下，一般总是根据企业在招聘活动中的表现来推断企业其他方面的情况，如办事效率、工作的风格特点等。所以，合理选择招聘人员是企业的一项非常关键的人力资源管理决策。

一般说来，组成招聘组的成员中应该包括企业人力资源部门的代表、经理，还应该包括拟招聘的工作岗位未来的同事和下属。应聘者会将这些招聘组成员作为企业的一个窗口，由此判断企业的特征。因此，招聘组成员的表现将直接影响到应聘者是否愿意接受企业提供的工作岗位。那么，这些"窗口人员"什么样的表现能够增加应聘者的求职意愿呢？有研究显示，招聘人员的个人风度是否优雅、知识是否丰富、办事作风是否干练等因素都直接影响着应聘者对企业的感受和评价。

2. 招聘筛选金字塔

就我国目前劳动力市场的现状来看，每年大学的毕业生高达七八百万人，就业形势非常严峻，劳动力过剩将是一个长期存在的现象。那些经营业绩出众、效益好的大公司，如电信公司、移动公司等在招聘中面对的将是一个应聘者的汪洋大海。企业的招聘是一个过滤器，它影响着什么样的员工能成为企业的一员。一个理想的录用过程的一个重要特征是：被录用的人数相对于最初申请者的人数少得多。这种大浪淘沙式的录用可以保证录用到能力比较强的员工。招聘筛选金字塔可以帮助企业确定为招聘一定数量的员工需要吸引多少数量的工作岗位申请人。

企业有两种不同的策略用以确定工作申请资格。第一种策略是把申请资格设定得比较高，于是符合标准的应聘者就比较少，然后企业花费比较多的时间和金钱来仔细挑选最好的员工。第二种策略是把申请资格设定得比较低，于是符合标准的应聘者就比较多，这时企业有比较充分的选择余地，招聘的成本会比较低。

如果企业拟招聘的工作岗位对于企业而言至关重要，员工质量是第一位的选择，就应该采取第一种策略。如果劳动力市场供给形势比较紧张，企业也缺乏足够的招聘费用，同时招聘的工作对于企业不是十分重要，就应该采取第二种策略。

3. 开展真实工作预览

企业在招聘过程中，为了达到尽快补充人员的目的，总是会使用各种办法来吸引应聘者，常用的吸引人才项目包括待遇、保险、工作条件、职业前景、工作的挑战性等。但是需要注意的是，公司在想方设法吸引外部人才加盟时，不能顾此失彼，导致新员工与原有员工之间的不公平。企业在吸引应聘者时，公司不应该只暴露公司好的一面，同时也应该让应聘者了解公司不好的一面，以便应聘者对企业的真实情况有一个全面的了解。

企业在向应聘者开展工作预览时应注意以下五点。

(1) 真实性。企业应客观真实地向应聘者反映未来的工作情景，否则会使被录用者产生误差，失去对企业的信任。

(2) 全面性。公司应该对员工的晋升机会、工作过程中的监控程度和各个部门的情况逐一介绍。

(3) 可信性。公司应该使所反映的预览内容与实际的吻合度高，使应聘者感到是符合情理的。

(4) 详细性。企业不应该仅仅只给出一些宽泛的信息，如工资待遇政策和公司的总体特征等，还应该对诸如日常的工作环境等细节问题也给出详细的介绍。

(5) 突出重点。应聘者可以从公开渠道如宣传材料、报刊等了解的信息，不应该成为真实工作预览的重点。真实工作预览应该着重说明应聘者关心的但是又很难从其他渠道获得的信息。

展示真实的工作预览对招聘工作来讲意义重大。首先，真实的未来工作情景可以使应聘者先进行一次自我筛选，判断自己与这家公司的要求是否匹配，还可以进一步促使应聘者决定申请哪些职位，不申请哪些职位，这就为日后减少离职奠定了良好的基础。其次，真实工作预览可以使应聘者清楚什么是可以在这个企业中期望的，什么是不可以期望的。这样，一旦他们加入到企业中以后，就不会产生强烈的失望感，而是会增加他们工作的满意程度、投入程度和长期服务的可能性。最后，这些真实的未来工作情景可以使应聘者及早做好思想准备，一旦日后的工作中出现困难，他们也不会回避难题，而是积极设法解决难题。总之，公司向应聘者全面展示未来的工作情景会使应聘者感到企业是真诚的，是可以值得信赖的，在此基础上企业才能够招到合适的人才，人才才能够找到合适的工作岗位。

(五)人员招聘的程序

企业完整的招聘程序有四个阶段，即招募、选拔、录用、评估，其具体流程见图 2-1。招聘工作从用人部门发出申请后到最后员工录用签订合同，大致可分成以下几个步骤。

1. 制定与审批招聘计划

企业用人部门根据业务发展情况，提出需要招聘岗位的名称、人员的基本要求等。人力资源管理部根据人力资源供给和需求，结合工作分析等活动形成的结果，制定招聘计划。制定该计划的目的在于使人员招聘工作科学、合理。招聘计划通常由用人部门制定并提出，经人力资源管理部门对人员需求量、费用等项目进行严格复核，签署意见后上报总经理或主管的副总经理审批。

2. 发布招聘信息

发布的招聘信息中应注明招聘的岗位、数量、任职者要求等。根据实际情况，有针对性地选择信息发布的时间、方式、渠道与范围等。

3. 应聘者提出申请

提出申请可以是信函的形式，也可以直接填写申请表。

项目二 汽车4S店的人力资源管理

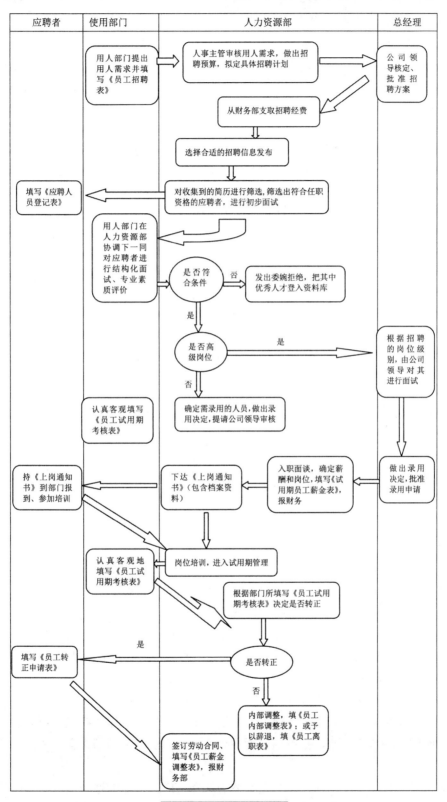

图 2-1　企业招聘的程序

4. 进行初审并发出面试通知

人力资源部审查求职表，将一些明显不符合条件的人员筛选掉。初审主要是对求职者的求职目的、工资要求、所申请的职位与其学历、工作经验、技能、成果等个人信息是否匹配进行审查，对达到要求者，由人力资源部门发出进一步选拔(笔试或面试)的通知。

5. 笔试或面试

通过初审的人要经过笔试或面试考核以后，才能进入公司。笔试主要测试应聘者的基本技能，此种方法的效果不如实践操作测试，但也基本可考查应聘者的基本水平。

面试是一个最常见的考核方式。主要是面试官和应聘者面对面地交谈，客观地了解应聘者的知识水平、工作经验、求职动机、个人素养、沟通和应变能力等情况。

6. 试用

经过层层筛选后留下来的人成为试用新人。新聘用的人员一般需进行一定周期的试用，并签订试用合同。试用期满后由企业确定试用者的去留。

7. 录用、签订劳动合同

试用期满后，经企业认同留下来的员工和用人企业签订正式的劳动合同。招聘工作到此告一段落。

(六)人员招聘的渠道

企业想招聘到合适的人才，必须先接触到合适的目标人才群，所以需要借助合适的平台，这个平台就是招聘渠道。总体来看，企业中的员工招聘渠道分为内部招聘和外部招聘两种渠道。其中内部招聘主要是将招聘信息公布给企业内部员工，员工自行向人力资源部投递申请。此处主要针对外聘渠道做以介绍，内聘不做过多赘述。

1. 广告招聘

广告是外部招聘常用的补充各种工作岗位的方法，主要通过报纸、刊物、网站等渠道发布人才需求信息，以此达到招聘目的，是目前应用最为普遍的一种招聘形式。阅读这些广告的不仅有现实的应聘者，还有潜在的应聘者以及客户和一般大众，所以公司的招聘广告代表着公司的形象，需要认真实施。企业使用广告作为吸引工具有以下几个优点。

(1) 工作岗位空缺的信息发布迅速，能够在一两天之内就传达给外界。

(2) 同许多其他吸引方式相比，广告渠道的成本比较低。

(3) 在广告中可以同时发布多种类型工作岗位的招聘信息。

(4) 广告发布方式可以给企业保留许多操作上的优势，这体现在企业可以要求应聘者在特定的时间内亲自来企业、打电话或者向企业的人力资源部门邮寄自己的简历和工资要求等方面。

运用招聘广告时要注意两点：一是媒体的选择。广告媒体的选择取决于招聘工作岗位的类型。一般来说，低层次职位可以选择地方性报纸，高层次或专业化程度高的职位则要选择全国性专业报刊。二是广告的结构。广告的结构要遵循 AIDA 原则，即注意(Attention)、兴趣(Interesting)、欲望(Desire)和行动(Action)。总之，好的招聘广告要能够引起读者的注意并使之产生兴趣，继而产生应聘的欲望并采取实际的应征行动。

招聘广告不仅适用于企业在外部劳动力市场进行招聘，也适用于企业在内部进行招聘工作。因此招聘宣传应该向合格的员工传达企业的就业信息，提供有关工作岗位的足够的信息，以使潜在的应聘者能够将工作岗位的需要同自己的资格和兴趣进行比较并唤起那些最好的求职者的热情前来应聘。

2. 校园招聘

学校是专业人员与技术人员的重要来源。每年学校有几百万的毕业生走出校门，进入社会。企业在设计校园招聘活动时，需要考虑两个问题，一是选择学校，二是吸引应聘者。在选择学校时，企业需要根据自己的财务预算和所需要的员工类型来进行决策。如果财务预算比较紧张，企业可能只在当地的学校中来选择；而实力雄厚的企业通常在全国范围内进行选择。企业在选择学校时主要考虑以下几个指标：

① 与企业相关的关键技术领域学术水平；
② 符合企业技术要求的专业的毕业生人数；
③ 该校以前毕业生在本公司的业绩和年限；
④ 与企业相关的关键技术领域的师资水平；
⑤ 该校毕业生过去录用数量与实际报到数量的比例；
⑥ 学生的质量；
⑦ 学校的地理位置。

为吸引应聘者，使最好的应聘者加盟自己的公司，企业需要精心组织学校招聘活动，具体要做好以下几点。

(1) 要选派能力比较强的工作人员参加学校招聘，因为招聘人在应聘者面前代表着公司的形象。

(2) 对应聘者的答复要及时，否则对应聘者来公司服务的决心会产生消极影响。

(3) 新的大学毕业生总是感觉自己的能力强于公司现有的员工，因此他们希望公司的各项政策能够体现出公平、诚实和顾及他人的特征。

目前的一些管理规范的汽车 4S 店为了做好这一工作，他们确定了一定数量的重点学校，并委派高水平的经理人员与学校的教师和毕业生就业指导工作部门保持密切的联系，使学校方面及时了解公司存在的空缺的要求以及最适合公司要求的学生的特征。现在，有不少公司为学生提供利用假期来公司实习的机会，这可以使学生对公司的实际工作、生活有切实的体会，同时也使公司有机会评价学生的潜质。我国目前学校招聘最常用的招聘方法是一年一次或两次的人才供需洽谈会，供需双方直接见面双向选择。

3. 行业专场招聘会

行业专场招聘会其实就是传统招聘会的一个延伸，也是招聘会的范畴，是由各地的人才机构和人才交流中心联合本地以及外地的企事业单位针对行业来举办的招聘会。

招聘会一般是由各地的人才机构和人才交流中心联合本地以及外地的企事业单位联合举办，主要服务于企事业单位和社会求职者。

4. 互联网招聘

随着互联网的普及，越来越多的人选择上网找工作。调查显示，互联网正以惊人的速度赶超招聘会和广告招聘等形式，成为人才交流的最大渠道。它的优势显而易见，如廉价、快捷、相对稳定的受众以及电子化本身具备的种种优势。当然，企业采用该渠道进行人员招聘时选择一家成熟、有影响力、服务好的网站非常重要。

此外，企业也可以通过劳务市场、职业介绍机构、猎头公司、员工推荐等方式进行员工招聘。

(七) 招聘方法

企业常用的招聘方法有面试法和测评法两种。而测评法往往要同面试结合在一起，主要进行心理测评和能力测评。

1. 面试的作用

面试又叫面试测评或称专家面试。这是一种要求被试者用口头语言来回答主试者提问，以便了解被试者心理素质和潜在能力的测评方法。面试是企业员工招聘中常用的一种方法，其有用性取决于正确地实施面试的方式。面试的基础是面对面进行口头信息沟通，其效果取决于面试的经验。

选拔面试是最常用的甄选工具之一。主试者有机会对候选人的热情和智力做出判断，并评价候选人的主观方面，如面部表情、仪表、紧张程度等。面试因此成为一项有效的甄选工具。

面试是否能发挥其最大的优势，关键在于主试者本身的素质与能力。如果主试者本身可能很紧张，没有问相关的问题，这会在很大程度上影响面试的效果。

面试作为企业在员工招聘中普遍运用的一种测试方法，尤其是在招聘高级管理人员的工作中，是必不可少的测试手段。其作用主要表现在以下几个方面。

(1) 可以了解应聘者综合运用知识、技巧的能力。
(2) 给双方提供了解工作信息的机会。
(3) 为主试者提供机会来观察应聘者。
(4) 帮助主试者了解被试者的非语言行为。
(5) 帮助主试者观察到被试者的生理特点。
(6) 帮助主试者了解被试者其他方面的信息。

2. 面试的一般步骤

(1) 应聘者资格审查和筛选。该程序用于为甄选系统中后面一些程序的进行而筛选求职者，其通过迅速地从求职者信息库中排除明显不合格者，来帮助机动性甄选系统有效地运行。

(2) 确定面试考官，选择面试方法。考官通常是由人力资源管理部门主管、用人岗位主管和独立评选人组成。面试方法有许多种类，面试考官应根据具体情况选择最合适的方法组织面试。

(3) 设计评价量表和面试问话提纲。面试过程是对每位参加面试的应聘者的评价，因此，应根据岗位要求和每位应聘者的实际情况设计评价量表和有针对性的面试问话提纲。

(4) 面试场所的布置与环境控制。要选择适宜的场所供面试时使用，许多情况下，不适宜的面试场所及环境会直接影响面试的效果。

(5) 面试过程的实施。这一阶段是面试工作程序中最主要的环节，它依靠面试考官的面试技巧有效地控制面试的实际操作。实际上，面试过程的操作质量直接影响着人员招聘与录用工作的质量。

(6) 分析和评价面试结果。这部分工作主要是针对应聘者在面试过程中的实际表现做出结论性评价，为录用决策提供依据。

(7) 反馈。反馈有两种途径：一是由人力资源管理部门将人员录用结果反馈到企业的上级和用人部门；二是逐一将面试结果通知应聘者本人。

(8) 面试资料存档备案。面试结束后，面试资料由人事部门进行存档备案，以备查询。

【知识拓展】

人员招聘与录用

一、内部招聘

1. 内部招聘的流程

内部招聘是指在企业内部获取企业需要的各种人才。

内部招聘的主要方式：竞聘上岗。

竞聘的步骤：发布竞聘公告→对"申请池"进行初步筛选→组织考试或测试→综合性面试→对过去表现的考核→决策→公布和任命。

2. 内部招聘的优点

(1) 有利于激发员工的内在积极性。

(2) 有利于员工迅速地熟悉工作和进入角色。

(3) 有利于保持企业内部的稳定性。

(4) 有利于规避识人用人的失误。

(5) 人员获取的费用最少。

3. 内部招聘的缺点

(1) 容易形成企业内部人员的板块结构。

(2) 可能引发企业高层领导的不团结。

(3) 缺少思想碰撞，影响企业活力。

(4) 容易出现涟漪效应。

二、外部招聘

1. 外部招聘的基本流程

初步筛选→初步面试→能力测试→诊断性面试→背景资料的收集→体检→决定→引导上岗与试用→决定录用。

2. 外部招聘的优点

(1) 带来新思想、新观念，补充新鲜血液，使企业充满活力。

(2) 有利于战略性人力资源目标的实现。

(3) 可以规避涟漪效应产生的各种不良反应。

(4) 大大节省了部分培训费用。

3. 外部招聘的缺点

(1) 招聘成本高。

(2) 错选人的风险大。

(3) 文化的融合需要时间。

(4) 工作的熟悉以及配合需要时间。

三、甄选录用的原则

甄选录用员工主要遵循能岗匹配原则。

1. 能岗匹配原则的含义

能岗匹配包含两个方面的含义：一是指某个人的能力完全能胜任该岗位的要求，即所谓人得其职；二是指岗位所要求的能力这个人完全能达到，即所谓职得其人。

能岗匹配原则是指尽可能使人的能力与岗位要求的能力达成匹配。这种匹配包含着"恰好"的意思。"匹配"比"个体优秀"更重要。

2. 能岗匹配原则在招聘中的应用

(1) 根据能岗匹配原则对岗位进行特别分析。

需要进行能岗匹配分析的招聘岗位一般是企业中高级管理层；一般员工只作一般的岗位分析即可。能岗匹配分析包括以下内容：

① 岗位所需的素质、专业知识和能力；

② 岗位所需的性格偏好；

③ 上一级领导的性别、性格特征、专业、兴趣和经历；

④ 曾经与上一级领导共事过的成功者与失败者的经验分析，尤其是共事者的个体特征分析；

⑤ 企业经营班子的组成分析，包括性别、年龄、专业、职位、性格特征等；

⑥ 企业以往的业绩分析，即最缺少的人才是什么；

⑦ 拟招聘岗位在企业所处的组织地位。

(2) 列出拟招聘岗位匹配清单。

拟招聘岗位匹配清单需要结合实际情况列出，例如：

某民营集团公司要招聘4位营销子公司的总经理，为了挑选到能岗匹配的合适人选，我们对该公司作了 2 天的访问，听取了各方面的情况，填写了 4 张调查表，分析了该岗位的各种情况，列出下述能岗匹配清单：

① 学历不必太高，只需大专或本科学历；
② 年龄不宜太轻，应该 30 岁以上，有五年以上的工作经验和社会阅历；
③ 善于接触最普通的基层群众，平易近人，衣着朴素，懂得群众语言和与人谈心的方法，最好善饮酒聊天，长相不能太秀气，谈吐不能太清高；
④ 为人谦和，能随遇而安，对工作和生活的期望值不太高；
⑤ 能服从领导，个人意志不宜太强，有协作精神；
⑥ 有稳定的婚姻和家庭生活。

聘用结果：该案例最后从 20 多个面试者中挑选了 4 位人选，两位大专毕业，两位本科毕业，至今已在该岗位工作 6 年，企业和个人都较满意，其中一位已有晋升总公司高职位的可能。

四、人员测评的方法

1. 心理测验法

(1) 智力测验。智力测验是对人的一般认知能力进行测量的一种方法，测验结果常用一个商数，即智商(IQ)来表示。

(2) 个性测验。个性测验亦称"人格测验"，是用以了解被测试者的情绪、性格、态度、工作动机、品德、价值观等方面的内容。

(3) 心理健康测验。在竞争日益激烈的今天，心理保健和心理治疗的重要性日益突现。能有效用于心理健康诊断的心理测验主要有：《明尼苏达多相个性问卷(MMPI)》、罗夏的《罗夏墨迹测验》、默里的《主题统觉测验(TAT)》、埃森克的《情绪稳定性测验》、马斯洛的《安全感不安全感问卷》。

(4) 职业能力测验。职业能力是一种潜在的、特殊的能力，是一种对于职业成功在不同程度上有所贡献的心理因素。职业能力测验可以分为两类：一类是一般职业能力测验，如美国劳工就业保险局编制的《一般能力倾向成套测验(GATB)》；另一类是专门职业能力测验，主要用于职业人员的选拔和录用，例如奥蒂斯的独立管理能力测验，我国公务员录用考试使用的《行政职业能力测试(AAT)》，针对企业管理工作的需要开发的《企业管理能力测试(MAT)》、《管理人员胜任特征测试》。

(5) 职业兴趣测验。职业兴趣作为职业素质的一个方面，往往是一个人职业成功的重要条件。了解职业兴趣的主要途径就是采用职业兴趣测验量表或问卷来进行。

(6) 创造力测验。一般而言，发散性思维是创造力的基本操作模式。创造力包括的基本能力主要是流畅力、变通力、精致力、敏觉力和独创力。创造力的测验并不玄妙，有些简单的方法就可施测，如单词联想测验、物件用途测验、寓言测验、模型含义、远隔联想等。现在运用较多的创造力测验量表有吉尔福特的《发散性思维测验》、托兰斯的《创造性思维测验》、盖泽尔斯的《创造力测验》等。

2. 评价中心法

评价中心法就是创设一个模拟的管理系统或工作场景，将被测试者纳入该系统中，采用多种评价技术和手段，观察和分析被测试者在模拟的工作情境压力下的心理和行为，以测量其管理能力和潜能的一种测评方法。

(1) 公文筐处理。公文筐测试，又叫文件处理测试、篮中训练法(In-basket)。它将被评价者置于特定职位或管理岗位的模拟环境中，由评价者提供一批该岗位经常需要处理的文件，要求被评价者在一定的时间和规定的条件下处理完毕，并且还要以书面或口头的方式解释说明这样处理的原则和理由。是评价中心最常用和最核心的技术之一。例如设定被试人为某公司的一个部门经理，测评其处理各种信函、报告、备忘录、申请书、电话记录等公文。被试人要浏览所有文件，分清各种工作的重要性和紧迫程度，依次处理，并按照自己权限情况分别对待或上报上级主管、或自行处理、或授权下级解决。同时，做好计划、组织、监控工作，使各种文件得到相应的处理。

(2) 小组讨论。该法是通过小组讨论的形式考查应聘人的各方面能力。例如设定讨论的题目是"管理问题"。主试人给 4 人小组提供 4 个不同类型的小型案例，分别考查被试人不同方面的能力，如决策、计划、组织、控制、激励、创新等能力。要求他们作为企业的高级管理顾问，在 1 小时内分析、讨论、解决案例中所提出的问题，形成一致意见，并提交书面建议。

(3) 角色扮演。该法设定应聘者为某个角色，通过情景模拟，观察应聘者的反应和能力。例如：主题为"研究预算"。被试人被告知自己刚刚被任命为部门经理，接替突然因故离职的原经理。新任经理收到一份简要的情况介绍，内容是最近其前任拒绝继续给一项研究提供资金的说明，然而项目负责人一直要求经理改变这个决定，继续提供资金以便顺利完成该项研究课题。被试人有 15 分钟的时间进行提问，可以深入了解有关这件事情的各种信息，以便发现和分析问题。在此之后的一段时间内，被试人不但要做出具体决策，还要口头说明自己发现问题、分析问题的过程及决策的理由和根据，并回答主试人提出的各种有关问题。

(4) 管理游戏。该方法是以管理游戏的方式了解应聘者的心理和行为。例如设定游戏的题目是"组建新的集团公司"。将被试人按 4 人一组分成几个小组，形成若干个公司董事会，给各董事会一些关于市场状况和本公司下属各单位情况的资料，要求他们研究确定进行内部结构调整优化的目标，并做好计划与组织工作。与其他公司董事会进行谈判，转让影响公司发展的部门，买进本公司需用的企业或单位(或者是控股权)，完成调整任务，组建一个结构合理、有发展潜力的新的集团公司。

3. 观察判断法

(1) 关键事件法。关键事件法是客观评价体系中最简单的一种形式，是通过对工作中最好或最差的事件进行分析，对造成这一事件的工作行为进行认定从而做出工作绩效评估的一种方法。这种方法的优点是针对性比较强，对评估优秀和劣等表现十分有效；缺点是对关键事件的把握和分析可能存在某些偏差。

(2) 背景调查。背景调查主要是调查应聘者的个性品质和雇佣经历，尤其是从后者可以了解到应聘者的工作业绩、表现和能力。但是，雇主的评价是否客观需要加以详细、认真的鉴别。

三、汽车 4S 店的员工培训

(一)汽车 4S 店员工培训的目的

员工培训工作是企业持续发展的重要保证,更是实施管理的重要补充。强化员工培训,建立有效的培训体系,通过培训向员工传递汽车 4S 店的核心理念、企业文化、品牌意识及企业运作标准要求,改善岗位员工的工作态度、专业素养和能力,增强汽车 4S 店的竞争力,实现企业的战略目标;另一方面将员工个人的发展目标与汽车 4S 店的战略发展目标统一起来,满足员工自我发展的需要,调动员工工作的积极性和热情,增强企业的凝聚力。

(二)汽车 4S 店员工培训的意义

企业对员工进行培训是一种投资行为,而不能认为是一种成本的支出,员工培训既提高了员工素质,又可增强企业竞争力。汽车 4S 店建立对内部员工的培训机制是稳定人才的主要手段和企业发展的必然措施与动力。制约企业成长的重要因素是企业内部人力资本的供给,企业能扩张多快,很大程度是要看内部管理人员的培养速度。员工培训的意义具体体现在以下几个方面。

1. 培训是提高员工素质和增强企业竞争力的根本途径之一

人类正在进入知识经济时代,现代社会快速发展的一个重要趋势就是新知识、新工艺、新技术、新产品不断涌现,市场变化多端,稍纵即逝。汽车维修行业同现代化工业生产相联系,需要不断提高职工队伍的素质,以适应汽车维修作业和企业管理工作的需要,适应工作岗位发展变化的新要求。

2. 培训是提高劳动生产率和工作效率的重要途径

通过员工培训,在生产过程中能减少所需工作时间,降低人力及推销成本,减少材料的浪费或不良产品的产生,从而降低生产成本。培训还可以增加员工的知识积累,加速知识更新和引发科学创见。通常情况下,教育培训的程度越高,完成任务的效率就越高,革新与发明创造就越多。

3. 培训会给企业带来巨大的经济效益

现代经济发展的实践证明,教育与培训是生产力的重要组成部分,并越来越成为发展生产的重要因素。

据日本资料介绍,工人教育水平每提高一个等级,技术革新者的人数就增加 6%。工人提出的革新建议,一般能降低 5%的成本;技术人员提出的革新建议,一般能降低 10%~15%的成本;受过良好教育与培训的管理人员,则能降低 30%以上的成本。由此可见,加强从业人员的技术业务培训是开发智力和培养人才的重要途径之一,是提高企业生产效率,取得最佳经济效益和有计划培养劳动后备力量的重要措施。

在培训中要坚持以市场经济为导向与企业需求相结合的原则，统一安排，因材施教。时刻研究市场经济发展规律、企业的需要、企业的发展动向，培养实用性人才。对不同对象要区别对待，提出不同的要求，同时采用灵活多样的培训形式。

(三)有效员工培训体系的特征

培训体系是否有效的判断标准是该培训体系是否能增强企业的竞争力，实现企业的战略目标。因此有效的培训体系应当具备以下几个特征。

1. 以汽车4S店的战略为导向

汽车4S店的员工培训体系是在汽车4S店的总体战略指导下的，结合人力资源管理体系的要求进行设计的。只有根据企业的战略规划，结合人力资源发展战略，才能量身定制符合企业持续发展的高效培训体系。

2. 注重汽车4S店的核心需求

有效的培训体系能深入发掘汽车4S店的核心需求，根据企业的战略发展目标、预测对人力资源的需求，提前为企业需求做好人才的储备和培养。

3. 多层次、全方位

员工培训是一种成人教育，有效的培训体系应充分考虑员工教育的特殊性，根据不同的课程内容采用不同的训练技法，根据具体的条件采用多种培训方式，根据个人能力制定不同的训练计划。在效益最大化的前提下，多渠道、多层次地构建培训体系，达到员工全参与、共同分享培训成果的效果，使得培训方法和内容适合被培训员工。

4. 充分满足员工的自我发展需要

人的需要是多方面的，而最高需要是自我发展和自我实现。按照自身的需要接受教育培训，是对自我发展需要的肯定和满足。培训工作的最终目的是为企业发展战略服务，同时也要与员工个人职业生涯发展相结合，实现员工素质和企业经营战略的匹配。这个体系将员工个人发展纳入企业发展的轨道，在推动企业战略目标实现的同时，也能按照明确的个人发展目标，通过参加相应层次的培训，实现个人的发展，获取个人成就。另外，激烈的人才市场竞争也使员工认识到，不断提高自己的技能才是其在社会中立足的根本。

(四)员工培训的步骤

培训是企业人力资源开发的一项重要活动，它涉及企业效益——成本这一人力资源管理的基本问题，所以要精心设计与组织培训，并把它视为一项系统工程，通过系统的方法，使培训活动与企业目标保持一致，以提高员工个人能力、改善工作绩效(包括个人绩效与企业绩效)和提升企业竞争力。员工培训的步骤具体如下。

(1) 培训需求预测。通过预测确定培训需求，做到有的放矢，不做无用功。
(2) 制定培训目标。这将为培训计划的制定指明方向。

(3) 制定培训计划。使培训目标具体化、可操作。

(4) 培训实施过程。根据企业的规模、能力需要合理选择培训的形式和技术方法开展培训。

(5) 培训评价。通过对受训者培训前后工作绩效的对比分析评估培训计划的实施效果。最后还要将培训评估的结果反馈到确定需求上，以调整培训目标。

(五)汽车 4S 店的员工培训

1. 培训计划

制定培训计划是培训管理的第一步，也是培训目标、培训内容的具体体现，使培训工作具有可操作性。企业在制定培训计划时应该充分考虑培训需求和"以人为本"的思想，把整个培训实施过程中涉及的所有问题和解决的时间、方法等都进行系统考虑和安排。具体的 4S 店培训计划应包括培训资源及设施要求、培训课程及实施计划、培训预算等，同时在制定计划的过程中还要进行自下而上、自上而下的讨论，最终形成企业与个人利益相结合的培训计划。

2. 培训机构

汽车 4S 店的培训机构有两大类：外部培训机构和企业内部培训机构。外部培训机构包括专业培训公司、大学以及跨企业间的合作等；汽车 4S 店的内部培训机构则包括专业的培训实体，或由人力资源部来承担培训职责。

3. 培训方式和培训方法

汽车 4S 店的培训方式分为在岗培训和岗前培训两种。在岗培训包括工作教导、工作轮调、工作见习和工作指派等方式，对于提升员工理念、人际交往和专业技术能力等方面具有良好的效果。岗前培训是指在专门的培训现场接受履行职务所必要的知识、技能和态度的培训。

汽车 4S 店的培训方法有很多，常见的有以下几种方法。

1) 讲授法

讲授法是一种面向全体培训人员的，没有针对性的单向沟通的培训方法，特点是比较简单，容易操作执行，成本较低；缺点就是员工容易感到单调和疲惫，除非将互动融合进讲授内容，另外由于讲授法面对的是整体而非个体，因此员工的具体问题难以得到解决，学到的东西也容易忘记。

2) 案例法

案例法属于能力层次的培训。案例法一般有三种形式，第一种是由培训讲师介绍案例背景，然后将受训员工分组进行讨论；第二种是讲师给出案例的不完全信息，在讨论过程中让受训员工主动向教师寻求更多的信息，以此锻炼学员决策时对决策信息需要的判断；第三种是讲师不给案例由学员提前准备关于自己的案例，拿到培训课堂去讨论解决。案例法的特点是培训费用低，反馈效果好。

3) 讨论法

企业培训时常用的讨论法有三种，即集体讨论、小组讨论和对立讨论。该方法适合于对有一定知识和经验的员工进行培训，其特点是员工的参与性强，在讨论过程中能够让学员丰富知识，开阔思路，同时能够集思广益，提升员工自身的分析、判断和解决实际问题的能力。讨论法属于信息的多向传递沟通，费用较高。

4) 角色扮演法

在角色扮演培训过程中，培训教师设置一定的工作情境，由一些员工在其中扮演不同的角色，其他员工分成小组讨论。每组代表陈述本组的观点意见后，由教师进行点评。该方法可以反复使用，直到员工完全掌握了培训所要求的技能为止，其特点是信息传递多向，反馈效果好，实践性强，多用于人际关系能力的训练。

5) 游戏法

游戏培训法比较生动，容易引起员工的兴趣。在实际操作中要注意选择的游戏要与培训的内容联系起来，从而保证通过游戏让学员领会到培训所要训练的内容，而非为了游戏而游戏。

6) 自学法

人力资源处可以根据培训内容的难易程度和性质，让员工以自学的方式进行自我培训。该方法的不足在于监督性比较差，全凭员工的自我管理和控制能力来掌握所要培训的内容。所以企业有必要组织适当的活动检查员工自学进度和成果，例如要求员工汇报自学内容、写心得体会报告、做抽查调查等，以保证员工能够按质按量完成自学任务。

4．培训的内容

员工培训主要分为岗前培训、日常培训和定向培训。岗前培训主要包括职业道德、厂规厂纪培训，另外还应有工作流程、工作职责培训；日常培训可以根据不同岗位、工种、级别，分别进行培训；定向培训是指汽车4S店根据工作的需要，选择有培养前途的员工到专业学校或同行业的优秀企业进行培训，也可以安排他们参加行业管理部门组织的培训等。汽车4S店内对员工的具体培训内容按不同岗位有所不同，主要是根据岗位能力要求进行重点培养和训练。具体如下。

1) 对销售人员的培训

汽车4S店要求销售业务人员态度积极、乐观向上，有责任感，性格坚韧，善于调剂情绪，能够自我激励，适应性强，具有良好的记忆力和判断力，具有敏锐的观察力，言谈举止大方得体，同时具有广泛的知识和一定的专业技能。所以对销售人员的培训主要包括如下几个方面。

(1) 企业文化和商务礼仪的培训。对新入职的销售人员，汽车4S店先对其进行企业文化和商务礼仪培训，这是所有后续培训的基础。通过培训，使销售人员了解公司的历史和经营目标、企业文化、公司制度、组织机构设置和岗位权限等情况，使销售人员建立使命感和责任感，培养工作热情；商务礼仪培训主要就工作中的言谈举止、接人待物等进行专业系统的训练，使销售人员能以饱满的精神状态和专业的职业素养进行客户工作。

(2) 汽车产品知识培训。企业的汽车产品知识培训主要针对在售车型，包括汽车品牌、车型、配置、价格、卖点等进行培训，同时还有关于汽车内部机械的结构、保养方法、汽车保险，以及各类竞争车型的优缺点、销售行情等知识培训。

(3) 客户知识培训。客户知识主要包括客户的类型、特征、购买动机和购买习惯等营销知识。对销售人员进行客户知识培训的目的就是使其能够根据所售产品特征找出合适的客户类型，或者根据客户特征向其推荐合适的汽车产品。

(4) 销售技巧培训。销售技巧培训包括汽车销售流程、销售话术、沟通与谈判技巧等培训。

2) 对维修人员的培训

维修工人分为初级、中级、高级及学徒工四个级别。

(1) 对初级工的培训。对初级工的培训内容是：汽车结构原理，汽车维修的能力要求，常用原材料和零部件的分类，通用工具的使用与保管，维修的安全操作规程等。通过培训，使其达到能胜任车辆一级维护的工作，满足一般工人的技术要求。

(2) 对中级工的培训。对中级工的培训是在初级工培训考核合格的基础上进行，其培训基本内容是：深入学习汽车结构原理、汽车性能、汽车故障与排除、汽车技术使用、零部件的配合要求、常修车型的技术参数、汽车维修的质量要求等理论知识，以及熟悉汽车维修所用原材料的规格、性能、正确保管和使用方法，常用标准件的合格性鉴别，维修专用工具的保管和使用，常用机械的正确操作方法，安全生产规程等技能知识，并掌握金属加工一个工种的操作技能，如车、铣、刨、磨、焊等。通过对中级工的培训，使其能胜任汽车二级维护和一般小修工作，并能在工程技术人员指导下承担某一总成的大修工作。

(3) 对高级工的培训。对高级工的培训是在中级工培训合格，并经过一定时期的实践锻炼后，在技术上的进一步培训，其培训主要内容是：常用汽车型号的构造原理、技术使用与维修要求，汽车故障原因和预防，公差与技术测量，金属磨损原理，汽车零部件质量鉴定，维修质量检验，汽车维修所用原材料的质量、性能鉴定，维修专用工具、卡具、器具的正确使用和保管，维修加工机具的操作与维护等，能绘制简单的零件图和阅读较复杂的装配图，并能指导他人从事维修和金属加工工作。此外，还应掌握维修作业流程、有关定额的考核与计算等。通过培训，使其能胜任汽车大修工作和一般汽车零件的制造和配制能力，成为企业维修的技术骨干力量。

(4) 对学徒工的培训。对学徒工采取以适应性教育内容为主、操作技能为辅的培训计划，要坚持德、智、体全面发展的原则。学徒工在参加劳动生产时，要安排老工人当师傅，签订师徒合同，做到包教包会。虽然汽修业发展到今天已可以利用高新技术设备进行检测诊断维修，但由于汽车修理是一个对实践经验要求非常强的行业，尽管计算机控制在汽车上的应用越来越多，可其故障率很低，可靠性高，而机械部分的故障占全部故障的98%以上，所以目前汽车维修还是以经验为主，尤其是对故障的判断。因而，善于学习有实践经验员工的经验是非常必要的。学徒工应该是经过中高等专业教育的初到企业的员工，而不是以往意义上的学徒工。学徒期满，要经过考核合格后才能转正。对于学习努力、成绩优秀、确实已达到本工作应知应会的学徒工，可以提前转正。

3) 对管理人员的培训

(1) 对企业领导人员的培训。企业领导人员应重点学习企业管理、政策法规、市场动向和发展趋势及先进企业的管理经验等。必要时可安排他们在国内外进行参观考察，使其成为既懂政治又懂经济，既懂管理又懂经营，会按经济规律办事的专门人才。

(2) 对企业管理人员的培训。对企业管理人员应按人事、秘书、财会、统计、物资等不同的专业，有计划、有目标地进行培训，使其成为不仅能胜任本职工作，还能不断为企业管理提出好的改进意见的企业的好管家，领导的好助手、好参谋。

(3) 对企业工程技术人员的培训。企业中的工程技术人员在新技术、新设备、新材料、新工艺的引进和应用，生产中问题的解决，经营管理的改善等方面都起着非常重要的作用。因此，应着重加强对他们的再教育，尤其要抓紧对质管人员、检验人员的培训。一是要普遍加强理论技术教育，使其在二三年内，在技术水平上提高一个等级；二是对没有受过专业教育的人员，要有计划地进行本专业中专、大专课程的理论教育；三是对质检人员，要能及时进行新工艺、新标准、新车型及检测设备运用的培训，使其做到熟练掌握、运用自如。

在对员工进行培训的内容中，还必须加入态度的培训。员工工作态度是影响员工士气及企业绩效的重要因素。一般而言，每个企业都有自身特定的文化氛围及与之相适应的行为方式，如价值观、企业精神及企业风貌等。必须使全体员工认同并自觉融入这一氛围中，建立起企业与员工之间的相互信任关系，培养员工对企业的忠诚及积极的工作态度，增强其企业观念和团队意识。

【任务实施与考核】

(一)技能学习

通过本任务的学习，使学生能够熟悉我国汽车 4S 店的基本部门和岗位设置，了解各部门基本工作内容和岗位职责，在此基础上掌握人员招聘工作的具体操作技法。

(二)任务实施

实训任务一：模拟汽车 4S 店招聘。

具体操作：学生分组进行练习，一般每组 5～7 人。首先，各小组分别列出自己小组成员最了解或最感兴趣的汽车 4S 店工作岗位，熟悉该岗位应具备的基本素质和主要能力，并找寻实地企业或虚拟的 4S 店，进行招聘方案设计，然后根据该职位在职者应具备的基本素质和主要能力写出招聘面试题目及其评分表格。以上任务需要在课前完成。

课堂模拟实践时，小组成员间要合理分配招聘和应聘角色，按流程进行过程模拟，并最终公布招聘结果，同时说明原因。结束后老师与同学们进行问题分析与总结。

注意：该项任务的实施要课前布置任务，课堂模拟实践。

实训任务二：结合汽车 4S 店的岗位设置，在自我分析的基础上确定合适的工作岗位，并在课堂上讨论分析需要重点完善的内容和途径。

(三)实训考核

学生提交招聘方案和活动总结。教师根据小组成员提交的作业、模拟现场发挥情况及个人职业分析表现打分，同时其他同学进行互评。

任务三　汽车 4S 店的薪酬与绩效管理

【任务导入】

小张学的是会计，大学毕业后就进入了一家颇有名气的国有企业，同学们都很羡慕他，因为小张所在的企业不仅收入高，财务经理也很器重他，经常分配给他一些重要工作。入职头几年，小张工作一直很卖力，加上受过良好的教育，很快就在同事中显示出了自己的实力，部门更多的工作也落在了他头上。可是好景不长，一向积极上进的小张最近工作开始懈怠，干劲不高，再也没有刚来时的积极性了。因为他发现，虽然自己的收入不错，但是部门同事的收入水平都差不多，一些在公司时间比较长的同事虽然业务水平一般，但收入却在他之上。小张还发现，除非做管理工作，比如晋升到主管或经理之类的职务，否则提高收入几乎不可能。但是自己所在的部门管理职位有限，没有空缺，自己怎么升职呢？除了管理一条路，看来提高收入的机会微乎其微，况且，想做管理的人还不止他一个人！小张开始为他的工作前途担忧了。那么该企业的人力资源管理到底出了什么问题呢？又该如何解决呢？

【任务分析】

在整个人力资源管理体系中，没有哪一种职能会像薪酬管理这样引人注目。要解决上述任务导入中的问题，我们需要学习薪酬管理和绩效管理，具体包括薪酬的含义及构成、影响薪酬的因素及薪酬制度的设计、绩效的含义及特点、绩效考评的原则和用途、绩效考评的内容和方法等知识。

【知识准备】

一、薪酬管理

1. 薪酬的含义

薪酬是指员工因被聘用所获得的一切有形的和无形的劳动报酬，换句话说薪酬是组织对员工为组织所做的贡献，包括他们实现的绩效，付出的时间、学识、技能、经验与创造，所付给的相应的回报或答谢。

2. 薪酬的构成内容

薪酬主要包括工资、奖金、佣金、各种形式的津贴(补贴)和福利等。

工资：是指基本工资和底薪，是劳动价格的一种体现。基本工资是员工收入的基本组成内容，相对比较稳定，是确认退休金的主要依据。这部分薪资主要由员工薪资制度而定。

奖金：奖金是由于员工的杰出工作表现以及对企业的发展的特殊贡献，企业支付给员工的工资以外的劳动报酬，是基本工资的补充形式。常见的有考勤奖金、效益奖金、项目奖金等。奖金是对员工超额劳动的报酬体现，直接受工作业绩的影响。

津贴(补贴)：是组织对员工在特殊劳动条件、工作环境中的额外劳动消耗和生活费用的额外支出以及对员工生理或心理带来的损害的补偿。通常把与工作相联系的补偿称为津贴，把与生活相联系的补偿称为补贴。津贴分地域性津贴、生活性津贴、劳动性津贴等。

佣金(俗称提成金)：一般是按照员工所完成某项任务，如以销售人员完成规定的销售指标数为基数，而获得的一定比例的报酬。

福利：是指组织对员工生活上的照顾，是企业为员工提供的非金钱的所有物质待遇，一般用实物或服务的形式支付，比如住房公积金、各种保险、带薪休假、优惠购买企业股票等。

3. 影响薪酬的因素

同在企业的同一岗位工作，但员工的薪酬往往会有所差异。这是因为薪酬受两大因素的影响，即内在因素和外在因素。

内在因素包括职务的高低、技术和训练水平、工作的时间性、工作环境(危险性和舒适性)以及年龄和工龄等。

外在因素包括生活费用与物价水平、企业负担能力、地区和行业间的工资水平、劳动力市场的供求状况、劳动力的潜在替代物和风俗习惯等。

4. 企业薪酬制度的设计

科学合理的薪酬管理是一种动力，将极大地提高员工的工作效率，为企业创造更大的效益。而不良的薪酬管理，将挫伤员工积极性，使其对企业产生不信任感，从而影响企业发展。一个企业的薪酬制度设计的关键是要做到"对内具有公平性，对外具有竞争力"。企业存在的目的是实现企业所确定的发展目标，而在企业中工作的员工在为企业提供实现目标所需要的行为时，获得的一切有形的和无形的劳动报酬，这些就构成了员工的薪酬。企业的薪酬制度在为其自身赢得竞争优势和实现战略目标的过程中具有非常重要的作用。因此，薪酬制度的设计和实施是整个人力资源管理中最复杂的工作。

二、绩效管理

1. 绩效的含义及特点

1) 绩效的含义

绩效，从管理学的角度看，是组织期望的结果，是组织为了实现其目标而展现在不同层面上的有效输出。它包括个人绩效和组织绩效两个方面。绩效是相对于一个人所承担的工作而言的，即按照其工作形式，员工完成工作的结果或履行职务的结果。换句话说，绩效就是员工对企业的贡献，或对企业所具有的价值。具体来讲，员工的工作绩效是指员工经过考评并被认可的工作行为、表现及结果。对企业而言，绩效就是任务在数量、质量和效率等方面完成的情况；对于员工个人来说，绩效则是上级和同事对自己工作状况的评价。

2) 绩效的特点

绩效具有以下几个特点。

(1) 主客观一致性。

绩效是员工行为的后果，是目标的完成程度，是客观存在的，而不是观念中的东西，但绩效又是上级或同事对自己工作结果的评价和认可，不可避免会掺杂人的主观判断。

(2) 多因性。

多因性是指绩效的优劣不是取决于单一的因素，而要受到主、客观多种因素的影响，即员工的激励、技能、环境与机会，其中前两者是员工自身的主观性影响因素，后两者则是客观性影响因素。

① 激励是指调动员工的工作积极性。激励本身又取决于员工的需要层次、个性、感知、学习过程与价值观等个人特点，其中需要层次影响最大，员工在谋生、安全与稳定、友谊与和睦、尊重与荣誉、自主以及实现自身潜能等层次的需要方面，各有其独特的强度组合。企业需经调查摸底，具体分析，才能对症下药，予以激发。

② 技能是指员工工作技巧与能力的水平。它也取决于个人天赋、智力、经历、教育与培训等个人特点，其中培训不仅能提高其技能，还能对预定的计划目标的实现树立自信心，从而加大激励的强度。

③ 环境因素首先指企业内部的客观条件，如劳动场所的布局与物理条件(室温、通风、粉尘、噪音、照明等)、任务的性质、工作设计的质量、工具、设备与原料的供应、上级的领导作风与方式、公司的组织与规章制度、工资福利、培训机会以及企业的文化、宗旨及氛围等。环境因素当然也包括企业之外的客观环境，如社会政治、经济状况、市场竞争强度等宏观条件，但这些因素的影响都是间接的。

④ 机会则是偶然性的。比如，当某员工不在或因纯随机性原因而未被指派承担某项任务时，便无从表现该员工的能力与绩效。不能否认，现实中不可能做到真正彻底而完全的平等，作为机会因素是完全不可控的。

(3) 多维性。绩效需沿多种维度去分析与考评。例如，一名工人的绩效，除了产量指标完成情况外，质量、原材料消耗率、能耗、出勤，甚至团结、服从纪律等硬件、软件方面的表现，都需要综合考虑，逐一考评。因为各维度可能权重不等，考评侧重点也会有所不同。

(4) 动态性。

员工的绩效随着时间的推移会发生变化，绩效差的可能改进转好，绩效好的也可能退步、变差，因此管理者切不可凭一时印象，以僵化的观点看待员工的绩效。

关于绩效还有一种说法：智力乘以活力等于绩效。这个说法来源于美国人力资源开发协会的章程。这个观点认为，开发人才无非是两个支点：第一，提升其智力；第二，激发其活力。如果一个人的智力得到提升，活力不断增强，则这个人的开发就是成功的。如果一个人不具备做某项工作的智慧和能力，即使这个人工作再卖力，也不可能把这项工作做好；如果一个人智力很好，完全具备做好某项工作的能力，但他对工作毫无热情，没有激情和活力，同样不可能把这项工作做好。因此说智力与活力二者的乘积等于绩效。那么，怎样提升人的智力，激发其活力呢？一般认为，人才开发的方式大体有三种类型，第一类是培养性开发，其手段是教育；第二类是使用性开发，即在实践中培养人才；第三类是政策性开发，通过政策引导、激励和调动人的积极性和创造力，提升其活力。

(5) 可度量性。

绩效是对于员工工作的实际效果的判断，所以需要经过必要的转换方可确定绩效大小。这就要求企业人力资源管理部门要制定一个合理的度量绩效的方法，这正是评价过程中必须解决的问题。

2. 绩效考评

绩效考评也称为绩效评估，是考核和评价的总称，考核是为评价提供事实依据，只有基于客观的考核基础上的评价才是公平合理的。考核的结果也只有通过评价才能得以进一步的运用。具体来说绩效考评是指用系统的方法、原理，评定、测量员工在职务上的工作行为和工作效果。考评的最终目的是改善员工的工作表现，以达到企业的经营目标，并提高员工的满意程度和未来的成就感。考评的结果主要用于工作反馈、报酬管理、职务调整和工作改进。

为了求得生存与发展，汽车销售和服务企业往往制定一系列阶段性目标来加强对企业的管理与控制，这样，绩效管理便成为企业管理理论的一个重要方面，它为企业赢得竞争优势提供了重要的保证。绩效考评作为绩效管理的一个重要内容，在绩效管理中起着非同寻常的作用。

3. 绩效评估管理

绩效评估管理简称绩效管理，是以绩效考评制度为基础的人力资源管理的子系统，它表现为一个有序的复杂的管理活动过程。它首先要明确企业与员工个人的工作目标，并在达成共识的基础上，采用行之有效的管理方法，不但要保障按期、按质、按量地达到和实现目标，还要考虑提升目标的可能性。绩效管理的活动过程，不仅仅着眼于员工个体绩效的提高，还应更加注重员工绩效与企业绩效的有机结合，最终实现企业总体效率和效能的提升。

绩效考评作为绩效管理重要的支撑点，它从制度上明确地规定了员工和企业绩效考评评价的具体程序、步骤和方法，从而为绩效管理的运行与实施提供了前提和依据。由此可以看出，绩效管理是一个外延比较宽泛的概念，它是指从绩效计划(绩效目标的确定)到考评标准的制定，从具体考核、评价的具体实施，到信息反馈、总结和改进工作等全部活动的过程。

由此，可以对绩效管理的概念做出如下表述：绩效管理是指为实现企业发展战略和目标，采用科学的方法，通过对员工个人或群体的行为表现、劳动态度和工作业绩，以及综合素质的全面监测、考核、反馈和评价，充分调动员工的积极性、主动性和创造性，不断改善员工和企业的行为，提高员工和企业的素质，挖掘其潜力的活动过程。

绩效管理的目的包括以下几个方面。

(1) 对员工的晋升、降职、调职和离职提供依据。
(2) 企业对员工的绩效考评的反馈。
(3) 对员工和团队对企业的贡献进行评估。
(4) 对员工的薪酬决策提供依据。
(5) 对招聘选择和工作分配的决策进行评估。
(6) 了解员工和团队的培训和教育的需要。
(7) 对培训和员工职业生涯规划效果的评估。
(8) 对工作计划、预算评估和人力资源固化提供信息。

总之，建立员工绩效评估管理系统可以使员工的贡献得到认可，并帮助员工提高工作绩效，最终实现企业的发展。

三、绩效考评的用途

绩效考评最显而易见的用途是为员工的工资调整、职务变更提供了依据。但它的用途不仅仅是这些，通过绩效考评还可以让员工明白企业对自己的评价，自己的优势、不足和努力方向，这对员工改进自己的工作有很大的好处。另外，绩效考评还可以为管理者和员工之间建立起一个正式的沟通桥梁，促进管理者和员工的理解和协作。

具体而言，绩效考评主要有以下几方面的用途。

1. 为员工的薪酬调整、奖金发放提供依据

绩效考评会为每位员工得出一个评价结论，这个考评结论不论是描述性的，还是量化的，都可以为员工的薪酬调整、奖金发放提供重要的依据。这个考评结论对员工本人是公开的，并且要获得员工的认同。所以，以它作为依据是非常有说服力的。

2. 为员工的职务调整提供依据

员工的职务调整包括员工的晋升、降职、调岗，甚至辞退。绩效考评的结果会客观地对员工是否适合该岗位做出明确的评判。基于这种评判而进行的职务调整，往往能够让员工本人和其他员工接受和认同。

3. 为上级和员工之间提供一个正式沟通的机会

考评沟通是绩效考评的一种重要环节，它是指管理者(考评人)和员工(被考评人)面对面地对考评结果进行讨论，并指出其优点、缺点和需改进的地方。考评沟通为管理者和员工之间创造了一个正式的沟通机会。利用这个沟通机会，管理者可以及时了解员工的实际工作状况及深层次的原因，员工也可以了解到管理者的管理思路和计划。考评沟通促进了管理者与员工之间的相互了解和信任，提高了管理的穿透力和工作效率。

4. 让员工清楚企业对自己的真实评价

虽然管理者和员工可能经常见面，并且可能经常谈论一些工作上的计划和任务，但是员工还是很难清楚地明白企业对自己的评价。绩效考评是一种正规的、周期性对员工进行评价的系统，由于评价结果是向员工公开的，员工就有机会清楚企业对他的评价。这样可以防止员工不正确地估计自己在企业中的位置和作用，从而减少一些不必要的抱怨。

5. 让员工清楚企业对他的期望

每位员工都希望自己在工作中有所发展，企业的职业生涯规划就是为了满足员工的自我发展的需要。但是，仅仅有目标，而没有进行引导，也往往会让员工不知所措。绩效考评就是这样一个导航器，它可以让员工清楚自己需要改进的地方，指明了员工前进的方向，为员工的自我发展铺平道路。

6. 企业及时准确地获得员工的工作信息，为改进企业政策提供依据

通过绩效考评，企业管理者和人力资源部门可以及时准确地获得员工的工作信息。通过对这些信息进行整理和分析，可以对企业的招聘制度、选择方式、激励政策及培训制度等一系列管理政策的效果进行评估，及时发现政策中的不足和问题，从而为改进企业政策提供有效的依据。

四、绩效考评的原则

1. 坚持公平、公正、公开的原则

企业进行绩效考核时要求考核者对所有的考核对象要一视同仁、对事不对人。坚持定量和定性相结合，建立科学的考核要素体系和考核标准。

2. 坚持全方位考核的原则

采取自我鉴定、上下级之间考核、考评领导小组考核相结合的多层次考核方法，以使所有层次的员工均有机会参与公司的管理和行使民主监督权利。

3. 坚持工作业绩和工作质量、服务质量相结合的原则

绩效包括员工的工作业绩、工作能力和工作态度等多方面，所有考核要得到真实可靠的结论，必须对员工进行全面考核，不能只考核员工的某一方面，否则就失去了绩效考核的初衷和意义。

五、绩效考评的内容

1. 业绩考评

俗话说"言必行，行必果"，业绩是行为的结果。"业绩考评"就是对行为的结果进行绩效考评和评价。

绩效考评是一个被广泛运用的概念，评先进、评劳模、评积极分子、评议干部，大都带有这种色彩。这是因为人们普遍认为业绩应该具有客观可比性，只有依靠业绩对人们进行评价才有可能是公平、公正的。

对一个企业来说，希望每一个员工的行为都能有利于企业经营目标的实现，为企业做贡献，这就需要对每个员工的业绩进行考评，并通过考评掌握员工的价值以及对企业贡献的大小。对每个员工来说，企业至少是自己谋生的场所和手段，希望自己的业绩得到公正、公平的评价，自己的贡献得到企业的认可。

业绩考评是对员工承担岗位工作的成果所进行的评定和估价。实际上，一个人对企业贡献的大小，不单纯取决于所承担任务完成的状况，也许其工作任务本身就是"无足轻重"的，即使干得十分出色，也未必对企业贡献很大。所以绩效考评不能单纯地"考评"，还必须对工作业绩以外的内容进行考评，即对企业员工的综合素质以及对企业的贡献做出正确评价，否则难以实现绩效管理的目标。

2. 能力考评

能力考评与业绩考评如同跳高运动一样，当跳过某个高度时，就有了对应的成绩，由裁判员进行绩效考评，你可能发挥得很好，比其他选手跳得都出色，甚至可能会打破这一级别的纪录，应该得到相应的荣誉和嘉奖，这就是"业绩考评"。但还须进一步努力，提高跳高技巧和能力，达到更高一级的水平，才可能享受更高级别的待遇，这就是"能力考评"的意义。

对一个企业来说，不仅要追求现实的效率，希望现有岗位上的员工能充分发挥每个人的特长和能力，还要追求未来可能的效率，也期盼将有能力的人提升到更高一级或更重要的岗位上去，从而调动全员的积极性。可以说，能力考评不仅仅是一种手段。

能力与业绩有显著的差异，业绩是外在的，是可以把握的，而能力是内在的，难以衡量和比较。这是事实，也是能力考试的难点。但是，能力也是"客观存在"的现象，可以感知和察觉，可以通过一系列手段去把握能力的存在以及在不同员工之间的差异。

在企业绩效管理中，与一般的能力测量不同，员工能力考评是考评其在岗位工作过程中显示和发挥出来的能力，如员工在工作中判断理解指令时，是否正确、迅速；协调上下级关系时，是否得体、有效等，依据员工在工作中的行为和表现，参照标准或要求，评价他的能力发挥得如何，评判其能力是大是小，是强是弱等。总之，能力考评是根据工作说明书规定的岗位要求，对应于员工所担任的工作，对其能力所作出的评定过程。

3. 态度考评

一般说来，能力越强，业绩就可能越好。但在企业中常见到这样一种现象：一个人能力很强，但出工不出力；而另一个人能力不强，却兢兢业业，干得很不错。两种不同的工作态度，就产生了截然不同的工作结果，这与能力无直接关系，主要与工作态度有关。所以，需要对员工"工作态度"进行考评。企业不能容忍缺乏干劲和工作热情的员工，尤其是懒汉的存在。

工作态度是工作能力向工作业绩转换的"中介",但是,即使态度不错,能力未必全能发挥出来,并转换为业绩。这是因为从能力向业绩转换的过程中,还需要除个人努力因素之外的一些"辅助条件"。有些是企业内部条件,如分工是否合适、指令是否正确、工作场地是否良好等;也有企业外部条件,如市场的供求关系、产品的销售状况、原材料保证程度等。

工作态度考评要剔除本人以外的因素和条件。由于工作条件好,而做出了好成绩,如果不剔除这一"运气"上的因素,就不能保证考评的公正性和公平性。相反,由于工作条件恶化,使业绩受挫,并非个人不努力,进行绩效管理时也必须予以充分考虑。

这是态度考评与业绩考评的不同之处。另外,态度考评与其他项目的区别是,不管职位高低,不管能力大小,态度考评的重点是工作的认真度、责任度,工作的努力程度,是否有干劲、有热情,是否忠于职守,是否服从命令等。

六、绩效评估管理的程序

一般而言,绩效管理工作大致要经历制定绩效评估计划、实施绩效评估、分析评估、结果运用四个阶段。

1. 科学地确定绩效评估计划

为了保证绩效管理工作的顺利进行,必须事前制定科学评估计划,在明确评估目的的前提下,有目的地选择评估对象、内容、标准和时间。

绩效评估标准作为分析和考查员工绩效的尺度,一般分为绝对标准和相对标准,而绝对标准又分为业绩标准、行为标准和任职资格标准三大类。绩效标准应以完成工作所达到的可接受的条件为参考,不宜定得过高。由于绩效标准是考评评判的基础,因此,必须客观化、定量化。具体做法是将考评要项逐一分解,形成考评的评判标准。标准的设定应分出层次,例如,可以将标准分为优秀、良好、合格、需改进和不合格五个标准。将合格作为绩效考核的基准水平,它的作用在于判断被考评者的绩效是否能够满足基本的要求。另外,在制定标准的时候,一定要注意与员工的沟通,即绩效考核标准的确定,应由主管与员工共同确定完成。

2. 绩效评估的实施

绩效评估实施的具体做法是将工作的实际情况与考评标准逐一对照,评估绩效的等级。在进行绩效评价时,很多企业首先要求员工对本人的业绩达成状况进行自评,员工自评后由主管对照期初与员工共同确定的绩效目标和绩效标准对员工进行评价。

这里应注意的是,主管应首先汇总检查员工的相关绩效数据是否准确、完整,如发现有不符的数据还应加以证实,或与通过另一种渠道收集的数据进行对比,以判断原始信息的可信度。在确认数据充分且没有错误后,才可以依据这些数据对员工绩效完成情况进行评价。常见的评价方式包括:工作标准法、叙述评价法、量表评测法、每日评价记录法、关键事件记录评价法、目标管理法、强制比例分布法、配对比较法等。以上方法在具体操作过程中往往不是单独使用一种,而是几种方式混合在一起使用。任何公司的绩效评价方式都不是十全十美的,没有最好的绩效评价工具,只有最适合本企业实际的工具。有效的绩效评价依靠两方面的因素:一是评价制度要合理;二是评价人要有评估技巧,并能保证绩效面谈的准确性,而后者尤为重要。

3. 分析评估

这一阶段的主要任务是根据评估的目的、标准和方法,对所收集的评估数据进行分析、处理、综合。具体过程如下。

(1) 划分等级。评估工作人员把每一个评估项目,如工作态度、人际关系、出勤、责任心、业绩等,按一定的标准划分为不同等级,一般可分3~5个等级,如优、良、合格、稍差、不合格等。

(2) 对单一评估项目的量化。评估的最终目的是要形成可以考核的标准,每个具体的项目都要采用等级或分数的形式来量化。

(3) 对单一评估项目不同评估结果的综合。在有多人参与的情况下,同一项目的评估结果会不同,为综合这些意见,可采用算术平均法或加权平均法进行综合。

(4) 对不同项目的评估结果的综合。有时为达到某一评估目标要考察多个评估项目,只有将不同项目综合在一起,才能得到较全面的客观结论。一般采用加权平均法,具体的权重要根据评估项目、被评估人的层次和具体职务来定。

4. 评估结果的运用

得出评估结果并不意味着绩效评估工作的结束。在绩效评估过程中获得的大量有用信息可以运用到企业的各项管理活动中。

(1) 利用向员工反馈评估结果,帮助员工找到问题,明确方向,这对员工改进工作,提高绩效有促进作用。

(2) 为人事决策如任用、晋级、加薪、奖励等提供依据。

(3) 检查企业管理各项政策,如人员配置、员工培训等方面是否有失误或不足,还存在哪些具体问题等。

七、绩效考评的方法

企业在采用绩效管理的考评方法时,应根据企业的环境和条件,以及各类岗位和人员的特点,选择以下考评方法。

1. 按个体形式区分的考评方法

按个体形式区分的考评方法,可以衡量员工拥有某些特征(如依赖性、创造性、领导能力)的程度,这些特征通常被认为对岗位和企业是非常重要的,而且该方法容易更新。特征法是目前普遍使用的方法,但是为避免主观性和偏见,应该在职业分析的基础上作详细设计。特征法主要包括量表评定法、混合标准尺度法、书面法等。

1) 量表评定法

量表评定法要求考评者就量表中列出的各项指标对被考评者进行评定,评定一般分为5个等级,例如,评价员工与人相处的能力是好、较好、平均、较差、差,也可以让评定者在0～9分的连续分值上为员工打分。使用描绘性评定量表法,事先要规定好指标评定等级的意义及指标的定义。当尺度(等级)和标准被精确定义后,主观偏见产生的可能性就会大大降低。评估者根据量表对被评估者进行打分或评级,最后加总得出总的评估结果。

2) 混合标准尺度法

衡量特征的尺度有多种。考评者可以从多个方面描述各种特征。对各个特征进行三个层面(优良的、一般的、差的)的描述后,随机排列这些描述,从而形成多重标准尺度。然后以员工的行为是否高于、等于或低于标准来评价每一位员工。

3) 书面法

书面法要求考评者以报告的形式,认真描述被评价的员工。考评者通常被要求记录员工的优点和缺点,并对员工的发展提出建议。书面法可以提供一些其他方法所不能提供的描述性信息,使考评者有机会指出员工独有的特征。书面法常与其他方法一起使用。

书面法的缺点是,如果对员工的所有特征进行描述,将太费时(尽管与其他方法一起使用时,不一定要求作全面描述),而且描述将受到考评者写作风格和表达技巧的影响。此外,书面法带有主观性,描述的重点不一定能放在与绩效管理相关的方面。

2. 以员工行为为对象进行考评的方法

以员工行为为对象进行考评的方法,考评者遵循一种工作范围和尺度,对员工行为进行描述,以提高绩效考评的正确性。通过这些描述,考评者可以很容易地考评员工在工作范围内的成绩。行为法用来评判哪些行为是应该的,哪些是不应该的。这种方法常被用做发展的目的。

行为法主要包括以下几种。

1) 关键事件法

关键事件法是指在某些工作领域内,员工在完成工作任务过程中有效或无效的工作行为导致了不同的结果,成功或失败。这些有效或无效的工作行为被称为"关键事件",考评者要记录和观察这些关键事件,因为它们通常描述了员工的工作行为以及工作行为发生的具体情境,这样在评定一个员工的工作行为时,就可以利用关键事件作为衡量的尺度。关键事件对事不对人,让事实说话,考评者不仅要注重对行为本身的评价,还要考虑行为的情境。

关键事件法的缺点有:关键事件的记录和观察费时费力;能作定性分析,不能作定量分析;不能区分工作行为的重要性程度时,很难使用该方法比较员工。

2) 行为观察量表法

行为观察量表法是在关键事件法的基础上发展起来的,它要求评定者根据某一工作结果发生频率或次数的多少来对被评定者打分。例如,从不(1分)、偶尔(2分)、有时(3分)、经常(4分)、总是(5分)。对不同工作行为的评定分数可以相加得到一个总分数,也可以按照工作行为对工作绩效的重要性程度赋予不同的权重,经加权后再相加得到总分。总分可以作为不同员工之间进行比较的依据。发生频率过高或过低的工作行为不能选取作为评定项目。

3) 行为定点量表法

行为定点量表法和关键事件法一样,也需要由主管事先为每一个工作维度搜集可以描述有效、平均和无效的工作行为,每一组行为可以用来评定一种工作或绩效的维度,如管理能力、人际交往能力等。选择确实可以区分员工的关键工作行为,并为每种行为赋值,就可以将有用的行为项目按照维度和赋值量的顺序整理排列,形成实用的评定量表,称为行为定点量表。

4) 硬性分配法

硬性分配法也称强制分类法。假设员工的工作行为和工作绩效整体呈正态分布,那么按照状态分布的规律,员工的工作行为和工作绩效好、中、差的分布存在一定的比例关系,中的员工应该最多,好、差的极少。采用这种方法,可以避免传统考评中大多数良好、至少也是过得去的情况发生。当然,如果员工的工作绩效分布呈偏态,该方法就不适合了。硬性分配法只能把员工分为有限的几种类别,难以具体比较员工差别,也不能在诊断工作问题时提供准确可靠的信息。硬性分配法可用于评估对象较多的评估工作。

5) 排队法

按照员工行为或工作业绩的好坏把员工从最好到最坏排队,并将排队结果作为人事决策及诊断不良工作行为的依据。用排队法考评员工既可以使用单一指标,也可以使用多元指标。一般说来,员工较少的企业可采用单一指标,考评者可以根据员工行为的整体来判断工作绩效。多元标准的考评每次采用一个标准排队,将多次排队的结果平均,作为员工最后的排队位置。

3. 按照员工的工作成果进行考评的方法

按照员工的工作成果进行考评的方法,是指考评者以员工的工作结果而不是行为表现或特征来对员工进行考评。这种方法比较客观,容易被员工接受,能够减少产生偏见的可能性,同时,结果考评法促使员工对其行为负责,可以促进员工认真、谨慎地选择完成任务的方法。

主要有以下两种具体的考评方法。

1) 生产能力衡量法

每一个衡量标准都直接与员工的工作结果是否对企业有利相联系。例如,对销售人员的考评以销售量为基础(如汽车销售数量、销售收入);对业务经理的考评以销售或服务利润增长量为基础;对服务和维修人员的考评以服务的顾客数量、汽车数量、返修率等为基础。这种方法可以直接将员工个人目标与企业目标相连接。

该方法的缺点是:由于注重结果,有时候,员工所不能控制的某些外部原因导致的结果往往要由员工承担责任,在无意中会引起员工的短期行为而忽视长期结果。

2) 目标管理法

目标管理是一种管理哲学,是领导者与下属之间双向互动的过程,使用目标管理法可以克服结果法的某些缺陷。该方法由员工与上司共同协商制订个人目标，个人目标依据企业的战略目标及相应的部门目标而确定，并与它们尽可能一致；目标的数量不宜过多，应有针对性；目标应做到可量化、可测量，且长期与短期并存。设立目标的同时，还应测定达到目标的详细步骤。目标管理法能使员工个人的努力目标与企业目标保持一致，能够减少管理者将精力放到与企业目标无关的工作上的可能性。由于评价标准直接反映员工的工作内容，结果易于观测，因此很少出现评价失误，也适合对员工提供建议、反馈和辅导。但是，目标管理法没有在不同部门、不同员工之间设立统一目标，因此难以对员工和不同部门间的工作绩效做横向比较，就不能为以后的晋升决策提供依据。

【任务实施与考核】

(一)技能学习

企业薪酬体系决定人力资源的合理配置和使用，直接影响企业劳动生产效率，更关系到企业和社会的稳定。薪酬体系有问题就会造成本任务开篇提到的员工小张那样的情绪产生，严重影响工作效率，所以企业一定要科学慎重地设计薪酬体系。一般来说企业的薪酬体系设计要遵循以下基本步骤。

1. 合理而详尽的岗位分析

岗位分析又称为工作分析或岗位描述，是薪酬体系设计的基础，具体应根据企业发展战略的要求，采取公共问卷法、观察法、访谈法等手段，对企业所设的各类岗位的工作内容、工作方法、工作环境以及工作执行者应该具备的知识、能力、技能、经验等进行详细的描述，形成岗位说明书和工作规范。

2. 公平合理的岗位评价

岗位评价是对企业中存在的所有岗位的相对价值进行可行性分析的基础上，通过分类法、排序法、要素比较法等方法对岗位进行排序的过程。岗位评价要充分发挥薪酬机制的激励和约束作用，最大限度地调动员工的工作主动性、积极性和创造性。

3. 薪酬市场调查

薪资调查就是通过各种正常的手段获取相关企业各职务的薪资水平及相关信息，为薪资体系决策提供依据。

4. 薪酬方案的草拟

薪酬体系方案的草拟就是薪酬体系的书面设计工作，要兼顾公平性原则，在充分发挥薪酬的激励作用的同时，要处理好短期激励和长期激励的关系，要处理好老员工和新员工的关系，保证新的薪酬体系在维护稳定的前提下进行设计。

5. 薪酬方案的测评

对草拟的方案进行认真的测评，主要目的是通过模拟运行的方式来检验草案的可行性、可操作性，预测薪酬草案的双刃剑作用是否能够很好地发挥出来。

6. 薪酬方案的宣传和执行

经过认真测评以后，应对测评中发现的问题和不足进行调整，然后就可以对薪酬方案进行必要的宣传或培训，然后就可进入执行阶段。

7. 反馈和修正

薪酬方案执行过程中的反馈和修正是为了保证薪酬制度长期、有效地实施。

(二)任务实施

实训任务一：在实训室，让学生对特定案例的绩效管理进行分析和描述，同时进行分组讨论，然后由每个人或小组递交分析与改进报告。

【案例链接】

天宏公司的绩效管理

天宏公司总部会议室，赵总经理正认真听取关于上年度公司绩效考核执行情况的汇报，其中有两项决策让他左右为难。一是经过年度考核成绩排序，成绩排在最后的几名却是在公司干活最多的人。这些人是否按照原先的考核方案降职和降薪，下一阶段考核方案如何调整才能更加有效？另一个是人力资源部提出采用一套人力资源管理软件来提高统计工作效率的建议，但一套软件能否真正起到支持绩效提高的效果？

天宏公司成立仅四年，为了更好地进行各级人员的评价和激励，天宏公司在引入市场化用人机制的同时，建立了一套绩效管理制度。对于这套方案，用人力资源部经理的话说是，细化传统的德、能、勤、绩几项指标，同时突出工作业绩的一套考核办法。其设计的重点是将德、能、勤、绩几个方面内容细化延展成考量的10项指标，并把每个指标都量化出5个等级，同时定性描述等级定义，考核时只需将被考核人实际行为与描述相对应，就可按照对应成绩累计相加得出考核成绩。

但考核中却发现了一个奇怪的现象：原先工作比较出色和积极的职工考核成绩却常常排在多数人后面，一些工作业绩并不出色的人和错误很少的人却都排在前面。还有就是一些管理干部对考核结果大排队的方法不理解和有抵触心理。但是综合各方面情况，目前的绩效考核还是取得了一定的成果，各部门都能够很好地完成，现在需要确定的是对于考核排序在最后的人员如何落实处罚措施，另外对于这些人降职和降薪无疑会伤害一批像他们一样认真工作的人，但是不落实却容易破坏考核制度的严肃性和连续性。另一个问题是，在本次考核中，统计成绩工具比较原始，考核成绩统计工作量太大，人力资源部就三个人，却要统计总部200多人的考核成绩，平均每个人有14份表格，统计、计算、平均、排序、发布，最后还要和这些人分别谈话，在整个考核的一个半月中，人力资源部几乎都在做这个事情，其他事情都耽搁了。

赵总经理决定亲自请车辆设备部、财务部和工程部的负责人到办公室深入了解一些实际情况。

车辆设备部李经理，财务部王经理，来到了总经理办公室，当总经理简要地说明了原因之后，车辆设备部李经理首先快人快语回答道：我认为本次考核方案需要尽快调整，因为它不能真实反映我们的实际工作，例如我们车辆设备部主要负责公司电力机车设备的维护管理工作，总共只有20个人，却管理着公司总共近60台电力机车，为了确保它们安全无故障地行驶在600公里的铁路线上，我们的主要工作就是按计划到基层各个点上检查和抽查设备维护的情况。在日常工作中，我们不能有一次违规和失误，因为任何一次失误都是致命的，也是造成重大损失的，但是在考核业绩中有允许出现"工作业绩差的情况"，因此我们的考核就是合格和不合格之说，不存在分数等级多少。

财务部王经理紧接着说道：对于我们财务部门，工作基本上都是按照规范和标准来完成的，平常填报表和记账等都要求万无一失，这些如何体现出创新的最好一级标准？如果我们没有这项内容，评估我们是按照最高成绩打分还是按照最低成绩打分？还有一个问题，我认为应该重视，在本次考核中我们沿用了传统的民主评议的方式，我对部门内部人员评估没有意见，但是实际上让其他人员打分是否恰当？因为我们财务工作经常得罪人，让被得罪的人评估我们财务，这样公正吗？

思考题：
1. 天宏公司的问题到底在哪里？
2. 考核内容指标体系如何设计才能适应不同性质岗位的要求？
3. 公司是否同意人力资源部门提出的购买软件方案？目前能否有一个最有效的方法解决目前的问题？

实训任务二：在实训室，就特定案例让学生对薪酬管理进行分析和描述，同时进行分组讨论，然后由每个人或小组递交案例分析报告。

【案例链接】

朗讯的薪酬管理

朗讯的薪酬结构由两大部分构成，一块是保障性薪酬，跟员工的业绩关系不大，只跟其岗位有关。另一块薪酬跟业绩紧密挂钩。朗讯的销售人员的待遇中有一部分专门属于销售业绩的奖金，业务部门根据个人的销售业绩，每一季度发放一次。在同行业中，朗讯薪酬中浮动部分比较大，朗讯这样做是为了将公司每个员工的薪酬与公司的业绩挂钩。业绩比学历更重要。

朗讯在招聘人才时比较重视学历，贝尔实验室1999年招了200人，大部分是研究生以上学历，"对于从大学刚刚毕业的学生，学历是我们的基本要求。"对其他的市场销售工作，基本的学历是要的，但是经验就更重要了。学位到了公司之后在比较短的时间就淡化了，无论做市场还是做研发，待遇、晋升和学历的关系慢慢消失。在薪酬方面，朗讯是根据工作表现决定薪酬。进了朗讯以后薪酬和职业发展跟学历、工龄的关系越来越淡化，基本上跟员工的职位和业绩挂钩。薪酬政策的考虑因素，朗讯公司在执行薪酬制度时，不仅仅看公司内部的情况，而是将薪酬放到一个系统中考虑。朗讯的薪酬政策有两个考虑，一个方面是保持自己的薪酬在市场上有很大的竞争力。为此，朗讯每年委托一个专业的薪酬调查公司进行市场调查，以此来了解人才市场的宏观情形。这是大公司在制定薪酬标准时的通常做法。另一个考虑是人力成本因素。综合这些考虑之后，人力资源部会根据市场情况给公司提出一个薪酬的原则性建议，指导所有的劳资工作。人力资源部将各种调查汇总后告诉业务部门总体的市场情况，在这个情况下每个部门有一个预算，主管在预算允许的情况下对员工的待遇做出调整决定。

1. 加薪策略

朗讯在加薪时做到对员工尽可能地透明，让每个人知道他加薪的原因。加薪时员工的主管会找员工谈，根据你今年的业绩，你可以加多少薪酬。每年的12月1日是加薪日，公司加薪的总体方案出台后，人力总监会和各地做薪酬管理的经理进行交流，告诉员工当年薪酬的总体情况，市场调查的结果是什么，今年的变化是什么，加薪的时间进度是什么。公司每年加薪的最主要目的是保证朗讯在人才市场增加一些竞争力。

一方面我们都知道高薪酬能够留住人才，所以每年的加薪必然也能够留住人才。另一方面是，薪酬不能任意上涨，必须和人才市场的情况挂钩，如果有人因为薪酬问题提出辞职，很多情况下是让他走或者用别的办法留人。

2. 薪酬与发展空间

薪酬在任何公司都是一个非常基础的东西。一个企业需要具有一定竞争能力的薪酬吸引人才来，还需要具有一定保证力的薪酬来留住人才。如果和外界的差异过大，员工肯定会到其他地方找机会。薪酬会在中短期时间内调动员工的注意力，但是薪酬不是万能的，工作环境、管理风格、经理和下属的关系都对员工的去留有影响。员工一般会注重长期打算，公司会以不同的方式告诉员工发展方向，让员工看到自己的发展前景。朗讯公司的员工平均年龄29岁，更多的是看到自己的发展。

思考题：

问题：朗讯的薪酬管理给了你哪些方面的启示？

(三)实训考核

教师根据同学们的案例分析内容进行点评和总结，结合本任务要求和内容要点给予综合评分。

思 考 题

1. 简述人力资源及人力资源管理的含义。
2. 汽车4S店人力资源管理的意义体现在哪几方面？
3. 简述人力资源管理的发展过程，并分析传统人事管理和现代人力资源管理的区别。

4. 简述汽车4S店都设有哪些部门和岗位。
5. 简述人员招聘的意义。
6. 人员招聘决策的原则和主要内容有哪些？
7. 简述人员招聘的步骤。
8. 简述员工培训的意义及步骤。
9. 什么是绩效、绩效考评、绩效管理？
10. 为什么要进行绩效考评？
11. 简述绩效考评的程序和方法。
12. 什么是薪酬？薪酬的常见构成有哪些？
13. 结合自己的实际情况，对照汽车4S店的部门和人员的设置和职责情况，说出自己适合从事汽车4S店哪个部门的业务工作，并找出目前的不足，制定一个改进和提高业务能力的学习计划。

项目三 汽车 4S 店的销售管理

【项目导入】

　　整车销售是汽车 4S 店的核心业务之一，科学的销售管理工作是促进企业进步的重要因素，对于汽车 4S 店的发展至关重要。在汽车流通环节中，销售观念是否正确、销售工作是否到位、销售管理是否完善、销售目标确定是否合理、销售预测是否准确、销售组织是否健康、销售流程是否科学可行等，都直接关系着汽车 4S 店的生存与发展。

【项目目标】

- 熟悉汽车 4S 店的销售组织的基本结构。
- 熟悉并掌握销售目标管理的基本理论。
- 了解销售预测管理的基本思想和方法。
- 掌握汽车 4S 店销售业务基本流程。

任务一　了解汽车 4S 店的销售管理

【任务导入】

王昊是一名汽车营销与服务专业应届毕业生，职业目标是成为汽车销售企业高管。学过管理学的他知道，管理不仅是一门科学，更是一门艺术。而在汽车 4S 店中一个高级销售管理人员除了要有丰富的销售经验，更要有科学的销售管理理念和完备的销售管理知识。那么他该从哪些方面学习企业销售管理的知识呢？

【任务分析】

为了能够更好地了解销售管理工作的内容与性质，让销售管理工作更具有科学性，从而有效实现企业经营目标，我们需要从汽车 4S 店的销售组织管理、销售预测管理、销售目标与销售配额管理等几方面进行学习。

【知识准备】

一、汽车 4S 店的销售组织管理

(一)销售组织的含义

所谓销售组织，是指企业销售部门的组织，具体是指企业为了实现销售目标而将具有销售能力的人、商品、资金、情报、信息等各种要素进行整合而构成的有机体。销售组织能够使组织中的各种要素得到充分利用和发挥。对于汽车销售企业而言，销售组织就是将经营的汽车商品销售给客户的销售部门的组织。

建立企业销售组织必须弄清四个重要概念：分工、协调、授权、团队。

1. 分工

公司为实现目标，必须在各部门间进行分工合作，例如市场分析、采购、仓储、促销、推销、收款等工作。只有通过专业的分工，企业才能最终获得效益。

产品的销售涉及促销、推销、售后服务等，客户分布在不同的区域，因此，销售人员需要分工，才能完成好企业的销售任务。

分工导致企业销售组织的部门化与阶层化。所谓部门化，是指企业如何来划分必须要做的销售工作，经过划分的销售工作分配给哪一个单位去做的问题。换句话说，销售组织的部门化，也就是对分配给各销售组织单位的工作的种类、性质、范围等分别加以限定。阶层化是指不同的销售组织层次有不同的销售任务和工作，例如销售组织的高层的主要任务是销售战略管理,中层销售组织的分工是战术管理,而基层销售组织的分工是进行具体的销售活动。

2. 协调

分工虽然可以提高工作绩效,但也会产生若干问题。特别是实行了目标管理后,各部门人员对公司总体目标不全盘了解,只以部门目标为最终目标,"本位主义"妨害到公司整体目标的实现。企业为了弥补销售分工带来的缺陷,就要运用"协调"这一方法,使部门与部门之间协调,人员彼此之间协调,相互了解沟通,消除冲突,整合资源,发挥各部门力量,达成整体销售效果。

销售工作是一项自由度较高的工作,销售人员分布在不同的地方,更需要协调,以按照企业的销售计划统一行动。销售经理需特别留意,要实施销售战略上的协调并在业务上进行联络、洽商及情报交换,应特别注意与部属间意见的沟通,以免发生误会或不协调。总公司的销售部与分公司更要相互联络与协调,以免部门之间、上下之间出现对立或不协调。

3. 授权

所谓授权,是指将执行的权力授让给下属或责任人。随着企业销售工作的发展与膨胀,企业内部的销售活动分工越来越细,销售组织层次不断增加,形成了公司销售管理层、部门销售管理层、一线销售管理层、销售作业层等四个阶层,这四个阶层各负其责。当销售各部门间有分歧,无法取得协调,或是销售上下级部门在执行的细节上无法协调时,公司的最大效益就无法得到保证。因此,企业为求得销售各部门之间、销售人员之间的协调,必须建立授权制度。

4. 团队

团队可定义为在特定的可操作范围内,为实现特定目标而共同合作的人的共同体。团队涉及销售队伍组织的策略问题,即销售人员以何种方式与目标客户接触。是独自一人工作,还是采用小组推销、推销会议或推销研讨会的方式。从目前发展的趋势看,销售工作越来越需要集体活动,需要其他人员的支持配合。因此,团队形式的小组推销越来越受到企业的重视和顾客的欢迎。

(二)建立销售组织的步骤

1. 明确销售组织设立的目标

设立销售组织的第一步,是确定所有要达到的目标。最高管理阶层确定公司的整体目标,主管销售业务的负责人确定销售业务部门的目标。大部分销售部门的目标是:①完成一定的销售量;②获得一定的净利润;③扩大市场覆盖面;④为客户服务,提高客户满意度。

短期特定的目标小而明确,能较好地提高销售管理效率。销售业务部门的人员与其他部门的人员一样,如指派的目标明确,则工作将更为有效,可以避免浪费时间、精力与财力。

短期特定的目标应随时调整、修订。一般来讲，如果销售外部环境没有大的变化，销售部门的基本组织也不需要变化。当销售情况或特定的目标发生变动时，销售组织应随之而改变。销售业务部门的长期目标左右销售业务工作的总体方向，需要相当长时间才能完成。不论长期目标还是短期特定目标，都是销售政策建立的依据。总之，销售业务部门目标的确立或重订，是设计合理的销售业务组织的起点。

2. 进行销售岗位分析

要达到销售组织目标，首先应确定要完成何种销售活动。为搞好企业的销售工作，任务、责任须合理地分配到各销售业务岗位。因此我们就必须对销售活动进行分类，将相关的工作分派到同一岗位，并采用高度专业化的组织。

当然，在实际销售活动中，为求销售管理的经济性，常迫使一个职位要负责多项工作。若设置职位较多时，凡属相关的工作应归纳到一起，并设立相应的部门按照销售岗位配置人员。

根据销售活动的岗位要求，将任务分配到销售人员个人。为此，首先要确定不同销售岗位的人员任用资格条件并建立相应的编制。在确立销售组织框架后，应找出适合的销售人员担任相应的岗位工作，以便销售工作能顺利完成。企业甚至可对这些销售人员加以训练后再让其上岗。

3. 制定协调与控制方法

销售活动分工复杂，人员之间也存在着层次，因而需要协调和控制，以保证销售活动按照既定的目标前进。在管理销售活动时，应有适当的授权，以推动销售工作。管理者应有足够时间来协调各种销售活动以及销售部门与其他部门之间的关系。

销售业务部门的销售人员应对销售组织图加以研究，以明白自己在组织内的位置、应对何人报告、与他人的关系如何以及如何与他人合作等。

4. 改进销售业务部门的组织工作

销售业务组织运作后，要定期检查是否符合既定的销售目标，当实际绩效与目标有差异时，要加以改进。

市场实践表明，企业为了应对竞争、服务于客户，往往需要进一步扩张销售区域、增加新部门等，此时应对原先的销售组织加以评估与改善。

(三)销售团队建设

1. 销售团队的构成要素

一个运动队的队长要负责协调队员间的配合，并最终对该队的成果负责。为了取得成功，队长必须充分利用每一位队员的技能。销售经理的工作和运动队队长的工作毫无二致。他必须学会如何下放任务以及如何激励同事们做出最大的努力，否则就达不到他们的销售目的。团队推销能够帮助企业合理安排内部力量，提供更高水平的客户服务，赢得更多具有竞争性的销售机会，带来更高的销售收入，减少拜访次数并缩短销售周期。

任何组织的团队，都包含目标、定位、职权、计划和人员等五个要素，销售团队的建设也不例外。因此，销售经理应重点从这五个方面着手考虑销售团队建设问题，这有利于抓住问题的关键。

1) 销售团队的目标

目标是销售团队建设的第一要素。为什么要建立销售团队？你希望它是什么样的？它们是基于工作关系形成的天然团队，还是仅仅为完成某项具体销售任务组成的项目团队？他们能够发展成自我管理的团队吗？这些团队是短期存在，然后分崩离析，还是能够持续存在多年？

尽管销售团队具体目标各不相同，但所有销售团队都有一个共同的目标，那就是把销售工作上相互联系、相互依存的人们组成一个群体，使之能够以更加有效的合作方式达成个人的、部门的和企业的目标，为顾客提供更好的服务。特别是对产品技术含量高的公司来讲，团队销售常常是提供解决客户的问题所需要的集技术与营销技能于一体的服务的最佳途径。

在确定是否采用团队销售时，销售经理必须对团队销售能够为公司的业务能力带来多大提高进行评估，然后把进行团队销售拜访的费用与单独进行销售拜访的费用进行比较。相关公式如下：

单次销售拜访的平均费用=销售人员总费用/销售拜访次数

单次销售拜访的销售支持人员费用=进行销售支持的技术、营销、财务、行政管理及经营人员耗费的小时数×每小时平均工资/销售拜访次数

团队销售拜访费用=单次销售拜访的费用+销售支持人员费用

团队销售费用率=团队销售总额/团队销售拜访费用

如果上述分析表明，进行团队销售带来的收益率高于单个销售的收益率，那么就应该考虑实施团队销售战略了。

2) 销售团队的定位

销售团队怎样融入现有的销售组织结构中，从而创造出新的组织形式呢？这是一个重要的问题。当然，这不单纯是画一个新的销售组织结构图的问题，而是要改造公司的思维方式，使其成为一个更具有合作性的工作场所，让来自销售组织不同部分的人员能够真正成为团队伙伴。这将打破传统的销售组织结构模式，使企业重新审视销售组织自身的结构问题。在进行销售团队的定位问题时，有必要重点考虑的问题是：由谁选择和决定销售团队的组成人员？销售团队对谁负责？如何采取措施激励团队及其成员？

在对销售团队目标、定位和其他相关问题进行讨论、做出回答后，接下来就可以制定一些规范，规定团队任务，确定团队应如何融入现有的销售组织结构中。在形成销售团队规划书或任务书时，应该尽可能仔细考虑，规划书应能传递公司的价值观及团队预期等重要信息。

3) 销售团队的职权

一旦完成了上述工作，销售经理就可以把工作重点转向职权的划分。所谓职权，这里指销售团队负有的职责和相应享有的权限。销售团队的工作范围是什么？它能够处理可能

影响整个组织的事务吗？或者说，它的工作重点集中在某一特定领域吗？你愿意让你的销售团队作为主要顾问提出意见和建议吗？你希望你的团队真正采取实际行动，促成某种结果吗？你的团队是天然团队(成员来自组织内同一部门或工作领域)、混合团队(成员来自销售、技术、财务、生产等各个不同的部门)，还是项目团队(为完成特定计划或项目而组建的临时性团队)？不同团队的界限是什么？各团队在多大程度上可以自主决策？这些问题直接影响团队实现既定目标的能力，必须引起高度重视。

这些问题实际上是销售团队目标和定位的延伸。销售经理的职权划分类似于制定一套职位说明书，大致确定销售团队中每位成员的职责和权限。在这方面，销售经理要解决的问题取决于销售团队类型、目标和定位，也取决于组织的基本特征，如规模、结构及业务类型等。

4) 销售团队的计划

销售团队的第四个要素是计划，它关系到每个团队的构成问题。销售团队应如何具体分配和行使组织赋予的职责和权限？换句话说，销售团队成员分别做哪些工作，如何做？销售经理可能会决定把这些事情留给各团队成员去决定，也可能提出一些指导原则。每个团队有多少成员才合适？各团队都要有一位领导吗？团队领导职位是常年由一人担任，还是由成员轮流担任？领导者的权限与职责分别是什么？应该赋予其他团队成员特定职责与权限吗？各团队应定期开会吗？会议期间要完成哪些工作任务？除参加会议，销售团队成员应独立地或分成不同小组完成哪些工作任务？预期每位成员把多少时间投入团队工作？销售经理应对这些根据组织本身特点和实际需要，进行合理选择。最后需要强调一点，有些销售组织，尤其是一些规模较小或结构相对简单的销售组织，倾向于首先考虑人员问题，而不是优先考虑职权和计划问题。实际上，遵循以上建议的顺序似乎更为明智。这可以避免在决定团队如何发挥作用前选定团队成员而导致的一系列问题。

5) 销售团队的人员构成

销售团队的最后一个要素是人员问题。销售团队是由人组成的。确定销售团队目标、定位、职权和计划，都只是为销售团队取得成功奠定基础，最终能否获得成功取决于人。

销售团队人员的选择非常重要。如果采取自愿原则，可选择的人员相对比较少；如果团队是跨部门的，你就必须选择不同部门较有代表性的成员。在选择团队成员时，销售经理或团队领导都应该尽可能多地去了解候选者。他们每个人都有哪些技能、学识、经验和才华？更重要的是，这些资源在多大程度上符合团队的目标、定位、职权和计划的要求？这都是在选择和决定团队成员时必须认真了解的。销售团队，并不是五名或十名最优秀的销售人员的简单集合，而是能够产生协同作用的人员的合理组合。

2. 销售团队领导的选择

如果一个销售团队在实现目标方面取得了成绩，工作生机勃勃，那么它一定具有下述特点：第一，销售团队的方针明确；第二，在实行这一方针方面，销售活动的领导者头脑清醒，其领导作用得到发挥；第三，团队内部能够相互沟通。为达到以上三点，在销售团队建设时，应选择合适的团队领导。

在选择团队领导者时，应以下述内容为标准：从个性来说，团队领导者应该是有勇气、正直、充满爱心的人；从素质来说，团队领导者应是一个具有决断能力的人，是一个具有创造性的人，是一个能够系统地解决问题的人。

一个称职的销售团队领导应该做到：第一，意识到领导者的责任。例如，不转嫁责任，不逃避责任，不一人独占成果等。第二，发挥领导作用。例如，以公司的销售活动为中心发挥自己的领导作用，为下属解决问题提建议、作指导等。第三，加强管理。例如，根据原则管理团队，自己率先遵守规章制度等。第四，彻底加强事前管理。例如预算管理、人员管理、行动管理、计划管理等。第五，发挥领导者的自主性和主导性。例如，有自己的想法，并提出自己的意见和建议，做出自己的判断等。第六，具有领导者应具备的行为特点。例如，努力使行动客观化，加强信赖关系等。

3. 销售团队的目标管理

1) 销售团队目标管理的步骤

所谓销售团队的目标管理，是指配合公司的销售策略制定销售目标计划，决定方针、安排进度、切实执行，并使销售团队有效达到目标，同时对其销售成果加以严格检查。

销售团队目标管理的步骤可分为：

(1) 设定销售团队的目标。

(2) 执行销售团队的目标。

(3) 评估与修正销售团队的目标。销售团队目标管理评估的对象可按照产品、部门、人员、经销商等进行划分。销售团队目标的评估可采用4W1H法：①由谁评价(who)，一般为经办者本人、上司和主管评价部门；②何时评价(when)，一般可分为日常评价、定期评价、年底总评价；③为什么评价(why)，评价目的一般有改善业务、改善团队等；④评价什么(what)，一般有对结果的评价和对过程的评价；⑤如何评价(how)，评价方法有绝对评价、相对评价。

(4) 目标管理的奖惩。销售团队目标管理应搭配奖惩办法，以激发团队成员个人的工作潜能和销售士气。奖励方式可分为精神与物质两种，奖励内容可区分为目标奖励、团体奖励与个人奖励、年终考绩员工奖励等。

2) 树立团队精神的要点

销售团队目标管理的关键是树立团队精神，其要点如下所述。

(1) 要使每个销售业务员都相信，当公司获利时，他们也会受益。

(2) 让团队所有成员分享成功：目标达成时一起庆祝，共同参与颁奖典礼，邀请每个人，包括配偶共进特别的晚餐，甚至举办公司野餐。

(3) 保证团队内部竞争是健康的，不要造成销售业务员之间的不和。在赞美甲销售员上个月的工作很努力时，不能责问乙销售员：为什么不能像甲一样做得那么好。那样只会使乙希望甲下个月业绩不好。

(4) 鼓励团队中的成员一起努力。花时间在一起工作确实是建立同胞之爱的最好方法，要他们彼此帮忙，取长补短。

(5) 确保销售业务团队中任何人的杰出表现都能被公司本部知晓。要让表现好的人知道，公司的管理阶层已经知道他的好表现了。须让销售业务团队中的所有成员感觉参与到团队中是很光荣的，且能得到合理的奖赏。

二、汽车4S店的销售预测管理

(一)销售预测的含义

预测在企业运营中是一件非常重要而且具有多重用途的作业。汽车销售预测是汽车4S店进行各项决策的基础，几乎每个年度的销售报告都包括下一年度的销售预测。可以说销售预测在企业管理中具有很重要的作用，它不仅为寻求市场机会以及制定营销策略提供依据，而且是制订销售计划和目标的前提，同时还影响和决定着企业其他工作的安排。

具体来说，销售预测就是对未来特定时间内全部产品或特定产品的销售数量与销售金额的估计。销售预测是在充分考虑未来各种影响因素的基础上，结合本企业的销售实际，通过一定的分析方法提出切实可行的销售目标。

(二)影响销售预测的因素

虽然影响企业销售预测的因素很多，但是我们可以根据已有的数据，对可能产生的情况进行分析，然后制订不同情况下的行动计划。销售预测应考虑以下因素。

1. 外界因素

1) 消费者需求

消费者需求是外界因素中最重要的一项，如汽车消费流行的趋势、爱好变化、生活形态的变化、人口的流动等，均可成为汽车需求的质与量方面的影响因素，因此必须加以分析与预测。平时就应尽量搜集有关对象的市场资料、市场调查机构资料、购买动机、消费者认可程度等统计资料，以掌握市场的需求动向。

通常情况下，应首先对市场需求进行预测。市场需求决定着销售潜力，销售潜力通常是一家公司最大可能的销售量，而销售预测值是以销售潜力为基础确定的，低于销售潜力。从上面的叙述可以看出需求预测是很重要的。需求预测有利于销售经理从整体上把握市场状况，使销售预测更加客观、准确。

2) 经济发展态势

销售收入深受经济变动的影响，尤其近几年汽车的技术与生产迅速发展，无法预测的影响因素越来越多，导致企业销售收入发生波动。因此为了正确地进行销售预测，需特别注意资源问题的未来发展、汽车及相关行业发展趋势及GDP增长率等指标的变动情况。

3) 同业竞争

销售额的高低深受同业竞争的影响。古人云："知己知彼，百战不殆。"为了企业的生存与发展，必须时刻掌握竞争对手的动向，例如，注意竞争企业经营规模的变动、促销与服务体系的变化等。

4) 政府政策与法律

政府的各种经济措施、政策与法律均对企业销售产生影响，因此应及时了解这方面的信息，以便准确地做出销售预测。

2．内部因素

1) 营销活动策略

公司的产品策略、价格策略、销售渠道策略、广告及促销策略等的变更对销售额均会产生影响。

2) 销售政策

销售政策的变动如变更市场管理、交易条件或付款条件、销售人员报酬方式、销售方法等均会对销售额产生影响。

3) 销售人员

销售活动是一种以人为核心的活动，所以人为因素对于销售额的实现具有相当深远的影响。

4) 经营的品牌汽车的生产状况

应该考虑汽车产量和供应是否能满足销售活动的要求、生产技术水平的变动、产品质量以及是否更新换代等生产方面的因素。

(三)汽车销售预测程序

销售预测程序是指进行销售预测的一系列过程，它始于预测目标的确定，止于销售预测结果的使用。

1．确定预测目标

企业的整体预测活动都是围绕着预测目标展开的，它关系到整个预测活动的成败，应尽量具体、详尽。

2．初步预测

初步预测将来的销售量，主要确定预测应涉及哪些变量，如销售量、市场占有率、利润率等。

3．选择预测方法

在销售预测中，常见的预测方法有定性预测法和定量预测法两种，具体方面见后面内容详解。

4．依据内外部因素调整预测

需要考虑的内部问题有：同过去比，预测期间的工作将有什么不同、整个营销战略是否有改变、是否有新产品推出、价格策略如何、促销费用如何安排、销售渠道有无变化等。要考虑的外部问题有：一般经济环境是改善了还是恶化了、是否有重要对手加入、竞争对手的营销策略动向等。

5. 将销售预测与公司目标进行比较

比较预测和公司的营销目标是否一致；预测不能满足目标时，是降低目标值，还是进一步采取措施实现原来的目标。

6. 检查和评价

销售预测不是固定不变的，随着内外部环境的变化，销售预测会发生改变。应及时对销售预测进行检查和评价，并建立反馈制度，使一些重大的变化能够在销售预测和决策中反映出来。

(四)销售预测的方法

一般的汽车市场销售预测，多数是以已有车辆的短期预测为主题。已有车辆是指以现有的市场为对象，对从过去到现在以至于未来的可持续销售下去的车辆而言，所以，该预测资料大多以过去的业绩为依据。一般来讲，销售预测方法分为定性预测方法和定量预测方法两种，实际销售预测的方法又可细化成更多种，既可通过统计方法甚至运用计算机进行，也可以凭直觉或经验来估算。至于何者为佳，则无一定标准可循。但有一点需特别留意，就是不要拘泥于某一种销售预测方法，而应视实际情况加以预测。

定量预测法是借助数学和统计学的分析工具，在通过对以往的销售记录进行分析的基础上，做出对未来的预测；而定性预测法不需要太多的数学和统计分析工具，主要是根据经验的判断而定。常用的汽车销售预测方法如表 3-1 所示。

表 3-1　常用的汽车销售预测方法

分 类	说 明	方 法
定量预测法	根据过去的业绩进行客观分析和统计	(1) 时间序列预测法 (2) 相关分析预测法
定性预测法	主观分析和推测	(1) 购买者意向调查法 (2) 销售人员综合意见法 (3) 高级管理人员估计法 (4) 专家意见法

1. 时间序列预测法

时间序列预测法又称趋势外推预测法或历史延伸预测法，具体是指将历史资料和数据按照时间顺序排列成一个系列，根据时间序列所反映的经济现象的发展过程、方向和趋势，将时间序列外推或延伸，以预测经济现象未来可能达到的水平。时间序列(time series)是指把反映某种市场现象的某一统计指标(如某地区的工业增加值、某种商品的销售量或销售额等)在不同时间上的数值按先后顺序排列而形成的数列，又称动态数列或动态序列。时间序列反映的是某一经济现象在时间上的发展变化过程。

在分析汽车销售业绩时，通常都将销售业绩按照年、月的次序进行排列，以观察其轨迹。采用时间序列预测法进行汽车销量预测，就是分析汽车销量随时间变化的动向，从而预测未来汽车销量的一种方法。具体的应用方法包括平均预测法、指数平滑预测法、数学模型法等。

2. 相关分析预测法

事物变化时，彼此之间都存在着直接或间接的关系，汽车销售量也会随某种变量的变化而发生变化。例如：消费者的收入一旦增加，汽车的需求量必然上升；汽车数量一增加，维修保养服务量也会随之增加等。相关分析预测法正是通过统计寻求销量及影响因素之间的关系，并借此进行预测的方法。

3. 购买者意向调查法

购买者意向调查法是根据购买者的意见来进行销售预测的方法。许多企业在对产品的市场总体无法把握的情况下往往采用这一方法，并能达到很好的效果。

1) 优点

销售预测本是一种在假设条件下，预估购买者将来可能的消费行为的一种艺术，这也表明最有用的情报来源是购买者本身。在实际调查中，企业一般根据购买者(包括潜在购买者)的名单接近他们(有时是面对面)，询问他们在某一特定情况下，在未来的某一时间计划购买哪些特定车型的汽车产品，也请他们说明愿意从某一特定厂商处购买的数量占其总购买数的比例，或有什么因素影响他们对于卖者的选择。假定厂商可以获得这些情报，同时这些情报也很可靠的话，那么厂商便可据此预测其未来的销售量。

2) 缺点

虽然这一方法比较好，但在实际操作中还有许多限制。

(1) 意愿问题。在许多情况下，购买者是不会表露出他们的购买意向的，即使消费者在回答调查时说愿意购买某产品，实际上他也并不一定会购买该产品。此外，购买者有时可能出于某种原因敷衍调查者，这会直接影响调查结果的准确性。

(2) 能力问题。这个方法的第二个缺点是消费者是否有能力回答调查中提出的问题，即在消费者(购买者)合作的前提下，这个方法的准确性仍然要看消费者(购买者)是否有能力以明确、系统的方式表明其意向，因为对汽车性能等方面的知识比较熟悉的消费者不足调查人数的20%。

(3) 成本与收益问题。调查是要付费的，因此运用此方法时要考虑其成本与收益问题。即要考虑调查所获得情报的价值与搜集它的成本相比较，是否值得。一般来讲，企业为降低成本往往采用部分概率抽样的调查方法来代替百分之百的调查(全查)，或以电话或邮寄问卷的方式代替亲自访问，但此时若抽样方法不当就会影响调查的精度。

3) 消费者意见调查的科学性问题

企业对汽车消费一般使用抽样调查，而且问卷的设计通常是采用如下方式：

你是否有意在近两年内购买一部汽车？

　　　　□是　　□否

运用这种调查方式，我们可以想象被调查者答"是"比"否"的比例要高，所以调查的结果往往差强人意。因为回答不想购买者，也有购买的概率。根据这些消费者购买意向调查的资料对短期内汽车的销售进行预测，虽然不是完全准确的，但也具有一定的参考价值。

购买者意向调查法的适用前提是：①购买者很少；②调查成本很低；③购买者有明确的购买意向；④购买者愿意吐露他们的意向；⑤购买者有能力实施他们原先的意向。

4. 销售人员综合意见法

销售人员综合意见法是指公司根据销售人员对其服务区域内的销售量或顾客未来需求量的估计进行综合预测的一种方法。其程序是先由各个销售人员预测自己所在区域内顾客的潜在需求量，然后由销售经理加以总结与修正后上报给公司，公司在对各地区的销售估计值进行修正的基础上，得出总体估计数据。

1) 优点

销售人员综合意见法的优点主要有以下 3 个方面。

(1) 各销售人员对实际的业务情况较为熟悉，并且比较接近顾客，对顾客的认识比较深刻或更能看透市场发展趋势，特别是当产品技术含量高，而且技术创新快时，这一方法的优点更加明显，因此其所做的销售预测比较切合实际。

(2) 由于参与销售预测，使得销售人员对其估计结果较具责任感，也能接受公司下达的销售目标；同时他们对完成公司所提出来的销售配额具有较大的信心，更能鼓励他们完成目标(配额)。

(3) 销售人员综合意见法是一个从基层往上预测的过程，公司便于进行销售分析和管理。

2) 缺点

对大部分销售人员的估计都必须进行调整，因为销售人员的观察可能会有所偏差，销售人员难免受普遍乐观或悲观心理的影响，或者受最近销售成败的影响，从而做出较为极端的判断。更有甚者，他们不了解宏观经济发展，以及公司总的销售计划。他们亦可能为使其下一年度销售量能大大地超过销售配额，以获得奖金或升迁机会，而故意低估预测数字。同时销售人员缺乏足够的学识与分析能力，或者没有时间作详细估计，或者根本没有兴趣或不太用心等，这些因素都可能使得他所做出的估计不太准确，因而要进行修正。

虽然有这些缺点，但销售人员综合意见法仍被许多家汽车 4S 店所应用，在我国大部分的汽车销售和服务企业中均使用此法。这是因为公司可根据销售人员的预测下达相应的销售配额，销售人员也较易接受任务。为提高这一方法的准确度，公司可提供一些帮助或奖励的办法以刺激销售人员做较佳的估计，如公司可为销售人员提供预测与其实际销售的比较记录表，或提供一些有关预测的资料，或者将每一个预测做成摘要提供给所有的销售人员。某些销售人员的估计可能会过分保守，以压低公司给他们的销售配额，遇到此情形，公司可根据他们所报的较低的估计，配给较少的广告及推广费用，作为处罚。

销售人员综合意见法在下列条件范围内适用性较佳：①销售人员对情报来源非常了解；②销售人员很合作；③销售人员无偏差，或他们的偏差是可以更正的；④销售人员参与销售预测可以获得额外的利益。

5. 高级管理人员估计法

由于购买者意向调查法与销售人员综合意见法所需耗费的时间与成本太高，并且其所得的结果均需经过公司高级经理人员的修正，因此有时由公司高级营销人员直接估计，可使所耗费用减少，并且所得结果并不比前两种方法差。

高级管理人员估计法是指由公司高级管理人员各自根据其所获得的事实资料，独立估计下一期(或未来期间)可能的销售量，然后将此结果公布并请那些估计较为乐观者或悲观者说明其所持的理由，互相讨论之后，再请他们重做一次估计，如此重复估计直到彼此间的估计值集中在一个很小范围内，再取此范围的中值为预测值。此法的优点是简单明了，且所做的估计值综合了各方面的意见。当然有时各高级主管之间可能会坚持己见，以致无法获得一致的估计值，此时则宜由总经理作最后裁决。其缺点是所得的最后预测值可能较不易为销售人员所接受。

6. 专家意见法

专家意见法是指根据专家意见做出销售预测的方法。专家既可以是厂商，也可以是技术人员和大学教授。专家意见既可能是调查购买者与供应商的结果，也可能是分析过去统计资料所得出的结论。

高级管理人员的估计有时难免会过于乐观或悲观，因此一些企业可能借助外部力量，即请专家做出销售预测。例如，汽车制造公司常请求他们的经销商直接做销售估计。这种方法的优缺点和销售人员综合意见法的优缺点一样，例如经销商不可能做很细心地进行评估，对企业将来的发展可能看得不准，亦可能故意提供有偏差的估计数字来获取眼前的好处。

有时候厂商会聘请外界科技人员、大学教授等来评定将来的市场需求量。事实上，厂商常使用外界所提供的一般经济预测或特殊的工业预测，这也属专家意见法。一些商业研究机构也常发行或出售长短期商业情况的定期预测，也可以作为专家意见来进行销售预测。

1) 专家意见法的优点

专家意见法具有以下几个优点。

(1) 预测能做得较快，并且费用较少。

(2) 在预测过程中能引证并且协调各种不同的观点。

(3) 假如基本资料较少的话，用其他的方法可能找不到答案，求教于专家是最好的方法，如新产品市场销售预测就可以应用专家意见法。

2) 专家意见法的缺点

专家意见法具有以下几个优点。

(1) 其意见有时难以使人信服。

(2) 责任分散，如得到好的和坏的估计值机会参半。

(3) 用此方法所求得的地区、顾客、产品分类等预测数，没有总预测数那样可靠。

汽车4S店的销售预测方法选择要结合实际情况将多种方法共同运用，以期互补，达到最佳预测效果。

三、汽车4S店的销售目标与销售配额管理

在销售管理中，销售目标的制定相当重要，一个好的销售目标必须与公司的整体营销目标相配合，要有利于实现公司的经营方针、经营目标以及发展计划。好的销售目标能指导销售行为，激励销售人员，降低销售成本，增加企业利润，提高管理效率。因此，销售目标管理成为汽车4S店销售管理活动的有效手段。具体来说，销售目标管理就是通过设定合理的销售目标，并对其进行合理的分解，通过合适的手段予以实施和监控，并关注最终结果和评估的一种管理过程。在销售管理中，销售目标的制定相当重要。正因为如此，销售目标管理成为汽车销售管理活动的有效手段。

(一)销售目标的内容

销售目标管理就是通过设定合理的销售目标，并对其进行合理的分解，通过合适的手段予以实施和监控，并关注最终结果和评估的一种管理过程。

【知识拓展】

摸高试验

管理学家们曾经专门做过一次摸高试验。试验内容是把20个学生分成两组进行摸高比赛，看哪一组摸得更高。第一组10个学生，不规定任何目标，由他们自己随意制定摸高的高度；第二组规定每个人首先制定一个标准，比如要摸到1.80米。试验结束后，把两组的成绩全部统计出来进行评比，结果发现规定目标的第二组的平均成绩要高于没有规定目标的第一组的平均成绩。

摸高试验证明：目标的设计对于激发人的潜力具有很大的作用。

销售目标是在企业营销目标的基础上确定的，一般来讲，企业的销售目标应包括以下几方面的内容。

(1) 销售额指标。销售额指标包括部门、地区、区域销售额，销售产品的数量，销售收入和市场份额等。

(2) 销售费用的估计。销售费用包括差旅费用、运输费用、招待费用、费用占净销售额的比例、各种损失等。

(3) 利润目标。利润目标包括每一个销售人员所创造的利润、区域利润和产品利润等。

(4) 销售活动目标。销售活动目标包括访问新顾客数、营业推广活动、访问顾客总数、商务洽谈等。

销售目标可以按销售团队、销售人员、时间段等来分成各个子目标，在设定这些目标时，必须结合本企业的销售策略。

(二)销售目标值的确定方法

销售目标值往往是在销售预测的基础上,结合本企业的营销战略、行业特点、竞争对手的状况及企业的现状来确定的。

作为一家以获得利润最大化(或效益最大化)为经营目的的汽车 4S 店,其销售收入(销售额)的大小就是企业经营好坏的最好标志,所以确定销售收入目标是确定整个企业的销售目标的核心。确定销售收入目标时,需考虑到三个因素,即与市场的关联、与收益性的关联、与社会性的关联等。

与市场的关联是针对企业服务的顾客层及可服务多少而言的。企业正是根据这个构想,来确保企业在市场中的地位,即销售目标值的大小必须能确保企业在市场中的地位,而企业为了确保其市场地位,务必对市场展开最佳的活动,使最终成果明显体现在"市场占有率"上。

与收益性的关联方面,销售收入的目标值必须能确保企业生存与发展所需的一切利益,也就是企业需从事足以获得收益的活动。

在确定销售收入目标值时,应统筹考虑上述因素,不可仅凭销售预测值而随意决定销售收入的目标值。

确定销售收入目标值的方法主要有以下几种。

1. 根据销售增长率确定

销售增长率是本年度销售业绩与上一年度销售业绩之差同上一年度销售业绩的比率。其计算公式如下:

$$销售增长率 = \frac{本年度销售业绩 - 上一年度销售业绩}{上一年度销售业绩} \times 100\%$$

有时企业决定销售增长率极为简单,例如最高层经营者下达指标:明年的销售收入额需增长 20%。此时就不需任何计算了,使用上述数值即可。

但若想求出精确的增长率,就必须从过去几年的增长率着手,利用趋势分析推定下一年度的增长率,再求出平均增长率。此时所用的平均增长率并非以"期数"(年数)去除"增长率",因为每年的销售收入是以几何级增加的,应该用计算几何平均数的方法计算平均增长率。

$$下一年度的销售收入目标值 = 本年度销售业绩 \times (1+销售增长率)$$

2. 根据市场占有率确定

市场占有率是企业销售额占业界总的销售额的比率。其计算公式如下:

$$市场占有率 = \frac{本公司的销售收入}{本地区总的汽车销售额} \times 100\%$$

使用这个方法,首先要通过需求预测出本地区各家汽车公司总的销售收入的预期值。销售收入目标值为:

$$下一年度的销售收入目标值 = 本地区汽车销售收入预期值 \times 市场占有率目标值$$

3. 根据市场增长率确定

这是根据企业希望其市场的地位扩大多少来确定销售收入目标值的方法。如果企业想保住本公司的市场地位，其销售增长率就不能低于业界市场平均增长率。其计算公式如下：

下一年度的销售收入目标值=本年度销售额×(1+市场增长率)

4. 根据损益平衡点公式确定

销售收入等于销售成本时，就达到了损益平衡。损益平衡时对应的销售收入计算公式推导如下：

销售收入=成本+利润

销售收入=变动成本+固定成本+利润

销售收入=变动成本+固定成本(利润为零时)

变动成本随销售收入(或销售数量)的增减而变动，故可通过变动成本率计算损益平衡点上的销售收入。

销售收入-变动成本率×销售收入=固定成本

可利用上述公式导出下列损益平衡点公式：

损益平衡点上的销售收入=固定成本/(1-变动成本率)

5. 根据销售人员确定

1) 根据销售人员人均销售收入确定

这是以销售效率或经营效率为基数求销售收入目标值的方法。其中最具代表性、最简易的方法是运用如下公式：

销售收入目标值=每人平均销售收入×人数

每人平均销售收入与人数之乘积就是下一年度的销售收入目标值。当然，以过去趋势作单纯的预测或以下一年度增长率为基准来预测均可。

2) 根据人均毛利确定

这是根据每人平均毛利额计算销售收入的方法。其计算公式如下：

$$销售收入目标值 = \frac{每人平均毛利 \times 人数}{毛利率}$$

3) 根据销售人员申报确定

这是逐级累积第一线销售主管申报的销售收入预估值，借以计算企业销售收入目标值的方法。由于第一线销售人员最了解销售情况，因此经过他们估计而申报的销售收入必然是最能反映当前状况，而且是最有可能实现的销售收入。当然，如果第一线销售人员的总预测值和经营者的预测一致的话，最为理想。当采用该方法时，务必注意下列三点。

(1) 申报时尽量避免过分保守或夸大。预估销售收入时，往往产生过分夸大或极端保守的情形，此时，销售人员应依自己的能力来申报"可能"实现的销售收入值。身为第一线领导者的业务经理，务必使每一个销售人员都明白这一点。

(2) 检查申报内容。销售管理者除应避免过分夸大或保守外，还需检查申报内容的市场性，即检查申报内容是否符合过去的趋势以及市场购买力。

(3) 协调上下目标。由于销售人员的申报是"由下往上分配式"，一线销售人员往往过于保守，其销售收入目标值一般定得较低，不能达到公司总的销售收入目标要求。因此，销售经理还要采用下达销售收入目标的"由上往下分配式"来调整销售收入目标，并做好协调工作。

在确定了销售收入目标值后，再确定其他销售目标，如利润目标、活动目标、费用目标等。

(三)销售目标的分解

在确定总体销售目标后，就要对销售目标进行分解。企业进行销售目标分解时应将公司的年度总销售目标、部门目标分解到每一层、每一个岗位。对于汽车4S店来讲，其销售目标可以分解为3种层级，如图3-1所示。

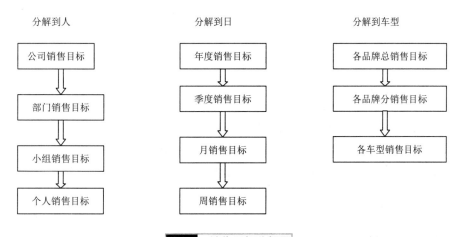

图 3-1　销售目标分解图

销售管理中应该结合每个销售员工的实际情况进行适度调整，而不能平均分解任务目标。

【知识拓展】

某销售团队销售目标的分解

某销售团队总体销售收入目标是2000万元，下面有5个员工。销售经理在为每个员工制定目标的时候，员工个人都希望自己的目标少一点，这样压力就小一些。如果按照平均分配目标的原则来分解任务的话，每个人的销售收入目标是400万元，加在一起刚好达到总体2000万元的目标。但是经理经详细考虑后发现这样分解目标虽然容易，但风险很大：如果有一个人出现问题或者有一个人出现偏差，整个团队的目标就很难完成。考虑多种因素后，该销售经理决定开会讨论，最后团队一致同意结合个人实际情况进行目标分解更合适。

于是销售团队综合考虑员工各方面的条件，最终确定目标如下：销售员甲，能力一直不错，业绩一直不错，就让他多做一些，目标定在 600 万元；销售员乙，能力还可以，但不如甲，就给他定目标 500 万元；销售员丙，按照正常来做业绩，可以做到 400 万元；销售员丁，目标定在 400 万元；销售员小张刚来公司不久，销售能力弱一些，可以定在 300 万元。这样加在一起就是 2200 万元，比总的目标要高。这次销售目标的分解能够保证完成总体目标，规避了个别员工出现偏差而未能实现目标的风险，同时结合每个人的能力，能够更好地调动员工的积极性，从而为总体目标的实现提供了更多的保障。

对于个人的目标来讲，包括数量目标、质量目标、时限目标和成本目标等内容。

大成功是由小目标所积累的，要达到目标，必须是一步一个台阶地走上去。把大目标分解为多个易于达到的小目标，并一步步脚踏实地地去实现，才能实现最终的目标，即企业总体目标。

【知识拓展】

汽车销售员汤英的目标

作为汽车销售员，汤英原来的目标如下。

(1) 与自己销售区域内的可能的顾客接触，向顾客推介车型。

现实目标为 90 天，理想目标为 60 天。

(2) 增加销售额，从 100 万元提高到 200 万元以上。

现实目标为 200 万元，理想目标为 230 万元。

90 天后，他的目标一个也没能达到，他在实现目标时遇到了以下障碍：未分解详细的目标。他低估了接触顾客的难度，结果，他没接触到多少客源，致使没能完成第一个目标，也就没能完成第二个目标。

于是，汤英又重新制定了目标。

(1) 增加销售额，从目前的 100 万元增加至 200 万元。

(2) 现实目标为 200 万元，理想目标为 250 万元。

(3) 现实目标为 90 天，理想目标为 80 天。

(4) 假定平均单车销售额为 10 万元，需增加 10 个顾客才能增加 100 万元的销售额；如果每 10 次拜访能产生一个潜在顾客销售线索，每 5 个潜在顾客中有 1 个能成交，就必须拜访 500 个顾客。

(5) 平均每周拜访顾客 39 个。

结果这次的目标实现了。注意，新目标详细地描述了汤英要实现某项销售活动所要做的事情。

(四)销售配额的作用及确定的程序

销售配额是指分配给销售人员的在一定时期内完成的销售任务，是销售人员需要努力实现的销售目标。销售配额是一把尺子，有利于有效地计划、控制、激励销售活动，以达到整个企业的销售目标。

在企业的销售目标管理中,销售经理制定销售目标,安排销售进度,将目标额分配到各销售班组、销售个人,然后协助其完成任务,最后对销售人员的销售成果加以评估与考核。在整个过程中,销售配额是销售经理对销售工作进行管理的最有力的措施之一,有助于销售经理规划每个计划期的销售量及利润,安排销售人员的行动。

1. 销售配额的作用

销售配额是为销售人员设置的目标,对于销售经理及销售人员都有很重要的作用,具体体现在以下几个方面。

1) 引导作用

完成销售配额就是销售人员工作的目标。量化的指标便于销售经理指导销售人员的工作,同时为销售人员的努力指明了方向。销售经理通过比较配额的完成情况,可以发现销售组织的优势和劣势,销售人员从配额的完成情况中也可以识别市场上存在的问题与机会。好的配额设置可以使销售经理对各方面的工作进行总结。例如,不好销售的产品总是隐藏于好销售的产品中,如果按每种产品来分配配额,就可以发现这种情况。按地域或消费者来分配配额也可以起同样的作用。

2) 控制作用

配额一经确定,销售人员便有了衡量销售绩效的标准。配额的设置可以使销售人员积极地参与公司的活动,如设置新客户访问配额、大客户销售配额、汽车展示配额等。

为了更有效地工作,配额的设置应涉及销售活动的各个方面。如开拓市场的前期工作,仅仅设置销售配额是不够的,还应对新客户拜访、准客户的确认以及其他一些辅助性销售活动设置配额。因此,在设置配额前,销售经理一定要全面考虑销售人员应该参与的活动,并在配额设置上体现出来。

3) 激励作用

销售经理总是在不停地寻找保持销售人员士气的方法,如果配额的设置具有挑战性,就可以产生很大的激励作用。如果目标很容易实现,激励的作用就会减弱,销售人员可能因此而变得懒散,甚至这些较低的目标也实现不了。如果目标定得过高,谁会为一个不能实现的目标而努力呢?强迫销售人员实现不能实现的目标只能起反作用。也许销售人员完成了销售目标,但结果却损害了与消费者的关系。因此,设置一个合理的配额,对组织、销售经理、销售人员都会有很大的好处。

配额常常被用来激励销售人员克服困难,如某些产品销路不畅,某些产品竞争加剧,可以通过设置配额来激励销售人员加强这方面的销售工作。

4) 评价作用

销售配额对于评价销售人员的工作也提供了标准,配额设计合理会有利于销售经理对销售人员的能力进行评估。当配额直接与销售人员的薪水或报酬有关时,不仅具有评价作用,而且激励作用就会更明显地体现出来。销售经理在比较销售人员的实际成果与销售配额的差距后,可据此来指导销售人员下一步的销售行为,以提高整体销售绩效;销售人员也可以将自己的实际绩效与销售配额进行对比,找出销售工作中存在的不足和问题,从而不断地提高销售效率。

2. 销售配额确定的程序

设置配额通常是一件困难的事情，需要认真对待。作为销售经理，首先要确定配额的类型，然后根据不同的类型确定相关的配额；其次要确定配额基准，逐一制定任务标准；最后根据销售人员所在区域的情况进行调整。

销售配额设置是销售管理的重要职能，设计销售配额时，必须使之能够激励销售人员完成个人和公司的销售目标。为此，必须遵守下列原则。

(1) 公平原则。配额应真实地反映销售的潜力。

(2) 可行原则。配额应可行并兼具挑战性。有些公司设定基数较低，因而起不到对销售人员的激励作用。

(3) 综合原则。与销售量配额相关的各种其他销售活动配额应同时明确。

(4) 灵活原则。配额要有一定的弹性，要依据环境的改变而变化，只有如此才能保持销售人员的士气。

(5) 可控原则。配额要有利于销售经理对销售人员的销售活动进行检查，同时要便于销售经理对偏离销售目标的行为采取措施。销售配额一般体现在销售计划及销售进度表中。

(五) 销售配额的类型与分配方法

1. 销售配额的类型

通常有五种销售配额，即销售量配额、销售利润配额、销售活动配额、综合配额和专业进步配额。对任何一项具体的销售工作，都可以选择那些与工作密切相关的配额。

1) 销售量配额

销售量配额是指销售经理希望销售人员在未来一定的时期内完成的销售量。销售量配额便于销售人员了解自己的任务。

销售量配额是汽车销售管理活动中最常用的也是最重要的配额，因为公司总是希望销售人员实现最大销售量。销售量配额通常是在考虑市场潜力的情况下，以销售预测为基础制定的。

销售经理设置销售量配额时必须预测销售人员所在的销售区域的销售潜力。销售经理一般是根据对现有市场状况的分析来估计不同地区的销售潜力，因此需要研究以下因素。

(1) 区域内总的市场状况。

(2) 竞争者的地位。

(3) 现有市场的特点和市场占有率。

(4) 市场涵盖的程度(一般取决于该市场销售人员的主观评价)。

(5) 该地区过去的业绩。

2) 销售利润配额

企业在销售活动中往往重视销售量而忽略了利润。设置销售利润配额的目的就是避免这种情况。公司用利润配额可以控制销售费用，进而控制公司的毛利润和净利润。销售费用对公司的利润有很大的影响。销售费用控制得好坏直接影响同一行业不同公司利润率的高低。利润配额与销售量配额一起使用,可以使销售人员明白收入与利润率都是公司关注的目标。例如,销售人员乐于把他的精力花在易销售的产品和熟悉的顾客身上,但是,这些产品和消费者能给公司带来的利润可能很低,而花费的费用与那些销售困难的产品或陌生的顾客却是一样的。因此,利润配额可以激励销售人员访问那些能给公司带来更大效益的客户,销售能给公司带来更高利润的产品。

销售经理通常希望通过经济手段激励销售人员控制费用,利润配额和销售量配额一样,可以紧紧地与薪金分配联系起来,从而起到激励销售人员控制费用的作用。把销售津贴付给那些将费用保持在一定水平的销售人员可以起到同样的作用。

(1) 毛利配额。公司销售的汽车品牌或系列多,而销售每种品牌的汽车实现的利润是不同的,所以可以采用毛利配额。有时,公司用这些指标来替代销售量配额,强调利润、毛利润的重要性。

设置毛利配额,可以使销售人员集中精力提高毛利润。然而毛利润是很难控制的。通常,销售人员销售汽车的价格调整权限有一定限制,在这种情况下,销售人员无法完全对销售毛利润负责。

(2) 利润配额。很多经理认为利润配额是体现目标最好的形式。利润等于毛利润减去费用。利润配额与管理的基本目标直接相连。

利润配额也有一些缺点,销售人员无法控制影响利润的因素。在这种情况下,销售人员无法完全对自己的业绩负责,故以利润为依据评价销售人员的工作是不公平的。合理地计算销售人员创造的净利润是非常困难的。销售人员的净利润取决于所出售的产品、每种产品的毛利润、出售这些产品时所花费的费用,这些因素使得对利润配额进行管理很困难,需要大量的资料,而且要取得这些资料需要花费大量的时间。在这种情况下,业绩的控制很困难。

3) 销售活动配额

销售活动配额是用来指导销售人员其他销售活动的指标,这些活动主要包括以下几个方面。

(1) 宣传企业及产品的活动。
(2) 产品演示活动。
(3) 吸引新客户,鼓励其成交。
(4) 展示产品和其他促销工作。
(5) 为消费者提供服务、帮助和建议。
(6) 拜访潜在的客户。
(7) 培养新的销售人员等。

销售活动配额使销售经理便于控制销售人员的时间使用,即在不同销售活动中的时间分配。典型的销售活动包括销售访问、拜访新准客户、拜访新客户、产品演示等。不论是对公司还是对销售人员,这些活动的效果都不会立即显示出来,但是如果市场有足够的开发潜力,就必须不断地努力。遗憾的是在很大程度上,这些活动的效果是由销售经理主观来评价的。销售经理必须研究销售人员对基本客户所花费的时间和所作访问的记录，依靠主观的判断来估计销售人员在这些活动中的价值。

像利润配额一样，活动配额是用于指导销售人员从事非产品推销性的销售活动的指标。否则销售人员有可能忽视了将来的发展，而仅关心当前的利益。

有些销售活动虽不能直接实现销售收入，但对将来的销售工作影响很大，如销售报告、客户调研等。因此有必要以活动配额来评价销售人员的业绩。

使用活动配额时也会遇到一些问题，如员工参与人数多，信息必须从销售人员报告中获得。而这些报告往往偏重数量而忽视质量，因此无法显示出工作实际状况。另外，由于这些销售活动无法直接实现销售收入，很难对销售人员产生激励。通常情况下，活动配额与销售配额一起使用并配以一定的津贴奖励，可以提高销售人员的积极性，促使其按规定完成活动配额。

4) 综合配额

综合配额是对销售量配额、利润配额、活动配额进行综合而得出的配额。综合配额以多项指标为基础，因此更加合理。设置综合配额远比设置销售目标复杂，因为它用到权重这个概念。权重是活动重要性的量化。

当使用一个综合配额时，每一个配额依照其重要性赋予权数，对每个配额的权数设定是很重要的。在销售经理评价销售人员的业绩时，综合配额可以全面地反映销售工作的状况。

5) 专业进步配额

专业进步配额是指涉及销售人员销售技巧和能力的配额。它不易量化，只能作为定性指标，因此很难设定和考核，一般用一些不可替代的相关指标，如与消费者的关系、顾客对销售和服务的满意度等来衡量。这种配额的确定主要是为了提高销售人员的素质和销售能力。

2．销售配额的分配方法

分配目标销售额的具体方法如下。

(1) 根据月份分配。即将年度目标销售额按一年 12 个月或 4 个季度来平均分摊的方法。如果能将销售人员业务能力、品牌特征与月份结合起来，效果会更好。

(2) 根据业务单位分配。即在分配销售配额时，以小组或小区为单位进行分配。

(3) 根据品牌分配。即根据业务员销售的品牌产品进行销售配额分配的方法。

(4) 根据客户分配。即根据某品牌汽车所面对的客户多少和性质来决定配额大小的一种方法。

(5) 根据业务员分配。即根据业务员的能力大小来分配配额的方法。

【任务实施与考核】

(一)技能学习

销售组织的建设,是销售管理的前提。通过本任务的学习,学生能够自行组建基本的销售团队。

(二)任务实施

实训项目:模拟销售团队建设和管理

具体操作:分组进行训练,每组6~7人,自由组合,组建销售团队,并合理确定分工。小组课前进行调研,以某一汽车4S店销售部门为依托,进行销售预测。在此基础上进行销售目标的制定和分解。最后进行课堂汇报,同时提交活动报告。

(三)实训考核

教师根据小组的三项活动汇报,从学生资料准备是否充分、销售团队组建是否合理、人员分工是否恰当、销售预测结论是否科学以及目标的制定和分解是否合理等角度考核学生的任务完成情况,同时要求学生提交活动报告,从学生报告中对活动实施中的不足和改进措施的分析和总结进行综合评分。

任务二 汽车4S店的销售业务流程管理

【任务导入】

汽车4S店拥有再好再多的车,如果没有客户,能力再强的业务员也难以开展后续的一系列工作,自然也就完成不了销售任务。那么我们的客户在哪呢?找到客户后我们又该如何技巧性地与其进行沟通并进行车辆介绍?如果客户对我们推销的车辆或购买条件有异议我们又该如何处理呢?我们在与客户交流过程中如何有效识别客户释放的成交信号并技巧性地促成交易?后续的服务工作中我们又该如何增加客户满意度和忠诚度呢?作为新入职的销售顾问小张,他该如何有效开展销售工作呢?

【任务分析】

为了能让销售顾问小张成功完成销售任务,我们要从一个完整的销售流程学起。本任务中我们将学习销售准备管理、销售接洽管理、销售陈述管理、处理异议管理、成交管理和售后服务管理等知识。

一、销售准备管理

销售准备是至关重要的，销售准备的好坏直接关系到销售活动的成败。一般来说，销售准备工作主要包括四个方面：一是进行市场调查，寻找潜在客户；二是从潜在顾客中筛选客户，确定最有可能的客户作为重点推销对象；三是作好销售计划；四是进行有关方面的知识和推销工具准备。在此过程中销售人员至少要具备三方面的内容：产品知识、消费行为以及自我态度。目前无论哪一个汽车品牌的经销商，即使是中国国产汽车的经销商也一样，那就是要求汽车销售人员具备较强的汽车产品专业知识，这一点需要销售人员在日常学习和培训中获得；而消费行为则是指要准确定位你的潜在客户，了解和认识其消费行为，有针对性地销售；自我态度便是指积极、乐观、主动、真诚的态度。每一位销售员都应该在销售前做好准备工作，以便做到心中有数，稳操胜券。

1. 寻找潜在顾客

由于推销是向特定的顾客推销，推销员必须先确定自己的潜在销售对象，然后再开展实际推销工作，因此寻找顾客的含义包括两层，一是根据自己所推销商品的特征，提出成为潜在顾客必须具备的基本条件；二是通过各种线索寻找并确定符合这些基本条件的顾客。寻找顾客、确定潜在的顾客不是一件简单的工作，需要做大量细致、艰苦的调查和研究工作。对于大多数商品来说，80/20定律都是成立的。也就是说一件商品80%的销售额是来自这种商品所拥有顾客中的20%。如果你能顺利地找到这20%的顾客，就可以事半功倍了。所以，作为一个现代的销售员，必须经常对顾客的需求进行深入调查，正确判断推销对象的真实需要，这是变潜在顾客为现实顾客、变潜在购买为现实购买的重要依据之一。只有做到这一点，才能克服盲目性，提高推销效率。

寻找顾客时销售员必须注意，并非每一潜在的顾客都是合格的顾客。为了克服盲目性、增强科学性，销售员有必要考虑对产品有真实需求、有支付能力和购买决策权的顾客，即合格的顾客。

寻找潜在顾客是汽车4S店乃至每个销售顾问所面临的一个非常重要的问题。一般来说，不同的产品有不同的客户群。所以要找到自己的潜在顾客，首先应确定自己所销售的汽车属于哪个档次，是高档车、中档车还是低档车；汽车的排量是大排量、中排量还是小排量；是商用还是乘用；是属于哪一类人群的；只有在开发客户之前明确了这些问题，才能有目的地去寻找和开发客户。

寻找客户的渠道较多，一般分为"走出去"和"请进来"两种。"走出去"是指利用各种形式的广告、参加车展、召开新闻发布会、进行新车介绍、进行小区巡展、参加各类汽车文化活动、发送邮件、进行大客户专访、参与政府或一些企业的招标采购等。"请进来"主要是指在展厅里接待客户，邀请客户前来参加试乘试驾，召开新车上市展示，或接受客户电话预约等。

除了上述一般渠道，汽车4S店开发客户还有一些特有渠道。例如，定期跟踪老客户(保有客户)；定期跟踪保有客户的推荐；售后服务站外来的保有客户，比如奔驰汽车的维修站也会修沃尔沃宝马车的，而这些客户也是我们可以开发的对象。

展厅集客也是4S店最为主要和便捷的渠道。展厅是汽车4S店销售活动发生的主要场所，因而，如何吸引足够的客户来到展厅和说服来店客户购买汽车显得异常重要。一般来说常用的集客方式有展厅吸引、店内/外活动、电视广告、报纸杂志、电台广播、电话营销、直邮(DM)、上门访问、他人介绍、短信广告、微信、微博等。

2. 制定访问计划

通过上述渠道进行集客活动，一旦找到了合适的潜在顾客，或者确定了要访问的顾客，销售员就要制定销售访问计划。销售计划有助于建立销售员的信心，它能帮助销售人员在买卖双方之间营造友好的气氛。销售访问计划应包括四个方面：确定访问目标、建立顾客情况表、制定顾客利益计划、制定销售展示计划。为了顺利达到访问目的，访问计划的内容必须具体，拟定时主要应做到如下几点。

1) 确定当天或第二天要走访的顾客

根据工作时间与推销产品的难度以及以往的推销经验来确定人数，从你所拟定的潜在顾客名单上挑选具体顾客，可以将同一地区的顾客划分成一个顾客群，一次全拜访到，这样有利于节省时间，提高效率。

2) 确定已联系好的顾客的访问时间与地点

如果你已与某些客户取得了联系，那么不妨根据对方的意愿来确定访问时间与地点。一般来说访问时间能够预约安排下来将有助于成功，而访问地点与环境应该具有不易受外来干扰的特点。一般来说，销售人员与客户见面的时间在上午10点钟左右和下午4点钟左右比较好。因为买车的人多数都具有决定权，多为企事业单位在职人员，他们从早上8点忙到10点，此刻多是他放松的时间，这就为销售人员拜访和联络提供了合适契机。下午也如此。

3) 拟定现场作业计划

这一部分是要针对一些具体细节、问题来设计一些行动的提要，拟定介绍的要点。在对产品有了深入了解的情况下不妨将产品的功能、特点、交易条款以及售后服务等综合归纳为少而精的要点，作为推销时把握的中心。设想对方可能提出的问题，并设计回答，经验不丰富的推销员一定要多花一些时间在这上面，做到有备无患。

【案例链接】

故事一：

某汽车公司的销售人员小李经过努力与一个客户约定了时间去登门拜访。那天小李如约前去拜访，这位客户请他坐下后一言不发地看着他。小李事先没有准备，被这位客户看得心里面直打鼓，不知道说什么，心里想："这个客户怎么这样严肃？"

等了一会儿，客户终于不耐烦了，说"你有什么事，就快点说"。

小李听了更紧张了，结结巴巴地不知道从何说起。

客户说："好像你没有什么准备，我也很忙。这样吧，你把资料留下来，我抽空研究一下。"

结果，小李只好留下资料，无功而返。

故事二：

一天，某汽车 4S 店的销售顾问小张当班时，有位顾客在展厅里看了一款汽车后，向小张咨询了问题。

这个客户非常关心车辆的安全问题，他问小张："这款车的 ABS 是哪里生产的？"

这个问题很普遍，在汽车销售公司日常的销售过程中，客户提这个问题的频率也比较高。而小张因事先没做好功课，一时不知道如何回答。因为他也不知道这辆车配置的 ABS 到底是国产的还是进口的，只好问旁边的销售同事。结果没有得到满意的答复。小张为了把这辆车卖给客户，就回答说："可能是进口的。"

客户又问："这款车没有现货，那什么时候能到货呢？"

这个问题也是日常销售中客户问得最多的一个问题。因为销售公司不可能把每一款车、每一个配置、每一个颜色都备齐了。小张没料到客户会问这样的问题，也不知道具体到货时间。于是他又着急了，他说："您稍等一下，我去问问领导。"刚巧当时领导不在，电话又联系不上。客户等不及，就在那里不断地问他："怎么样？到底什么时间有货？"小张实在没办法，最后说："大概需要半个月。"

客户有点不高兴，说："我的时间那么紧，你却告诉我可能、大概，你让我怎么决定？我还是去别家店看看吧。"

就这样，小张因为缺乏经验，没有做好接洽准备，对客户可能提的问题没有设计好相应的答复而丢掉了这个意向客户。

4) 推销工具和知识的准备

在出发前对销售做好各项准备是必不可少的，这是你走向成功的秘诀，同时，这一准备过程也是大有学问的。在推销时除了要带上自己精心准备好的产品介绍材料和各种资料，如样品、照片、鉴定书、录像带等，还要带上介绍自我身份的材料如介绍信、工作证、法人委托书、项目委托证明等，带上证明企业合法性的证件或其复印件也是非常必要的。如果公司为顾客准备了纪念品也不要忘记带。最后当然还应放上一些达成交易所需的单据，如订单、合同文本、预收定金凭证等。

如果面对的是一项较为复杂的推销任务或新市场开发任务，可以成立销售小组。小组销售可以将对方的注意力分散，可以给每个人留下一段思考时间，有利于观察顾客、做出正确的反应，小组成员可以在知识、经验上相互弥补，相互促进。如果准备以销售小组来进行推销，那么必须制定小组销售的计划。

二、销售接洽管理

除了电话销售，如果你不能面对面地接触顾客，那么无论你用任何手段施展销售才能，你所有的努力都将白费。因此，在确定了潜在顾客后，就要接近顾客，并与之洽谈。

1. 约见顾客

在进行推销活动时，通常需要先取得"面谈约会"的机会，然后照约定的时间去访问，同时再做好下次面谈的约会工作。因此，约见是征得顾客同意见面的过程。约见的作用：一是有利于销售员自然、顺利地接触顾客，避免出现拒客、遭受冷遇的局面；二是有利于销售洽谈的深入展开；三是有利于销售员节约时间；四是有利于销售员接触到合适的销售对象。

在现在的销售技术条件下，常用的销售约见的方式有电话约见、信函约见、访问约见、介绍约见、网络约见等方式。

2. 接近的方法

经过约见，当销售员获准可以与顾客正式接触时，销售工作便进入面谈阶段。所有销售人员均时常遇到准顾客冷淡的情形，打破冷淡气氛往往是新入行推销员最头痛的问题，甚至经验较多的推销员也常常不能够解决。因此，必须学习接近的方法。接近就是销售人员运用技巧和智慧与顾客做最直接的面谈，以缩短销售人员与顾客的距离。

一般讲，最初的讲话往往决定对方对你的第一印象如何，这一方面可以引起顾客的兴趣，另一方面也可以打消顾客的戒心。尤其在初次访问时，顾客的心里总是存有"是否就要求我购买呢"的抗拒心理，同时也有一种"见面也好，听听他说什么"的心理。因此，销售员的开场白是最重要的，能够决定其是"拒绝"还是"听听看"。比较高明的做法是开始时不露出任何"请你买"的意思，而是营造一种轻松的谈话氛围。

通常，销售员首先应该推销自己。在初次访问时，的确有进行自我推销的必要。销售员应先介绍自己的公司，再介绍自己，然后说明为什么来访。面谈技巧，归纳起来有以下几种。

1) 介绍接触法

介绍接触法是指销售员开门见山，以口头的形式自我介绍所在公司的名称和产品，与推销对象接触，使顾客对销售员有个初步的了解。大多数销售员都采用这种接触法，这是接触技巧中最常见的一种方法。但是这种方法很少能引起顾客的注意和兴趣，因此，它一般要和其他方法配合使用。

2) 提问接触法

提问接触法是销售员公认的一种有效方法。销售员在不了解顾客真实想法的情况下，以提问的方式来获取有关推销信息。在这种开场白中，你可以找出一个与顾客的需要有关系的，同时又与你的产品的特殊功能有关并会使他作正面答复的问题。要小心的是不要提出对方可能答"不"的问题。例如，你可以问："你希望购买经济性好的汽车吗？"然后在对方回答"希望"后介绍和展示样车。而不能问:"您需要购买这款汽车吗?"如果这样问,对方会回答:"不需要。"销售也就无法继续进行了。

3) 利益接触法

利益接触法是指以消费者的利益为中心,通过介绍商品的功能,使之能满足顾客的需要,给顾客带来好处,进而达到接触顾客,转入正式面谈的目的。利益接触法的最大特点是能立即引起顾客的注意和兴趣,使其有一种期待感,渴望了解商品到底对他有何用处。

4) 赞美接触法

赞美接触法是指销售员通过赞美顾客达到接触顾客的目的。这种方法利用了人们的荣誉感和求荣心,恰当的赞美能收到意想不到的效果,比如赞赏顾客对汽车知识的掌握程度或欣赏某品牌汽车的眼光等。因为人们喜欢被赞扬,在被赞美的状态下特别容易接受别人的建议。但是,赞美应适度。销售人员在运用赞美接触法时,应该真诚,实事求是,否则会引起顾客反感,影响整个推销的进行。

5) 馈赠接触法

馈赠接触法是指通过向顾客赠送免费的小礼品或样品来接触顾客的方法。在推销工作中,许多销售员都以一些小巧、精致的礼品作为媒介,联络感情,借以达到接触顾客的目的。馈赠接触法特别适用于集团消费单位,由于来客接待工作都由秘书或办公室人员负责,因此,销售员访问时送上一些工艺性小礼品,极易接触到有关人员和激发起他们对所推销产品的注意和兴趣。当然,馈赠的礼品必须与顾客相适应,投其所好,价值不能太高,否则就违反了国家有关法令,属于行贿,也是正当的经济竞争所不允许的。

6) 征询意见接触法

征询意见接触法是指销售员以征求意见的方式,上门请教用户,接触已经约见的顾客。征询意见接触法的目的是借题发挥,通过征询了解用户对产品的需求,引起顾客对产品的注意和兴趣。当被问及对某事物的看法时,人们常常感到受到了尊敬,也乐意将看法告诉他人。征询意见接触法尤其适用于新销售员,因为它表明你重视买方的意见。

7) 引荐式接触法

引荐式接触法是指通过介绍顾客所熟悉的人或事来接触顾客的方法。如果你真的能够找到一个顾客认识的人,他曾告诉你该顾客的名字,或者曾告诉你该顾客对于你的产品有需要,那么你自然可这样说:"……你的同事(或好友)要我前来拜访,跟你谈一个你也感兴趣的问题。"这时,这位顾客可能会立即要求知道是怎么回事,这样你当然已经引起了他的注意而达到了你的目的。同时,他也自然会对你感到比较亲切。

8) 表演式接触法

表演式接触法是指通过做一些能引起顾客的兴趣和注意力的事达到接触顾客目的的方法。如以一个有趣的事或笑话开场,就可以引起顾客的注意。但这样做的时候你一定要知道,你的目的不仅仅是想给顾客带去快乐,所讲的事一定要与你的产品的用途有关,或者能够直接地引导他去考虑你的产品。

作为汽车 4S 店的销售顾问,更多的是在展厅内与客户进行接洽面谈,所以除了灵活应用上述接触客户的技巧外,还要注意商务礼仪。端庄的仪表、良好的心理素质、专业的能力技巧才能保证销售活动顺利进行下去。

三、销售陈述管理

销售陈述是指销售员运用各种宣传方式、手段去激励顾客对所推销产品产生需求,因此,它的实质是促使推销对象迅速形成一种特定的购买行为。事实上,销售陈述是整个推销过程的最重要的环节。接近顾客的成功,并不意味着交易一定能成功。俗话说,良好的开端是成功的一半。推销员在顺利接近顾客后,在已经赢得了顾客的注意和引起他们兴趣的基础上,应该趁热打铁,立即转入销售陈述。

销售陈述是销售员向推销对象传递信息、沟通思想的过程,是促使推销对象形成购买行为的特定过程,它是一种复杂的、有的放矢的活动。

(一)销售陈述方式

1. 记忆式陈述

记忆式陈述是指预先周密计划好的销售陈述方式。一般是销售员先将全部内容熟悉记在心,然后对客户进行准确无误的重新陈述。有时如果准备不那么充分,销售员也可以根据情况进行自我发挥和创造。

记忆式销售陈述以两种假设为前提:一种是潜在顾客的需要是通过销售展示和直接接触产品而被激发起来的;另一种是这些需要已被激发起来,原因是潜在顾客已在努力寻求这种产品。无论是哪一种情况,销售陈述的作用都是使潜在顾客初始的愿望发展成为对最终购买请求的肯定回答。

在记忆式销售陈述过程中,销售人员的讲话占80%~90%,只是偶尔允许潜在顾客回答一下事先拟定的问题。在陈述期间,销售人员不试图去确定潜在顾客的需要,而是把相同的推销词讲给所有的潜在顾客。销售人员集中介绍说明产品及其好处,然后用购买请求结束推销词。卖方希望对产品好处所做的具有说服力的介绍能促使潜在顾客购买。

记忆式陈述有许多优点。首先它确保了所有的销售要点按照逻辑顺序编排好,使得对这一领域不熟悉的新手产生了自信,避免了临场的词不达意。更为重要的是推销词经过了公司所有销售人员的讨论,因而记忆式陈述对做销售展示十分有效。许多销售经理认为,通过采用记忆式陈述这种办法,使得销售陈述工作标准化了。其次,如果推销时间短(如挨门挨户推销),产品是非技术性的(如书籍、化妆品等),此方法是行之有效的。其不足之处是把所有的潜在客户都假想成一种固定模式,这种预先的背诵使得销售员往往丧失针对不同客户的具体特点进行灵活变化的能力,它展示的特点、优势和利益也许对购买者并不重要。另外,记忆式陈述会让顾客听起来感到厌烦,不那么亲切入耳,而且潜在顾客参与的机会少。

2. 公式化陈述

公式化陈述主要利用顾客可以看到的宣传资料、样车、影像资料等进行销售介绍和销售展示，激起顾客兴趣，并引起顾客购买的欲望。在汽车销售过程中，很多公司采用"六方位绕车介绍法"就是公式化陈述方法的应用。公式化陈述方法实际上是一种劝说式销售展示，与记忆式方法相近。

在使用公式化方法时，销售员必须首先了解有关潜在买主的情况。在展示时，销售员遵循结构化不强的展示要点提纲进行展示，销售员在销售谈话中尤其是开始时一般控制着谈话。例如，销售顾问可以做销售开场白，详细介绍产品的特点、优势和利益，然后运用回答问题、处理异议等方式引导买方发表意见。

公式化陈述一方面保持了记忆式陈述的主要优点，同时又增加了灵活机动的一面，这种方法使得销售员只要记住有关此次陈述的主要内容梗概就可以在现场进行具体的发挥创造，这保证了销售陈述的要点都不会被忽略，同时还能营造一种和谐、友好的交流气氛，使买卖双方有合理的时间进行相互交流。公式化陈述的优点在于它更显得自然亲切，顾客可以积极地参与。同时，对销售员也提出了比较高的要求，要求销售员必须能够独立思考。

3. 满足需求式陈述

满足需求式陈述极具创造力和挑战性，它不同于记忆式和公式化销售陈述，它是一种灵活的相互交流式的销售陈述。销售人员运用这种陈述方式时必须积极、主动而灵活，它的理论基础是销售中的合作销售理论，也就是说，销售员与潜在客户如果能够在一起很好地合作的话，就能够确定客户需要并最终实现购买。

在满足需求式陈述过程中，通常谈话的前50%～60%的时间(即开发需求阶段)都用在讨论买方的需求上。一旦意识到了潜在顾客的需要(认识需求阶段)，销售员就会重述对方的需求以弄清情况，从而开始控制谈话。在销售陈述的最后一个阶段，也就是满足需求阶段，销售员说明产品将怎样满足双方的共同需要，从而达到成交的目的。

如果想成功地运用此方法，销售员必须主动地与潜在客户打交道，发现并确认他们的需求。在双方的实际讨论中，必须找出客户使用产品所能得到的最大利益。一般以提出一个探究性的问题开始，比如可以问："贵公司需要哪种电脑？"这种开场白可以给销售员一个机会，来确定提供哪种产品是有益的。通过提问、倾听顾客的回答，确认顾客的需要，然后再开始陈述。这一需求确认方法对销售员首次会见顾客是非常有效的。满足需求式销售陈述尤其适用于销售规格严、价位高的工业技术产品。

4. 解决问题式陈述

解决问题式陈述与满足需求式陈述非常类似，它也是以"解决具体问题"为目的的一种陈述类型。采用这种方法需要销售员对顾客的情况进行更为详尽而全面的调查，需要销售员全面、细致地了解顾客所处环境，然后才能确认陈述的主要内容。

在销售复杂的或技术性极强的产品，诸如保险、工业设备、会计系统、办公设备和电脑时，销售员通常需要进行几次销售访问，对潜在顾客需要进行详细分析。销售员通过分析获得解决潜在顾客的问题的方案。解决问题式销售陈述常常包括6步：

(1) 说服潜在顾客允许销售员进行分析；
(2) 进行精确的分析；

(3) 就存在的问题达成一致意见,确认买方想解决这些问题;

(4) 提出解决潜在顾客问题的方案;

(5) 根据分析和方案准备销售陈述;

(6) 进行销售陈述。

上述四种销售陈述方法的基本区别在于销售人员控制谈话的程度不同。运用结构性较强的记忆式和公式化陈述方法,销售人员通常占用大部分谈话时间,结构性不强的方法能使买卖双方之间的相互交流多一些,双方平等地参与谈话。如果是对一群人推销建议使用满足需求式和解决问题式的销售陈述,对个人短时推销则可用记忆式和公式化销售陈述。

汽车 4S 店的展厅销售多是以客户为中心的顾问式销售。这种销售方式是销售人员以专业的销售技巧进行产品介绍的同时,运用分析能力、综合能力、实践能力、创造能力、说服能力完成客户的要求,并预见客户的未来需求,提出积极建议的销售方法。在整个销售过程中,销售人员扮演的是客户的朋友、销售者和顾问的身份,其能带给客户的最大好处就是使客户在收集信息、评估选择和购买决策的三个过程中得到一个顾问,从而减少购买成本。所以一个好的销售顾问一定是在深谙上述四种销售陈述的基础上灵活应用销售技巧,从而促成交易的。

(二)销售陈述的工作内容

在销售陈述过程中需要完成三项工作内容,即需求分析、车辆展示和介绍及试乘试驾。

1. 需求分析

1) 需求分析的目的

需求分析也叫需求咨询。在需求分析里,我们将以客户为中心,以客户的需求为导向,对客户的需求进行分析,为客户介绍和提供一款符合客户实际需要的汽车产品。具体目的体现在两方面:一是切实了解客户购买汽车的需求特点,为推荐展示产品和最终的价格谈判提供信息支持;二是让顾客体验到汽车 4S 店"客户至上"的服务理念和品牌形象。

在汽车销售流程理论里有这么一种说法,对表面的现象称之为显性的问题,也叫显性的动机;还有一种隐藏着的东西叫作隐性的动机。我们在冰山理论里会经常提到显性和隐性的部分,一个是在水面以上的部分,还有一个是在水面以下的部分。水面以上的部分是显性的,就是客户自己知道的、能表达出来的那一部分;水面以下的是隐藏着的那一部分,就是有的客户连他自己的需求是什么都不清楚,例如,某客户打算花 10 万元买车,可是他不知道该买什么样的车,这个时候销售人员就要去帮助他解决这些问题。销售人员既要了解客户的显性需求,也要了解他的隐性需求,这样才能正确分析客户的需要。

【案例链接】

个人爱好与实际需求

有一天,一位客户张先生到某专营店来买车,他在展厅里仔细地看了一款多功能的 SUV 车,该公司的销售人员王浩热情地接待了他,并且对张先生所感兴趣的问题也做了详细的介绍，之后，张先生很爽快地说马上就买。他接着还说，之所以想买这款 SUV 车是因为他特别喜欢郊游，喜欢出去钓鱼。这是他的一个爱好，他很早以前就一直想这么做，但是因为工作忙，没时间，现在他自己开了一家公司，已经经营一段时间了，但总的来说还处于发展阶段，现在积累了一点钱，想改善一下。

当时王浩和张先生谈话的气氛比较融洽，要是按照以前的做法，王浩不会多说，直接签合同、交定金，这个销售活动就结束了。但是王浩没这么简单地下定论，他继续与张先生聊，在了解张先生的行业时他发现了一个问题。

原来张先生是做工程的，他的业务来源于一位客户。他的这位客户一到这个地方来他就去接他，而跟他一起去接这位客户的还有张先生的一个竞争对手。张先生过去没车，而他的竞争对手有一辆北京吉普——切诺基，人家开着车去接，而他只能找个干净一点的出租汽车去接。他的想法是不管接到接不到，一定要表示自己的诚意。结果每次去接的时候，他的客户都上了张先生的这辆出租车，而没去坐那辆切诺基。张先生并不知道其中的原因。但王浩感觉到这里面肯定有问题，于是就帮助张先生分析为什么他的客户总是上他的出租汽车，而不上竞争对手的切诺基呢？

王浩问："是因为您的客户对你们两个人厚此薄彼吗？"

张先生说："不是的。有的时候我的客户给竞争对手的工程比给我的还多；有的时候给他的是肉，给我的是骨头。"

王浩分析后发现，张先生的那位客户尽管是一视同仁，但实际上他有一种虚荣心，不喜欢坐吉普车而要坐轿车，出租车毕竟是轿车。于是这位销售人员就把这种想法分析给张先生听。

王浩说："我认为，您现在买这辆 SUV 车不合适，您的客户来了以后，一辆切诺基，一辆 SUV，上哪个车都脸上挂不住。以前一个是吉普，一个是出租，他会有这种感觉，毕竟出租是轿车。到那个时候万一您的客户自己打的走了，怎么办？"

张先生想想有道理。王浩接着又给他分析，说："我认为根据您的这个情况，您现在还不能够买 SUV。您买 SUV 是在消费，因为您买这辆车只满足了您的个人爱好，对您的工作没有什么帮助。我建议您现在还是进行投资比较好，SUV 的价格在 18 万元到 20 万元之间，在这种情况下我建议您还是花同样多的钱去买一辆轿车，您用新买的轿车去接您的朋友和您的客户，那不是更好吗？"

张先生越听越有道理，他说："好吧，我听你的。"张先生之所以听从销售顾问王浩的建议，是因为从客户的角度来讲，销售顾问王浩眼睛不是只看着客户口袋里的钱，而是在为客户着想。张先生说："我做了这么多年的业务了，都是人家骗我的钱，我还没遇到过一个我买车他不卖给我，而给我介绍另外一款车的情况，还跟我说买这款车是投资，买那款车是消费，把利害关系分析给我听，这个买卖的决定权在我，我觉得你分析得有道理。确实是这种情况，按照我现在公司的水平还不具备消费的那种水平。"于是他听从王浩的建议，买了一款同等价位的轿车，很开心地把这个车开走了。

在离开之前，张先生对王浩说："非常感谢你。我差点就买了一辆我不需要的车，差点白花了这 20 万。"

王浩很会说话:"张先生,您不用跟我客气。您要是谢我的话,就多介绍几个朋友来我这买车,这就是对我最大的感谢。"

张先生说:"你放心,我一定会帮你介绍的。"

果然,没过多长时间,他亲自开车带了一个朋友来找王浩。经过介绍,大家一聊,王浩不是问买什么车,而是问买什么样的车,买车做什么用,是从事哪个行业的,这几个问题一问,客户觉得王浩很会为客户着想,于是又在这儿买了一辆车。

王浩还是用同样的方法跟他说:"您买了这辆车以后,如果觉得好就给我在外边多宣传,多美言几句。"

那位客户说:"好,我们张兄就是在你这儿买的车,我就是他介绍来的。现在我也很满意,我也会给你介绍的。"

半年以后,第一位客户张先生又来找王浩。他说:"我找你是来圆我的那个心愿的。"

王浩一听就乐了,原来张先生是来买那辆SUV的。

以客户为中心的顾问式销售使销售顾问王浩在半年之内围绕张先生就卖了三辆车。

如果汽车公司都像以前那样只做一锤子买卖,客户可能当时购买了,回去以后发现不对,就再也不会上门购买了,也不会介绍他的朋友前来购买了。所以学习汽车销售的流程和规范,目的就是要解决这些问题,就是要把握客户的满意度,就是要与客户成为朋友,拉近与客户的距离,取得客户的信任,这样客户再次买车的时候就会来找你。

2) 如何了解客户需求

(1) 观察的重点。观察的重点主要在于如图3-2所示的几个方面。

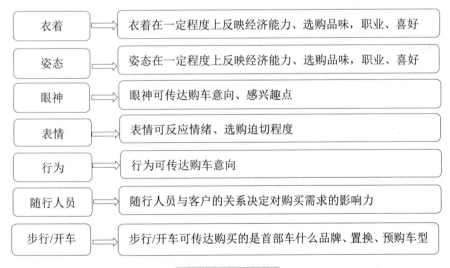

图3-2 观察的重点

(2) 询问的技巧。

① 开放式询问。

开放式询问适用于希望获得大信息量时。客户信息了解得越多,就越有利于把握客户的需求。开放式询问可采用5W1H的方式。

谁(who)：您为谁购买这辆车？

何时(when)：你何时需要您的新车？

什么(what)：您购车的主要用途是什么？您对什么细节感兴趣？

为什么(why)：为什么你一定要选购三厢车呢？

哪里(where)：您从哪里获得这些信息的？您从哪里过来？

怎么样(how)：您认为某某车动力性怎么样？

② 封闭式询问。

封闭式询问即提问的问题，对方可以直接给出肯定或否定的答案，适合于获得结论性的问题。如：您喜欢这辆××车吗？我们现在可以签订单吗？

3) 需求分析中听的技巧

了解客户的需求是一种崭新的观念，是以客户为中心的基础，以这种观点和理念进行销售，你会取得更长远的、更好的效果。在与客户接触的时候，一方面是问，还有一方面就是听。可能有的人会说，听有什么难的？要知道听也有讲究。你会不会听，你自己没感觉，客户知道。如果你在很好地听他讲，客户认为你很尊重他；如果客户在讲，你三心二意，客户会认为你不尊重他。我们的目的是让客户尽快地购买，所以每一个环节你都要处理好，其中之一就是要会聆听。

倾听也是了解客户需求的方式，在倾听时要注意以下技巧：

(1) 创造良好的倾听环境，没有干扰，空气清新，光线充足；

(2) 眼睛接触、精力集中、表情专注，身体略微前倾，认真记录；

(3) 用肢体语言积极回应，如点头、眼神交流等和感叹词(唔、啊)；

(4) 忘掉自己的立场和见解，站在对方角度去理解对方、了解对方；

(5) 适度地提问，明确含糊之处；

(6) 让客户把话说完，不要急于下结论或打断他；

(7) 将客户的见解进行复述或总结，确认理解正确与否。

【案例链接】

某汽车公司的销售人员小赵正在接待一个女客户，这位女客户与他谈得非常愉快，谈着谈着就到了定金先付多少这个话题上了。这位客户说："我看看我包里带了多少钱，如果带得多我就多付点，少我就少付点，我凑凑看，能凑两万我就把两万块全付了。"

这位客户一边打开包，整理钱，然后一边说话。因为这件事情基本上已经定下来了，她很开心，就把她家里的事情说出来了，主要是说她儿子考大学的事情。而这名销售人员在旁边一句没听进去。

这时又过来一名销售人员，就问他："小赵，昨天晚上的那场足球赛你看了没有？"

小赵也是个球迷，这两个人就开始在那里聊起昨天晚上的那场足球赛了，把客户晾在了一边。这位女客户愣了一会儿，把拉链一拉，掉头走了。

小赵感觉不对劲，他说："这位女士，刚才不是说要签合同的吗？"

这位女客户一边走一边说："我还要再考虑考虑。"

他说:"那大概您什么时候过来啊?"

"大概下午吧。"小赵也没办法,只能看着她走了。

到了下午 3 点钟,这位客户还没来,他一个电话拨过去,接电话的人说:"你要找我们总经理呀,你就是上午接待我们杨总的那位销售人员吧?"

销售人员就说:"是呀。她说好下午要来的。"

对方说:"我是上午送杨总过去的驾驶员。你就别想了,我们老板不会在你那儿买车了。"

小赵问:"为什么呀?"

对方说:"为什么你不知道啊?我坐在旁边都替你着急。我告诉你,我们杨总她儿子考上名牌大学了,她不仅在我们公司这么讲,只要一开心她见谁跟谁说。而你在那边聊足球,把她晾在旁边了。你没发现这个问题吧?"

小赵听了之后就傻了,煮熟的鸭子飞了。

4) 客户需求信息内容

需了解客户需求信息如表 3-2 所示。

表 3-2 客户需求信息表

项 目	信息内容	分 析	主攻角度
购买愿望	对车辆造型、颜色、装备的要求	品牌、车型	时尚、声誉、舒适、安全
	主要用途,年行驶里程	品牌、车型	底盘、发动机、操控性、安全、舒适、经济
	谁是使用者	品牌、车型	女:时尚、操控便利、健康、舒适、安全、经济。男:操控性、动力性、安全、舒适、声誉
	对该品牌车的了解程度	品牌倾向	品牌价值、品牌口碑、品牌实力
	选购车辆是考虑的主要因素	购买动机	时尚、声誉、安全、舒适、经济、健康、同情心
个人信息	姓名、联系方式	—	—
	职业、职务	品牌、车型	声誉、赞美、感情投资
	兴趣、爱好	品牌、车型	操控性、动力性、投其所好
	家庭成员	—	内部空间、行李舱、感情投资、舒适性
使用车经历	品牌、车型	品牌、车型	同品牌——产品升级 不同品牌——品牌价值、口碑、实力
	当初选购的理由	—	
	不满意的因素	品牌、车型	对旧车满意之处——某某品牌新车有提高 对旧车不满意之处——某某品牌新车早改善或不存在
购买时间	—	重要程度	早买早享受,价格已和国际接轨,后续跟踪

5) 有针对性地推荐车型

通过交流,在获得大量信息的基础上进行分析,提炼出客户一两个主要购买动机,并通过询问来得到客户的确认,再结合4S店现有车型的产品定位,进行有针对性的产品推荐。

2．车辆展示和介绍

1) 新车展示的目的

通过全方位车辆展示来突显汽车的品牌特点,使客户确信汽车产品物有所值,为促成交易奠定基础;通过有效的产品说服和异议处理来解决客户对于产品及服务的问题和困扰;让客户体验到汽车4S店"客户至上"的服务理念和品牌形象。

2) 车辆展示的操作要点

车辆展示的操作要点具体如下。

第一,要方便客户的参观与操作。

第二,要注意车辆的颜色搭配,展示区域的车辆不能只有一种颜色,几种颜色搭配效果会更好一些。

第三,注意车辆型号的搭配,同一个品牌的车,可能有不同的系列,有的车从小到大,有的车带天窗,有的车没有天窗,不同型号的车都应搭配展示。

第四,要注意车辆摆放的角度。

第五,要有一辆重点推出的车。摆了这么多的车辆,必然有一款是重点推出的。需要重点展示的车辆必须要突出它的位置。一般来讲,小的展厅也能放三四台车,大一点的话可能会放得更多一些。在这些车当中,肯定有不同的型号、不同的颜色。有些是属于旗舰的主要车型,对于这种车型一定要选出一个合适的位置来突出它。因此我们常看到有些4S店会把一些特别展示的车辆停在一个展台上,其他的车都围绕着它,同时还注意凸显这辆车的特色。比如有的时候可以打出一些灯光。

第六,将车的性能转换为客户利益。销售人员与客户之间就是一种你来我往的交流和沟通,不断地给客户以肯定,不断地向客户传递产品的价值。性能不是自动销售出去的。将性能转换为利益才是销售人员应该追求的最高境界。寻找客户关心的产品性能并且使用比喻、描述等方法来强化客户得到的利益,为以后协商价格留下了足够的空间,用客户的利益来强化产品的价值。

第七,注意采用体验式的方法。避免在洽谈桌上讲解车辆,用实车展示来调动客户的所有感官——看到、听到、触摸到、操作到。同时,要设法使顾客同行的伙伴儿都参与到车辆展示中来,并给予必要的尊重和适当的赞美。这样在一定程度上能够加速客户的购买进程。

第八,把握客户的重点和关键。不同的客户对汽车性能的关注内容不同。例如,成功人士关注的重点是豪华、舒适、加速性能和越野性能;工薪阶层关注的重点是价格、油耗、维修费用、实用;白领阶层关注的重点是造型、色彩、新概念、价格;男性关注的重点是造型刚毅、功率、速度、越野、转向;女性关注的重点是安全、储物空间大、造型时尚、内饰;熟悉汽车者关注的重点是发动机功率、扭矩、气门数量、其他新技术;不熟悉汽车的消费者关注点是外观、内饰、仪表盘、灯具。

3) 车辆展示的主要内容

汽车 4S 店主要以六方位绕车介绍法进行车辆的展示与介绍。具体的六个方位如图 3-3 所示。

图 3-3　车辆的 6 个方位

1 号位是车的 45°角；2 号位是驾驶座的位置；3 号位是后排座；4 号位是车的后部，行李舱等都属于 4 号位；5 号位是车的正侧面；6 号位是引擎盖打开里边的部分，即发动机室

(1)　1 号位的展示内容。

①　外观与造型。

因为每一个品牌的车，其形状和设计的角度都不一样。所以我们在 1 号位从车头 45°角向客户进行介绍的时候，重点要介绍车的外观与造型，主要说明腰线的伸展。

②　前脸。

1 号位是 45°角，从这个角度第一眼可以展现的是汽车的前脸。前脸上面有这个车的车牌，品牌也是你介绍的一个重点。

③　超值部分。

从这个角度介绍车的时候，可以介绍这辆车超值的部分。如名车的效应就是超值，进口车的品质也是超值。

(2)　2 号位的展示内容。

2 号位是驾驶座这个位置，主要介绍乘坐的舒适性和驾驶的操控性。因为驾驶座这个位置有很多汽车操控的功能键。

在介绍 2 号位时，第一要告诉客户，这辆车是按照人体工程来设计的，它是一种包袱性的设计，乘客坐进去以后就把他包围起来了，这样会使乘坐者有一种安全感。其实每款车都是这样的，但是对这个方面强调了以后，客户坐在这里会有切身的感觉。有的车还有一种功能，叫作腰部支撑。腰部支撑好一点的可以带按摩，差一些的有一个开关在它的侧面，把开关稍微转动一个角度，正好可以顶在你的腰上，腰部支撑这时就起作用了。这样驾驶员在长途驾驶的时候可减轻疲劳度。如果说你所代理的车有这些功能的话，别忘了给客户介绍。

(3) 3号位的展示内容。

在3号位主要应介绍的是后排座的空间和它的舒适性。

客户坐上去以后要向他介绍后排座空间的舒适性、避震的设计、避震的效果。好一点的车后排座设计得很像沙发，可以变换角度或者平放。

(4) 4号位的展示内容。

4号位是车的后部，在这个方位销售人员要重点介绍车辆尾部的特点、尾灯的特点，还有行李舱。如行李舱的容积有多大，两箱有两箱的优势，三箱有三箱的好处，销售人员要根据不同的情况来向客户介绍。

(5) 5号位的展示内容。

5号位是车的侧身，很多销售人员认为车的侧面很难介绍，其实这个地方是很重要的，因为买车的客户最关心的还是安全问题。销售人员可以跟客户这样讲：大家看，一般的车是有三个柱子，我们称之为A柱、B柱和C柱。很多汽车销售公司的员工不知道A柱、B柱和C柱应该介绍什么，其实这里边的填充物可以抗击冲击。

门的侧面都有防撞的钢梁，这也是提供保护的措施。

再有就是有的车的气囊比较多，侧面也有，叫作窗帘式气囊、安全气囊。

(6) 6号位的展示内容。

6号位就是发动机室，这里应主要介绍发动机的特点和发动机的动力性。在此位置可以将前盖示范地打开，根据客户的情况把握介绍的内容。例如可以介绍发动机的布局、添加机油等液体的容器、发动机悬挂避震设计、节油的方式、环保设计、散热设备的设计等。

4) 车辆展示和介绍的技巧与方法

(1) FAB法。

FAB法：F(Function)，就是属性，也叫配置；A(Action)，就是指作用；B(Benefit)，是利益的意思。按照顺序来看，F是配置，A是作用，B是利益。我们通过FAB这种方法，把产品的亮点展示给客户。

【知识拓展】

用FAB法介绍ABS的好处

配有ABS功能的车辆和普通没有ABS的车辆有啥区别呢？应用FAB法就能很好地给大家做一个介绍。首先ABS是这个车的配置，有了ABS以后，它可以有效地控制车行驶的方向。我们在一些汽车的样本资料里可以看到这样的图片：第一个图片是有两辆车走两条道，其中有一台车前面有一个障碍物，那辆车绕个弯儿过去了；第二个图片是另一辆车直接撞上了那个障碍物。这两个图片要说的意思是一辆车有ABS，另外一辆车没有，所以它不能够控制车行驶的方向，直接撞上了那个障碍物。如果这个障碍物是人的话，那就产生了人员的伤亡；如果是一个物的话，那财产就受到了损失。

那么ABS怎么工作呢？当你发现前面有障碍物踩刹车时，如果没有ABS的一下子就把轮子抱死了，车子完全是靠着惯性向前冲的，方向没法控制。而有了ABS以后，刹车抱住那个车轴1秒钟有的是16次、17次,不停地抱紧、松开,这样,车轮可以控制前进的方向。这样给客户带来的利益是双方的:第一个是不会给对方造成损失;第二个是自己的车也不会受损失。通过使用FAB法给客户介绍,就会让客户感觉到印象很深。

有的销售人员会说,"现在很多车都有ABS,那我怎么去介绍呢?"这时应接着往下延伸。ABS也有区别。在做产品介绍的时候,你事先得要了解。我们前面讲过,有个客户去问销售人员,"你这个车的ABS是哪里生产的?大家都有ABS,哪个ABS更好呢?"

进口的ABS和国产的ABS,其制动距离显然是不一样的。国内有一些车是合资的,但搭载的ABS是进口的,而很多国内生产的车也有ABS,但是大多数是国产的。合资车搭载的ABS因为是进口件,所以费用比较高,国产的费用会稍微低一些,但这两个ABS的作用显然是不一样的。

有一个数据表明,进口的ABS在120公里的时速上踩刹车,车在滑行了41米的距离后停下来。国产的ABS从120公里到0公里的刹车滑行了46.5米。两个相差了五六米长的距离,这一点也要向客户说明。

买车就是要注重性价比。ABS也是作为性价比当中的一项指标,可以这样跟客户说,你的长项就是你的优势。这就是我们介绍车辆的技巧和方法。

(2) 有选择地使用专业术语。

我们在给客户进行车辆展示和介绍的时候,对于不同的客户要采用不同的方法。对分析型的客户,你不能使用通俗的非专业性的语言,大多数情况下他是跟你较真儿的。但对于大多数客户来讲,专业术语并没有用武之地。

【案例链接】

有一对夫妇来到展厅,绕过了门口的几台车,直接走到了他们感兴趣的一辆展车那儿。销售人员看在眼里,这个时候他就感觉到了,这是一个很不错的意向客户。于是他就去接待这个客户。客户走到东,他就跟这个客户介绍东边的情况;客户走到车尾,他也把车尾的好处跟客户说了很多。在他说的过程当中,这个客户只说,"哦,是吗?哦,谢谢"。其他的什么表示都没有。过了一会儿,这对夫妻客户互相看了一眼说,"我们下次再来吧"。就走了。

这个销售人员不甘心,认为自己已经费了好大的劲,把这个车的好处基本上全说完了,怎么他们都没有表示啊。其实问题出在哪里,这个销售人员并不知道。

客户走到门口以后看看后面没人了,就开始互相对话了。

"老公,刚才他说什么呀?"

这男的说:"他说的好像是专业术语,哎,我也没听懂。"

"那怎么办呢?白跑一趟。"

"这样吧,那边好像还有一家,我们去看看。"

销售人员的失败在于没有分析客户类型盲目使用专业术语。人都要面子,特别是在公共场合,而且又是在他的太太面前。在这种情况下他不懂也得装懂。但他不会去问。所以这时要特别注意，一定要跟这个客户互动起来，销售顾问每讲一个产品的亮点，每讲一个专业术语时要观察客户是否能接受，他听懂了没有。例如，介绍功率的时候告诉客户多少马力就可以了，功率乘以1.363，马上就换算成马力了。当阐述扭矩时，可以把它形容成牛拉车的拉力、牵引力。所以销售顾问可以借助生活中的小例子解释专业术语。例如车辆在高速挡爬坡上不去就是因为转速虽然上去了，但是动力不够，速度用马力来表示，力量用牛力来表示，牛虽然跑得慢，但是牛能拉得动车子。

3. 试乘试驾

在销售陈述过程当中尽可能邀请客户试乘试驾，这样能够使客户对汽车有一个感性的切身体会，尤其是体验各种车况与路况下的不同感受，从而强化客户对汽车各项功能的实际驾驶印象，增强购买信心，产生拥有这辆汽车的感觉，激发客户购买冲动以促成交易。

1) 试乘试驾的准备工作

试乘试驾的准备工作具体如下。

(1) 准备必要的资料，包括车辆行驶证、保险单、试驾预约记录单、试驾协议书等。

(2) 试驾车辆管理与准备。汽车4S店应准备试乘试驾专用车，尤其新车上市期间；由专人负责，保证车况良好(排除任何临时故障，如各种功能、空调、轮胎气压、车灯、收音机CD等)、保证数量、加满油；车辆整洁、清新、无异味；车里不能放有私人物品；座椅带座套，车内可放有脚垫；车辆座椅、方向盘调整到规定位置；其他准备，如以客户喜好准备相应的CD、磁带或音乐U盘、临时牌照、保险等。

2) 试乘试驾的操作要领

试驾前：给客户讲解试驾流程和相应规定，并由试驾者签署试驾协议；登记驾驶证，填写相关信息，驾驶证复印存档；介绍行驶路线；指导客户调整各项装备，例如座椅、方向盘、后视镜、空调、音响等；解释基本功能和指示器(尤其是该车型的特别地方，如倒挡位置)；车内准备水、纸巾，方便客户使用；如果由其他工作人员陪同试乘试驾，销售顾问应向客户介绍，以方便沟通；出发前提醒客户系好安全带。

试驾中：先由销售人员开一段路，边示范边讲解，让客户充分感受该车的优势；选择安全地点换手，将车熄火，手刹拉起，并移交给客户；指导客户重新调整座椅，驾驶过程中简要提醒客户体验的重点内容，以强化感受；销售人员应关注并记下客户的个性化要求；提醒客户在驾驶中注意安全(如前边有弯道，请注意减速行驶)；当客户有危险和违章的动作及行为时，果断采取措施，并请客户在安全地点停车；向客户讲解安全的重要性，取得客户的理解；改试驾为试乘，由销售员驾驶返回。

试驾后：提醒客户携带好随身物品，以免遗忘在车里；引导客户回到展厅洽谈区，提供免费饮品。询问客户试驾的感受，并填写试驾意见调查表；对于客户试驾中的个性化要求进行重点解释以及异议处理。

四、处理异议管理

异议就是潜在顾客对销售员的陈述提出的反对意见。销售人员在汽车销售过程中，经常会遇到客户提出的各种异议，比如：客户认为公司的价格还不够低，想让公司让价，或者一些客户说："其他的店都送装饰了，为什么你们店不送呢？"有些还会怀疑公司的售后服务能力问题。

实际上，异议的产生是不可避免的，在汽车销售的过程中，来自客户的异议非常正常。对销售人员来讲，异议就像空气存在于销售过程中。销售员必须接受并且欢迎客户的异议。有异议，意味着就有成功的希望，它可以告诉销售人员继续努力的方向。

(一)异议的类型

1. 真实的异议

真实的异议是指客户由于目前暂时没有需要或对你的汽车不满意或抱有偏见而表达出来的"异议"。这些"异议"主要表现在：价格太高、质量问题、担心售后服务、交易条件、对汽车公司不满、对销售人员不满等。

(1) 价格太高。销售人员最常面对的同时也是最害怕面对的客户异议是价格问题。销售人员首先要有心理准备，客户只会强调产品价格高，而不会对销售人员说价格太便宜。

因此，面对客户提出的价格太高的异议时，销售人员首先应明白，这种异议是一种绝大多数购买者所共有的人之常情的自然反应。在商业思维中，销售人员要明白客户的标准反应模式就是拒绝。

(2) 质量问题。一方面是从新闻媒体、社会传闻中得到的有关质量方面的信息；另一方面是从竞争对手那里获得的贬义信息以及对销售人员所做的有关汽车质量的解释或说明有意见，特别是对那种"不着边际的夸夸其谈"抱有怀疑和不信任。

(3) 担心售后服务。很多客户都害怕售后服务不够周到，买之前什么都说好，买了以后有了问题谁也不管，到处踢皮球，更谈不上服务态度了。也有的客户认为你的特约服务站网点不够多，维修不方便；也有的客户担心或怀疑你的技术能力是否能够为他解决问题而提出担心售后服务的异议。

(4) 交易条件。交易的条件也是一种客户经常提出的异议，如付款方式、交车时间、交车地点、赠送的物品、折扣、让利幅度、免费保养的次数、车辆的装潢、美容等。

(5) 对汽车公司不满。客户的异议还会涉及对销售人员所在的公司不满。客户对汽车公司的异议可能来自别的竞争对手的宣传、朋友的抱怨、媒体的负面报道等。也有的客户可能对汽车公司或汽车品牌的知名度不高而留下不好的印象。

(6) 对销售人员不满。在客户见到销售人员的第一面时，可能由于销售人员的衣冠不整、态度不好、三心二意、敷衍了事、技术生疏、夸夸其谈、不按时交车、随便承诺等而产生不满。总之，销售人员不能取得客户的信任就会使客户产生不好的印象，从而将不购买的理由转移到销售人员身上。

2. 虚假的异议

虚假的异议有以下两种。

(1) 客户用借口、敷衍的方式来应付销售人员，目的就是不想和销售人员进行实质上的洽谈，不是真心实意地介入到销售活动中来。

(2) 客户可能提出很多异议，但这些异议并不是他们真正在乎的地方，例如：客户表示车价格太贵了或外观不够时尚、客户不愿意说自己的顾虑、客户坚持自己的错误观点等。

这些情况虽然听起来是异议，却不是客户真正的异议。这类客户大多数是有购车愿望的，但是，由于车的价格超出了自己的预算，或对所要购买的车型信心不足，还需要再比较比较，或还有其他什么原因(包括个人隐私的原因)暂时不能买车的。当然也有那种非常想圆汽车梦但又无力购买的、纯粹是过来"过过瘾"的人。

(二)处理异议的技巧

我们在处理客户不同意见时应注意三个原则：正确对待、避免争论、把握时机。在处理客户异议的时候，首先要找准根源所在。这个客户提出不同的意见，他的理由和动机是什么？你首先要找到原因，这个原因刚开始的时候是不容易找到的，需要讲究一些技巧。

1. 认真倾听，真诚欢迎

销售员要认识到异议是必然存在的，出现异议是正常的，听到顾客提出异议后，应保持冷静，不可动怒，也不可采取敌对行为，而应继续保持微笑，表示对此问题有真诚的兴趣，并聚精会神地倾听，千万不可加以阻挠。另外，推销中必须承认顾客的意见是合理的，以示对其尊重。只有这样，当你提出相反意见时，潜在顾客才能比较容易接纳你的提议。在肯定对方的意见时可以说："我很高兴你能提出此意见""你的意见非常合理""你的观察很锐利"等。

当然，如果要轻松应付异议，你必须对商品、公司政策、市场及竞争者都要有深刻的认识，这些是处理异议的必备条件。

2. 重述问题，进行认同和回应

销售员向潜在顾客重述其所提出的反对意见，表示已了解。必要时可询问潜在顾客其重述是否正确，并选择反对意见中的若干合理部分予以热诚的赞同。

3. 审慎回答，保持友善

销售员切记不可忽略或轻视潜在顾客的异议，以避免潜在顾客产生不满或怀疑，使交易谈判无法继续下去。销售员对潜在顾客所提的异议必须审慎回答，妥善处理。一般而言，应以沉着、坦白的态度，将有关事实、数据、资料或证明，以口述或书面方式告知潜在顾客，措辞须恰当，语调须温和，并在和谐及友好的气氛下进行洽谈，以解决问题。对于不能解释的异议，应坦言自己解决不了，不可乱答。销售员也不可直接反驳潜在顾客，更不可指责其愚昧无知，否则你与潜在顾客之间的关系便永远无法弥补。

4. 预测异议，予以预防

处理异议的最好办法是在异议出现之前就进行讨论或是采取行动做好准备。而在设计销售展示时，可以直接提出预测的异议。对于汽车销售而言，销售人员在为客户解说汽车

产品之前先自己作一些演练，根据实际的销售经验，首先估计出客户会提出任何反对意见，然后针对可能出现的反对意见，预先想好应对客户异议的答案。

5. 准备撤退，留有余地

汽车销售人员应该清楚，顾客的异议不是轻易能解决的，如果暂时无法达成交易，销售人员应该设法使日后重新洽谈的大门敞开，以期再有机会和客户讨论这些分歧，此时的光荣撤退不失为明智之举。

五、成交管理

现代推销已成为一个标准化的过程。成交是一个独特的推销阶段，它有两层含义，一是表示一种状态，即顾客接受销售员的劝说或建议购买推销品；二是指销售员在作了一系列准备工作以后，在条件成熟时建议和引导顾客立即采取购买行动的过程。

与成交阶段相比，其他推销阶段的活动都是在为最终成交准备条件。事实上，只有到了成交阶段，顾客才决定是否购买所推销的产品。即便是一个老练的推销员，而且顺利地通过了成交前的一系列推销阶段，除非顾客决定购买，否则这位推销员所做的努力均为徒劳。因此，成交是整个推销过程中最重要、最关键的阶段，掌握建议成交的时机是一种艺术，要把握好这个分寸。

1. 识别购买信号

顾客有了购买欲望时往往会发出一些购买信号，有时这种信号是下意识地发出的，顾客自己也许并没有强烈地感觉到或不愿意承认自己已经被说服，但他的语言或行为会告诉你可以和他做买卖了。对于销售员来说，准确地把握时机是相当重要的，顾客没有发出购买信号就说明你工作还没有做到家，还应该进一步努力而不宜过早地提出成交。

【知识拓展】

成交信号的类型

顾客表现出来的成交信号主要有表情信号、语言信号、行为信号和进程信号等。

1) 表情信号

表情信号是从顾客的面部表情和体态中所表现出来的一种成交信号，如在洽谈中面带微笑、下意识地点头表示同意你的意见、对产品的不足表现出包容和理解的神情、对推销的商品表示兴趣和关注等。

2) 语言信号

语言信号是指顾客通过询问价格、使用方法、保养方法、使用注意事项、售后服务、交货期、交货手续、支付方式、新旧产品比较、竞争对手的产品及交货条件、市场评价、说出"喜欢"和"的确能解决我这个困扰"等表露出来的成交信号。以下几种情况都属于成交的语言信号。

(1) 顾客对商品给予一定的肯定或称赞。

(2) 征求别人的意见或者看法。

(3) 询问交易方式、交货时间和付款条件。

(4) 详细了解商品的具体情况，包括商品的特点、使用方法、价格等。

(5) 询问团购是否可以优惠，这是顾客在变相地探明商品的价格底线。

(6) 声称认识商家的某某人，或者是某某熟人介绍的。

(7) 对产品质量及加工过程提出质疑。

(8) 了解售后服务事项，如安装、维修、退换等。

语言信号种类很多，推销人员必须具体情况具体分析，准确捕捉语言信号，顺利促成交易。

3) 行为信号

由于人们的行为习惯经常会有意无意地从动作行为上透露出一些对成交比较有价值的信息，当有以下信号发生的时候，推销人员要立即抓住良机，勇敢、果断地去试探、引导客户签单。

(1) 反复阅读文件和说明书。

(2) 认真观看有关的视听资料，并点头称是。

(3) 查看、询问合同条款。

(4) 要求推销人员展示样品，并亲手触摸、试用产品。

(5) 突然沉默或沉思，眼神和表情变得严肃，或表示好感，或笑容满面。

(6) 主动请出本公司有决定权的负责人，或主动为你介绍其他部门的负责人。

(7) 突然给销售人员倒开水，变得热情起来等。

4) 进程信号

当顾客有以下行为时，便是在发出进程信号，这是顾客进一步做出购买决定的前兆表现。

(1) 转变洽谈环境，主动要求进入洽谈室或在推销人员要求进入时，非常痛快地答应，或导购员在订单上书写内容、做成交付款等动作时，顾客没有明显的拒绝和异议。

(2) 向导购员介绍自己同行的有关人员，特别是购买的决策人员。如主动向导购介绍"这是我的太太""这是我的领导"等。

根据终端环境的不同、顾客的不同、销售产品的不同、导购员介绍能力的不同、成交阶段的不同，顾客表现出来的成交信号也千差万别，不一而足，但是却有一定的规律可循。优秀的终端导购可以在终端实战中不断总结、不断揣摩、不断提升，把握成交时机，及时并且成功地促成交易。

2. 适时提出成交的建议

在适当的时候建议客户购买是非常重要的。到时候了，就要大胆地建议他购买。建议的最终目的是令顾客自动说出要买你的商品。顾客一般不会轻易做出购买决策，即使他们对某一推销商品产生好感，也不会马上决定购买。顾客往往会犹豫不决，会提出各种要求以获得有利条件。但这并不意味着这时你不应提出成交，而是恰恰相反，只要时机成熟(如发现顾客的购买信号），你就应该做成交的尝试。成交是一个过程，当时机成熟时，你向顾客提出成交建议，顾客犹豫不决或提出要求，你设法消除顾客的疑虑并作必要的让步，然后再次提出成交建议，顾客仍感不安或提出新的条件，你再作解释和妥协，尔后再次提出成交，不断重复，直至成功。

【知识拓展】

常见促成技巧

1) 假设法和压力法相结合

这种方法就是销售顾问自己心里面想"假设客户要买的话，会怎么样？"例如，销售顾问说："先生，如果您要买的话，您是选择黑色的还是选择白色的？"如果客户的回答是肯定的，就直接顺理成章地进入买卖；如果是否定的，就说明这个客户肯定有什么问题没解决，就想办法再去解决那个问题。这种方法采用的是一个试探性的问题，客户根据自己的需要回答，黑的不要，白的也不要，要的是银色的，那么话题就来了。销售顾问就可以按照银色的车往下谈。此时压力法就可以上场。销售顾问可以告诉客户"这个银色的车，我查一查库存还剩两辆，是星期一刚到的货，六辆车现在只剩两辆了。"这样就可以给客户带来压力。客户一听，就紧张了，再不买过两天又没了。假设法与压力法结合起来，交易的促成就容易多了。

2) 二选一法

销售顾问可以给出两个以上的方案供客户选择，例如说"有几款车您选择哪个，您喜欢哪个"，或者说"您买车是用现金、用分期，还是做按揭"，等等，让客户自己去选择。

3) 诱导法

销售顾问可以以公司现在搞促销活动等短期让利为由，诱导激励客户提前做购车决定。客户心里想，"我本来就想买车，为什么要拖，现在就买吧。"

当然，在促成阶段，除了销售人员的灵活技巧外，还需要销售团队成员间的相互的支持和配合。

3. 交车服务

1) 做好交车前的 PDI 检查

交车环节是客户最兴奋的时刻。在这个步骤当中，按约定你要把一辆客户喜欢的车交给他，这对于提高客户的满意度起着很重要的作用，在交车服务中与客户建立朋友关系，为进入到新一轮的客户开发奠定良好基础。

PDI(Pre-Delivery Inspection，交付前检查)就是交新车时的检查。本着对客户负责的原则，为了提升客户满意度，维护长久客户关系，避免不必要的纠纷和风险，汽车 4S 店在交车前必须做 PDI 检查。一般情况下，PDI 检查需要三四个小时。

2) 交车流程

如图 3-4 所示，工联单是公司内部使用的。销售部把工联单下到库管；库管接到工联单以后对号入座，把这台车提出来，之后交给售后服务部；售后服务部拿去做检查。

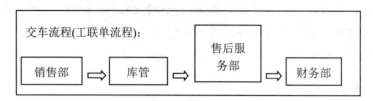

图 3-4　交车流程图

工联单里面包括客户的一些要求，比方说客户要加一些配件，客户希望来提车的时候这些东西都已经装好了。售后服务部一看工联单就知道了哪些东西是需要加装进去的，应一并把它办好。工联单里边还有客户来提车的时间，售后服务部应该在规定的时间内完成这件事情。

售后服务部完成了自己的工作之后，把车开到交接处，连同工联单的文件夹和车钥匙全部交给财务部。由财务部通知销售部是否可以交车。因为财务部知道客户的钱是否到账。工联单上有客户名字、联系电话、购买车型、价钱、相关要求、加装配件等。财务部一看车款到账了，应马上通知销售部门。最后由销售部门电话通知客户提车。

作为销售顾问，在交车时应该注意以下问题。

(1) 迎接客户。交车环节首先从迎接客户开始。销售人员都知道今天有个客户要来提车，大家都恭喜他。这个客户肯定会高兴，"你看人家公司做的，我也没跟他接触过，他就知道我来提车，还恭喜我。"心情不一样。

(2) 跟客户交代清楚。除了恭喜之外，销售顾问要对客户说明车辆交接过程。

① 文件部分。文件部分包括汽车的合格证，进口车是关单、三检单等，还包括发票。文件还包括汽车的使用说明书、保养手册等。

② 整车部分。整车部分除了外观、里边的功能等都要给客户进行详细的介绍。我们在规范客户交车这个过程当中，一定要把一些关键性的东西提示给客户。例如做客户满意度调查时就可能问他这样的问题，"您几月几号买了一款什么车是吗？请问销售人员有没有告诉您发动机那个杠印应该在说明书的第几页？"可以说 99%以上的汽车销售业务员不知道，但是这个发动机的杠印确实有用。在上新牌登记的时候，首先要向车管部门提供发动机的拓印，还有底盘的拓印，我们叫车驾号，又叫微码，是修理编码。

③ 服务部分。服务部分包括保养、保修，客户所购车辆的维修站点介绍等。一般来说，交车时销售顾问会请服务站的经理或者相关的人员到现场，大家一起拍照，做个纪念，然后将客户服务交接给售后服务部门。告诉客户在使用过程当中出现任何技术上的问题，或者有疑问的话就打电话给技术服务部的经理或专属的客户服务顾问。

【案例链接】

乔治的销售流程

星期四一大早，一对事先电话预约看车的夫妻带着两个孩子走进了汽车 4S 店。

项目三　汽车4S店的销售管理

销售顾问乔治热情地上前打招呼，并用目光与包括两个孩子在内的所有人交流，同时，他做了自我介绍，并与夫妻二人分别握手，之后，他不经意地谈到最近的天气情况，抱怨天空逐渐积累起来的云层，以及周末可能有的阴雨天气，然后乔治诚恳地问，"两位需要什么帮助？"以消除陌生感。接下来，乔治送上了饮料，将两个小朋友带到了儿童区，小朋友对儿童区的玩具很感兴趣，夫妻对乔治的安排表示赞赏。

接下来，乔治开始了汽车销售流程中的重要步骤——收集客户需求信息。他开始耐心、友好地询问：什么时候要用车？谁开这辆新车？主要用它来解决什么困难？现在使用的车是什么牌子的？有什么问题？等等。在交谈中乔治了解到这对夫妻想在周末去外地看望一个亲戚，他们非常希望能有一个宽敞的汽车，可以安全稳妥地到达目的地。同时乔治还发现这对夫妻的业余爱好，他们喜欢钓鱼。这个信息对于乔治来说非常重要，为下一次致电给客户留下来一个绝佳的理由。乔治非常认真地倾听来自客户的所有信息，以确认自己能够完全理解客户对汽车的准确需求，之后他慎重而缓慢地说，店里现在的确有几款车非常适合他们。于是乔治转到了销售流程的下一个步骤——产品展示。乔治随口一问："你们想采取什么样的付款方式？"而客户却拒绝先讨论付款方式，他们要先看乔治推荐的车。

乔治首先推荐了"探险者"，并尝试着谈论配件选取的不同作用。他邀请两个孩子到车的座位上去感觉一下，因为两个孩子好像没有什么事情干，开始调皮起来，这样一来，父母对乔治的安排表示赞赏。

夫妻俩对"探险者"非常感兴趣，但是，乔治又展示了另一辆大型的越野车——"远征者"，因为后者的利润会更高一些。这对夫妻看了"远征者"的价格牌，叹了口气说，超过他们的预算了。这时，乔治开了一个玩笑："这样吧，我先把这个车留下来，等你们预算够了的时候再来。"客户哈哈大笑，气氛很融洽。

于是乔治建议这对夫妇到办公室详谈，即进入销售流程中的第四个步骤——协商。在通往办公室过道中，乔治顺手从促销广告上摘了两个气球下来，给看起来无所事事的两个孩子玩，为自己与客户能够专心协商创造了更好的条件。进入办公室落座后，乔治首先写下夫妻俩的名字、联系方式，通常买车的客户都不会第一次来就决定购买，留下联系方式，以便将来有机会在客户到其他的车行做过比较后，再联系客户，这样成功性会高许多。他再一次尝试着询问了客户的预算是多少，但客户真的非常老练，反问道，"你的报价是多少？"乔治断定他们一定已经通过多种渠道了解了该车的价格情况，因此，乔治给了一个比市场上通常的报价要低一点的价格，但是，客户似乎更加精明，开出的价格仅比车行的进价高1%，乔治实际只能挣到65美元。乔治表示无法接受，于是，乔治说，如果按照他们的开价，恐怕一些配置就没有了。于是，乔治又给了一个比进价高6%的报价。经过再次协商，乔治最终达成了比进价高4%的价格。对于乔治来说，这个价格利润很薄，不过还算可以了，毕竟，客户第一次来就能够到达这个步骤已经不错了，而这个价格则意味着车行可以挣到1000美元，乔治的提成是250美元。

乔治非常有效率地做好了相关的文件，因为需要经理签字，只好让客户稍等片刻。然而等乔治带回经理签了字的合同时，客户却说他们还需要再考虑一下。此时，乔治完全可以使用另外一个销售中的技巧——压力签约，即运用压力迫使客户现在就签约，但是他没有

这样做。乔治相信受过较高教育的客户绝对不喜欢压力销售的方式,如果期望客户再回来,就应该让客户在放松的气氛下自由地选择。乔治非常自信这个客户肯定会回来,他给了他们名片,欢迎他们随时与他联系。

两天以后,客户终于打来电话,表示他们去看了其他的车行,但是不喜欢他们,准备向乔治购买他们喜欢的车,虽然价格还是高了一点,但是可以接受。他们询问何时可以提车?所幸店里有现车,所以乔治邀请他们下午来。

下午客户来交款提车,乔治顺利地办理了相关手续,客户非常满意。最后乔治为其介绍了售后服务人员,并安排了下一次保养的时间——汽车销售流程的最后一个步骤,售后服务的安排。这个步骤实际上是要确定该客户以后都会回到该4S店维护与保养这辆车,而不是去路边廉价的小维修店。

这是一个真实的销售案例。通过该实例,我们可以看到成功的汽车销售不仅仅是一系列流程的简单操作,更多的是要依靠销售人员自身素质和技能的表现,如沟通的细节问题,拉近距离的方法,发现客户个人兴趣方面的能力,以及协商能力等。尽管,汽车销售流程会给销售人员一个明确的步骤去遵守,但是,具体的软性的销售素质还需要靠灵活的、机智的、聪颖的个人基本实力。

六、售后服务管理

交易顺利达成后,销售员千万不要让顾客感觉出你的态度开始冷淡。一旦买卖做成就开始敷衍顾客,这会让顾客失去安全感,从一个生意人手中买下商品的感觉和从朋友手中买下商品的感觉是大相径庭的。因此一定要让顾客记住你的情义,感到购买你的商品是明智的决定,是幸运的。为了做到这一点,在商品出售后必须稳定顾客的情绪,让他保持平静,找一些大家共同关心的话题聊一小会儿,当然最好不要提商品,这样会使顾客的心境平和下来。在成交之后不要急于道谢,在临别时不妨感谢顾客几句,但不要太过分,使人感觉亲切就可以了。同时在道别时最好与顾客握握手以表达谢意,做一些充满情意的举动,一定会使顾客对你和你的公司留下美好的印象。

汽车4S店普遍采用售后跟进策略。所谓跟进是指在成交阶段后(无论成交与否),销售员对客户所持的一种态度和进一步提供的服务,希望客户能对销售员及公司留下美好深刻的印象,为今后销售成功创造机会。在销售陈述中,销售员时常面临着两种结果:要么与潜在客户达成交易,要么成交失败。对销售员而言,达成交易固然可喜,成交失利也不必气馁。成交后还有许多工作需要销售员去做;成交失利,也并不表明从此永无成交的可能。只要处理得当,仍能创造出成交机会。所以,销售员无论是否与顾客达成交易,都要进行"跟进"。

成交只是客户和销售员对销售陈述的要点以及建议所达成的暂时性的协议,真正要使客户在成交后获得满足,销售员要做多方面的跟进服务。在成交后,销售员要利用适当的时机和方法,向客户再次表示感谢,可用书信、电话或亲自登门等方式向客户表示谢意。销售员与客户建立长期的业务关系,需要通过售后跟进来完成。跟进还可以为日后扩大销售奠定基础。

成交失败后，销售员常会产生两种不同的态度，或是就此放弃，或是继续努力。放弃不足取，因为在失败之后就放弃，和推销应是"积极、主动、进攻"的要求不相符。在失败后，销售员如采取跟进策略，则有可能创造出新的成交机会。

作为跟进内容的一部分，对终结成交失败或提议成交失败，销售员都应该检讨原因何在。常用的一种方法是外究内省。所谓外究，是指成交失败后销售员应认真探讨之所以失败的外部原因。这些原因有的属于销售员个人可以改变调整的，有些则是销售员个人无力改变的，如产品价格、交易条件等。所谓内省，是指销售员自我检讨销售陈述中可能犯下的一些过失。成交失败必有原因，检讨失败原因，吸取教训，有益于今后的销售成功。因为推销是一项兼具科学和艺术双重性质的工作，需要销售员不断地观察、评估、研究、实践和检讨，这样才能提高业绩。

关于售后管理的具体内容，在下一项目中将有详细介绍。

【任务实施与考核】

(一)技能学习

通过本任务的学习，要求学生能了解接待、咨询、展示、绕车介绍等汽车销售环节，能协助签订汽车销售协议，能做好交车、验车交代，能做好售后、回访提醒，能参与验证、验车、缴费等销售服务工作，能汇总汽车商品信息、客户信息。

一个汽车销售人员不仅需要有一个流程性的销售技能表现，还需要许多销售人员个人素质方面的技能，如沟通的细节问题，拉近距离的方法，发现客户个人兴趣方面的能力，以及协商能力。尽管汽车销售流程会给汽车销售人员一个明确的步骤可以遵守，但是，还需要靠销售顾问用心、灵活、机智，提高自己的分析能力及判断能力。

经销商投资上千万元建了漂亮的展厅，又摆放了很多展车，就是想让客户来店参观。如果客户不到展厅，经销商与谁接触？向谁宣传？车子卖给谁？所以除了厂家通过广告以及系列促销活动以外，经销商自身必须下功夫采用各种方式和措施吸引客户来店，增加与客户接触的机会，这是实现销售的前提。潜在客户的开发是实现销售的重要途径。

接待的目标是与顾客建立融洽的关系与初步的信任、引导顾客进入销售流程。通过良好的接待建立顾客的信心，积极地消除顾客的戒备，以利于销售活动的顺利开展，引导顾客主动叙述他/她的购车需求。

销售顾问通过概述消除了顾客的疑虑后，接下来需要对顾客的购买需求进行分析，以了解顾客的需求，并在需求层面上与顾客达成一致意见。销售顾客可以通过适当的提问、聆听、积极回应来进行需求分析和判断。

(二)任务实施

实训项目：模拟销售
学生自由组合，3~4人一组，分别扮演销售顾问和客户的角色，现场模拟销售流程；

其余组成员和老师可以临时客串客户进场进行综合表演。要求各组成员事先准备好所推销车型的数据资料，让学生亲身领会展厅接待的各个流程(准备、接待、需求分析、展厅汽车销售六方位法、成交等)。

(三)实训考核

教师考核销售顾问在销售各阶段的技巧处理和不足，根据表演的语言、肢体行为和流程操控流畅性等方面进行综合打分，同时结合各组学员互评，最终确定小组考核成绩。最后各组提交实训活动报告。

思 考 题

1. 什么是销售目标管理？企业的销售目标有哪些具体内容？
2. 何为销售配额？实际应用中销售配额会起到哪些作用？
3. 简述汽车销售预测的程序和方法。
4. 简述完整的汽车销售流程。
5. 简述汽车销售陈述的具体方法及各自的优缺点。
6. 讨论：汽车销售过程中如何处理客户异议？
7. 讨论：如何寻找到汽车的潜在顾客？
8. 讨论：常见的客户购买信号有哪些？

项目四 汽车 4S 店的售后服务管理

【项目导入】

汽车售后服务是汽车 4S 店的核心业务之一。经过多年的发展,目前汽车 4S 店已成为汽车销售维修市场上的最重要力量。汽车 4S 店作为商家,从事的是汽车商业贸易,即从事汽车服务活动,而服务的重点就是为客户服务,即帮助客户买车、帮助客户用车。如果说汽车销售是个时点,那么汽车售后服务就是一个马拉松赛,对于客户来说,车辆一经使用就需要终身服务。可以说售后服务对产品的附加值最大、对品牌价值的贡献度最大、在市场竞争中的权重也越来越大,与此同时,售后服务开始成为汽车 4S 店的主要利润来源。所以做好售后服务管理,不仅关系到客户能否得到真正满意的服务,更关系到汽车 4S 店自身的长远发展。

【项目目标】

- 了解汽车 4S 店售后服务的组织机构和各岗位职责。
- 熟悉汽车 4S 店售后服务工作的主要内容和流程。
- 熟悉车三包知识和保修条件。
- 掌握车辆维修保养的基本程序。
- 能按照维修业务流程进行维修业务的管理。

任务一　汽车 4S 店的售后服务管理概述

【任务导入】

客户王先生刚买了一辆新车，但他对新车的使用充满了担心和忧虑，不知道汽车 4S 店能帮助自己解决哪些后顾之忧。通过学习，请你为王先生做好 4S 店的售后服务工作介绍。

【任务分析】

售后服务工作的立足点就是帮助客户更好地用车，提升客户消费满意度的同时，获取更大的竞争优势和经营业绩。本任务中，我们需要学习汽车 4S 店的售后服务组织结构、售后服务工作的内容、汽车维修业务流程、汽车保修和三包常识等知识。

【知识准备】

一、汽车 4S 店售后服务组织结构

1. 汽车 4S 店售后服务组织架构

汽车 4S 店的售后服务组织架构图如图 4-1 所示。

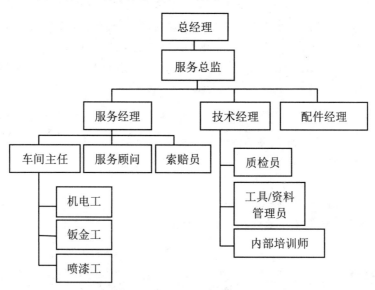

图 4-1　汽车 4S 店售后服务组织架构图

2. 汽车 4S 店售后服务部主要岗位职责

1) 总经理岗位说明书

职位名称：总经理

直接下属：营销部部长、服务总监、财务部部长、综合部部长

职责与权限：

① 落实国家及行业的各项法律、法规，制定、落实企业方针、政策，并贯彻品牌汽车的各项政策；

② 直接领导各部长及服务总监的工作；

③ 负责公司内文件的审批；

④ 负责定期对公司的经营状况、管理、服务质量等进行评审；

⑤ 负责公司所需资源的配备；

⑥ 有投资决策权、经营权、人事任免权、现金使用审批权等。

管辖范围：公司内所有部门和人员。

素质要求：略。

2) 服务总监岗位说明书

职位名称：服务总监

直属上级：总经理

直接下属：服务经理、备件经理、技术经理

职责与权限：

① 按品牌服务的要求，对经销商进行管理；

② 负责与品牌汽车售后服务部的业务联系，落实服务部的各项工作安排；

③ 直接领导服务经理、备件经理和技术经理的工作；

④ 重大质量问题及服务纠纷的处理；

⑤ 定期向总经理和品牌汽车厂家报告经销商的生产、经营和管理等工作；

⑥ 具有生产指挥权、监督权、站内人员调动权，对公司投资、经营等活动的建议权。

管辖范围：服务部所有部门和人员。

素质要求：

① 具有大专或以上文化程度，汽车及相关专业；

② 精通市场营销管理、财务管理、人事管理等企业管理知识；

③ 具有较强的计划、组织、协调能力；

④ 能够进行计算机操作。

3) 服务经理岗位说明书

职位名称：服务经理

直属上级：服务总监

直接下属：服务顾问、索赔员、用户管理员/IT 信息员、索赔件管理员

职责与权限：

① 负责解决服务过程中与用户发生的纠纷；

② 负责与备件经理联系，解决维修所需备件；

③ 负责外出救援服务、预约服务、用户投诉、走访用户等工作的管理，并参与对重大维修服务项目的评审；

④ 参与维修工具和设备的配备；

⑤ 负责下属劳动纪律的管理；

⑥ 负责所辖区域现场环境的管理；

⑦ 监督、检查、指导维修人员工作；

⑧ 负责组织开展服务营销。

管辖范围：机修车间、钣金车间、油漆车间、索赔件库、业务接待厅。

素质要求：

① 具有大专以上文化程度，汽车或相关专业；

② 三年以上汽车维修工作经验；

③ 具有一定的服务营销知识、丰富的汽车理论知识和汽车维修经验；

④ 能够熟练地操作计算机；

⑤ 有较丰富的管理经验及较强的组织、协调能力；

⑥ 有较强的语言表达能力；

⑦ 熟悉汽车驾驶，有驾驶执照。

4） 技术经理岗位说明书

职位名称：技术经理

直属上级：服务总监

直接下属：质量检查员、内部培训员、工具/资料管理员

职责与权限：

① 负责定期收集技术疑难问题及批量投放的质量信息；

② 负责 HST(Hydro Static Transmission，液压无级变速器)等技术资料的消化、吸收并指导使用；

③ 协助品牌汽车售后服务部开展技术支持工作；

④ 负责控制、监督经销商的维修质量；

⑤ 负责疑难故障的诊断及维修技术攻关，指导车辆维修；

⑥ 负责监督、指导维修人员使用专用工具；

⑦ 负责建立文件化的质量体系，推行 ISO9001 标准认证。

管辖范围：工具库。

素质要求：

① 大专或以上学历，汽车或汽车维修专业；

② 三年以上汽车维修工作经验；

③ 具有一定的外语阅读能力，能够熟练地操作计算机；

④ 具有良好的语言表达能力、文字表达能力及沟通能力；

⑤ 具有较强的组织、协调能力；

⑥ 熟悉汽车驾驶，有驾驶执照。

5) 配件经理岗位说明书

职位名称：配件经理

直属上级：服务总监

直接下属：配件销售计划员、配件仓库管理员

职责与权限：

① 负责保证维修所需的充足的备件供应，对是否品牌汽车原厂备件负责；

② 负责建立合理的配件库存量，指导库管员对库房的管理；

③ 负责配件订购计划的审批；

④ 负责组织配件的到货验收及配件的入库检验；

⑤ 负责定期组织人员进行库存盘点；

⑥ 负责审核配件管理账目，抽检库存备件状况；

⑦ 负责实施配件管理方面的培训；

⑧ 负责制定配件位置码。

管辖范围：配件库、材料库。

素质要求：

① 具有大专或以上文化程度；

② 具备一定的营销常识；

③ 具有丰富的汽车构造知识；

④ 有丰富的管理经验，一定的组织能力及协调能力；

⑤ 能熟练地操作计算机；

⑥ 熟悉汽车驾驶，有驾驶执照。

6) 服务顾问岗位说明书

职位名称：服务顾问

直属上级：服务经理

职责与权限：

① 引导、受理用户预约；

② 负责维修车辆用户的接待工作；

③ 负责用户车辆的故障诊断，与用户达成协议(任务委托书)；

④ 负责车辆维修后的电话服务跟踪；

⑤ 负责索赔技术鉴定；

⑥ 负责向维修技师传达用户的想法，描述车辆的故障形态，分配维修工作任务；

⑦ 负责交车工作，解释维修内容；

⑧ 负责建立、完善用户档案。

素质要求：

① 具有大专以上文化程度，汽车专业或汽车维修专业；

② 有较丰富的汽车维修经验；

③ 能够准确地判断故障原因，并能准确估算维修价格及维修时间；

④ 具有管理经验，较强的语言表达能力、组织协调能力；

⑤ 能熟练地操作计算机；

⑥ 熟悉汽车驾驶，有驾驶执照。

7) 索赔员岗位说明书

职位名称：索赔员

直属上级：服务经理

职责与权限：

① 故障件的原因分析，判定是否索赔范围；

② 正常索赔申报及超出权限的索赔申请；

③ 索赔件及索赔件记录的管理；

④ 负责向品牌汽车厂家返还发生索赔的故障件；

⑤ 负责指导索赔件库的管理工作。

素质要求：

① 大专以上文化程度，汽车专业；

② 熟悉产品结构性能，从事汽车维修行业工作三年以上；

③ 熟悉计算机操作；

④ 具有一定的语言表达能力和协调能力，年龄在 35 岁以下；

⑤ 具有一定的损伤件鉴定能力；

⑥ 熟悉汽车驾驶，有驾驶执照。

8) 内部培训员岗位说明书

职位名称：内部培训员

直属上级：技术总监

职责与权限：负责本站内的各项技术培训工作。

素质要求：

① 大专以上文化程度，汽车或汽车维修专业；

② 熟悉汽车构造及相关知识，具有较强的汽车维修技能；

③ 较强的语言表达能力；

④ 熟悉计算机操作；

⑤ 具有一定的英语阅读能力；

⑥ 熟悉汽车驾驶，有驾驶执照。

9) 质量检查员岗位说明书

职位名称：质量检查员

直属上级：技术总监

职责与权限：

① 负责维修质量的检验；

② 负责监督维修人员的维修工作；

③ 负责不合格品返修质量的监督、检查；
④ 负责参与重大、疑难故障的分析、鉴定。
素质要求：
① 具有中专以上文化程度，汽车专业或汽车维修专业；
② 具有丰富的汽车维修知识和汽车理论知识；
③ 具有一定的组织能力、协调能力及管理经验；
④ 熟悉汽车驾驶，有驾驶执照。

10) 工具/资料管理员岗位说明书

职位名称：工具管理员

直属上级：技术总监

职责与权限：
① 负责建立工具、设备台账档案；
② 负责建立工具借用记录；
③ 负责库存工具的管理；
④ 负责维修技术资料的管理。

素质要求：
① 高中或中专以上文化程度；
② 具有文件资料管理知识；
③ 了解库房管理知识。

11) 机/电、钣金、喷漆等维修人员岗位说明书

职位名称：机/电技工

职责与权限：
① 负责车辆的机修、电修、钣金、喷漆等工作；
② 负责本工位设备及使用工具的维护、管理；
③ 负责工序质量的自检；
④ 负责工位区域环境的清洁和保持。

素质要求：
① 高中或技校以上文化程度，熟悉汽车驾驶；
② 具有一定的汽车理论知识、丰富的汽车维修经验；
③ 负责本工位设备、使用工具的维护、保管；
④ 负责工序质量的自检；
⑤ 负责工位区域环境的清洁和保持。

配件/附件经理下属相关岗位职责见项目五，此处不再赘述。

二、售后服务工作的内容

1. 整理客户资料，建立客户档案

客户送车进厂进行维修保养或来公司咨询、商洽有关汽车技术服务后，业务部应在两

日内将客户有关情况整理制表并建立档案。客户有关情况包括：客户名称、地址、电话、送修或来访日期、送修车辆的基本信息、维修养护项目、保养周期、下一次保养日期、客户希望得到的服务以及该客户在本公司维修或保养记录等。

2. 根据客户档案资料，研究客户的需求

业务人员根据客户的档案资料，研究客户对汽车维修保养及其相关方面的服务需求，找出"下一次"对其开展的服务内容，如通知客户按期保养、通知客户参与本公司联谊活动、告之本公司优惠活动、通知客户按时进厂维修或免费检测等。

3. 开展跟踪服务，提升服务质量

业务人员通过电话等方式广泛开展客户跟踪服务，让客户及时反馈用车情况和对本公司服务的意见；询问客户近期有无新的服务需求；告之相关的汽车运用知识和注意事项；介绍本公司近期为客户提供的各种服务，特别是新的服务内容；介绍本公司近期为客户安排的各类优惠联谊活动，如免费检测周、优惠服务月、汽车运用新知识晚会等；咨询和走访客户等。

4. 汽车的维修保养服务

客户在日常的用车过程中，总会出现各种各样的技术问题。汽车厂商授权汽车4S店围绕客户及汽车开展各项技术服务工作，包括车辆的保养与养护、维修、三包服务等。

5. 其他工作

汽车4S店作为服务型企业，除了履行厂商要求的职责外，还积极开展一些附加的售后服务，创造更多的服务价值，包括保险与理赔服务、二手车交易、汽车美容与装饰等。

三、汽车维修业务流程

(一)常规的维修业务流程及工作内容

1. 基本流程

汽车维修是汽车4S店围绕客户及汽车所展开的各项技术服务工作，其中汽车是企业间接服务的对象，客户是企业直接服务的对象，因此汽车4S店售后服务的业务管理必须充分体现以人为本的特点，围绕客户这一中心展开各项服务活动。汽车4S店售后服务的生产与运作就是使汽车售后服务的流程更具合理性、科学性和经济性，体现服务流程的高效性，以充分适应企业本身的特点，挖掘企业发展的潜力，最大限度地满足客户的需求。绝大多数汽车4S店采用以客户为中心的服务运作流程，其步骤见图4-2。

2. 汽车4S店维修业务流程的细化

汽车4S店维修业务流程步骤如图4-3所示。

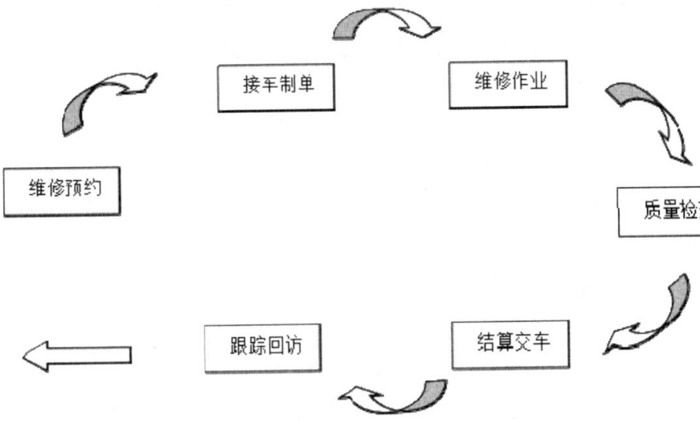

图 4-2　汽车维修服务的运作流程

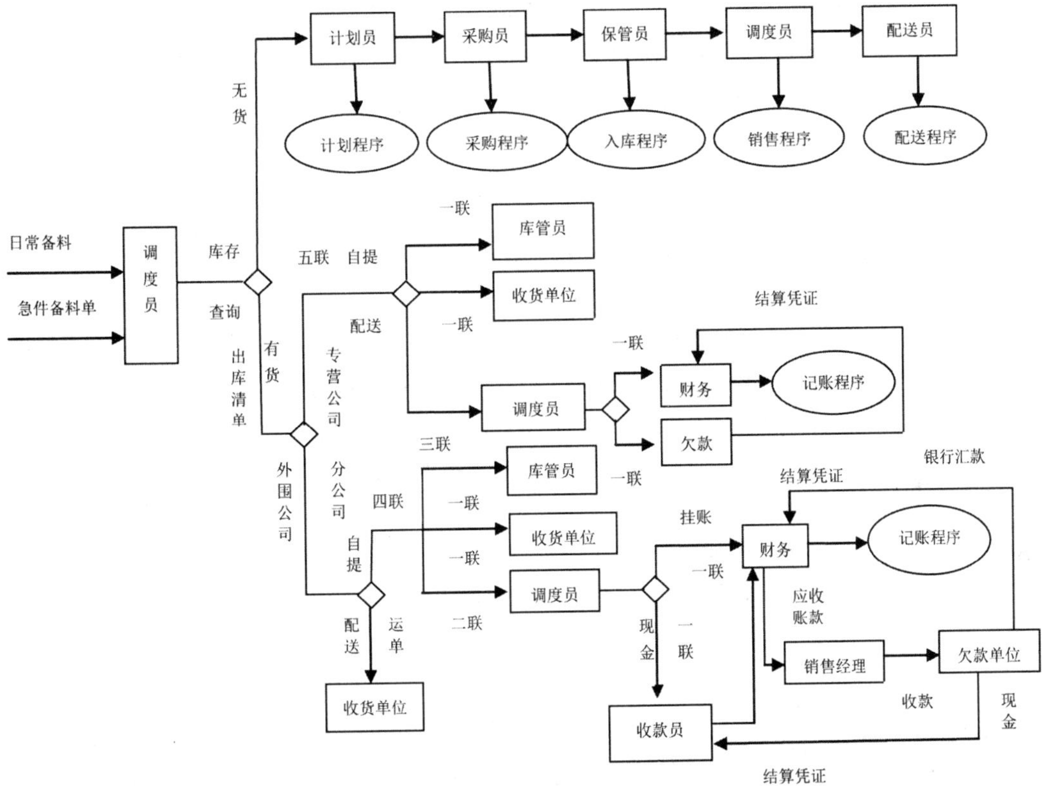

图 4-3　维修业务流程的 13 个步骤

经销商应加大职员的工作态度及业务素质的培养，以便使客户获得受重视程度，从而减少客户更换经销商机会。如果客户感到他与经销商已建立长期满意的合作关系，就会更愿意介绍新客户；如果客户对所做的工作感到满意，就更可能再回来进行维修和购买零部件。

3. 汽车 4S 店维修作业的具体内容

汽车 4S 店维修作业各流程内容说明见表 4-1。

表4-1 维修作业各流程内容说明

流　程	内　容
预约	(1) 有效的预约可以使客户容易在其方便的时候获得服务，也可最大限度地减少客户在接受服务时的等待时间。预约安排可以避开峰值时间，以便使服务人员有更多的时间与客户接触。预约可以消除客户的疑虑，让他了解将会受到怎样的接待。 (2) 业务员登记客户和车辆的基本信息，如客户名称、车牌号、作业分类、结算方式(自付、三包、索赔)
车辆入厂	车主(客户)到汽修厂报修
接车	(1) 在客户来访的最初时刻，最重要的是使他放心，要报以微笑，以缓解客户的不安情绪，这就让服务接待更容易与客户进行交流。 (2) 在接待台的电脑上进行客户基本情况记录和故障现象记录。 (3) 接车检查。服务顾问和客户一起进行车辆的初步检查，包括车辆的外观检查和随车附件登记，初步对车辆故障原因作出判断
检测诊断	(1) 安排好检验员对进店维修保养车辆实施车辆交接和进店检验工作。由业务员听其陈述故障现象，然后与客户磋商，确定维修项目和用料。 (2) 仔细倾听客户的需求、客户期望。 (3) 按照客户所述如实填写"维修工单"。维修项目必须让客户过目，确认所执行的工作，以消除客户的疑虑。服务接待应提供维修费用和完工时间方面的信息。 (4) 一旦客户的疑虑被消除，他会更坦率，对客户需求的了解将使服务站一次修复车辆；消除客户的疑虑，也可避免交车时引起客户不安，因为他已了解了维修工作的价格
维修估价 (报价)	(1) 检验员根据该车已确认的维修项目，确定项目的估价。 (2) 注意事项：不管客户是否问及价格，都要把价格如实地告诉他；把各项预算也写在工作单上，作为日后核对的依据；询问客户，当价格过高时必须向他通报；询问客户，如果在修理过程中发现了其他损坏的部件，是否可以更换。 (3) 工时费计价公式：工时费=工时定额×工时单价×该车型的技术复杂系数
确认登记 (开单)	将新维修的车辆信息、修理项目等确认登记并开单
维修派工	(1) 确定其故障现象、维修项目及维修中所需的用料信息后，进行相应的派工。 (2) 将维修项目分配到修理组并发出派工单
维修领料	根据车辆维修用料计划，库房办理配件出库手续和修车过程中从仓库领用配件
维修保养 作业	(1) 车间作业，班组长接到服务顾问"派工单"后，安排维修工作业。 (2) 维修工在施工过程中发现问题，急需增加的维修项目，要及时向服务顾问汇报；维修工领用配件需征得服务顾问的同意，由服务顾问开具"用料批条"到仓库领用。 (3) 检验员在整个维修过程中实施质量跟踪，协助维修工解决处理技术难题，对需增加的维修项目及时与业务部联系并确认，再落实维修。 (4) 在诊断和维修中，有时可能会发现一些出乎意料的追加服务项目。发生这种情况时，服务顾问需和客户联系，讨论对所要执行的工作和交车时间的改动，服务顾问此时应表现出坦率和真诚的态度，以使客户确信这一追加工作是必要的，避免客户产生疑虑

续表

流　程	内　容
完工总检	(1) 车辆维修完工后，维修工马上报知检验员，由检验员对车辆进行竣工检验，检验员对已检验合格的车辆，开具收费结算表，并通知服务顾问确认及整理车辆的交接手续。 (2) 完工检验也是维修工作的重要一环，其内容包括：核对工作单，检查所有项目是否完成；检查车辆的各个主要部分是否完好；对照接车检查登记表，检查车辆的其他部分是否在维修过程损坏。总之，只有在确认没有问题后，才能通知客户来取车。 (3) 服务顾问做好车辆的技术资料整理归档
结算收银	车辆修理完毕后，完成的维修工单即可转入财务进行结算处理
交车与送别	(1) 为了确保和客户的长期关系，接待人员应在交车步骤中紧密合作，确保交车所需的全部信息与文件完全准备好，使客户对交车经历和他在服务流程中所获得的接待感到完全满意。 (2) 接待人员必须在约定的日期和时间交车，万一有延误，必须提前和客户联系，接待人员应以客户能理解的词语向其说明所做的服务和维修工作，说明全部的工时费、零件费以及总费用，还应询问客户是否需要更为详细的解释。 (3) 将车辆交给客户，提醒客户下次保养时间及用车注意事项，和客户约定回访时间及方式。 (4) 送别客户
出厂跟踪	(1) 建立车主维修访问档案，以备查询。目的在于客户关系的持续发展。 (2) 接待人员应在交车后两天之内与客户联系，确认客户对维修服务是否满意，应将解决客户关切和投诉的问题作为首要工作；

(二)非工作时间的车辆抢修作业程序

汽车 4S 店非工作时间的车辆抢修作业程序如表 4-2 所示。

表 4-2　非工作时间车辆抢修作业程序

流　程	内　容
接洽	值班人员根据报修人提供的在外故障车辆情况认真记录好报修人姓名、单位、故障车辆的位置、故障情况及司机的联系电话
安排	值班人员立即组织相关维修人共同赶赴现场
作业	在抢修过程中如发现该车在现场无法修复时，应及时向调度室反馈安排拖车回场；如遇到重大车辆故障抢修任务时，需及时上报汽修部领导
资料归档	当班人员对已抢修完毕的车辆，在下个工作日上报给公司，由服务顾问开具"结算单""派工卡"，补办相关的报修手续及检验工作，以确保车辆维修的质量和技术资料归档

(三)保险车辆维修流程

为保证保险车辆的维修进度和质量，维修企业应该认真抓好保险车辆维修，其中重要

的一环是保险车辆维修流程。维修企业的保险车辆流程一般如下:

(1) 保险车辆进厂后应该确定是否需要保险公司进行受损车辆损伤鉴定。若需要,则由服务经理负责联系保险公司进行鉴定。切不可不经保险公司而直接拆卸,以免引起纠纷。

(2) 要积极协助保险公司完成对车辆的检查、照相以及定损等必要工作。

(3) 保险公司鉴定结束后,由车间主管负责安排班组或维修技师进行拆检。各班组长或维修技师将拆检过程中发现的损伤件列表并通知车间主管或服务经理。

(4) 服务经理得到损伤件列表后联系保险公司,对车辆进行全面定损并协商保险车辆维修工时费。定损时应由服务经理陪同,服务经理不在,应提前向业务接待交代清楚。

(5) 业务接待根据保险公司定损单下达任务委托书。客户有自费项目,应争得客户的同意,另开具一张委托书并注明,将委托书交由车间主管安排维修。

(6) 业务接待开完委托书后,将定损单转给报价员。

(7) 报价员将定损单所列材料项目按次序填入汽车零部件报价单,报价单必须注明车号、车型、单位、底盘号,再与相关配件管理人员确定配件价格,并转给配件主管审查。

(8) 报价员在配件主管确定配件价格、数量、项目后,向保险公司报价,并负责价格的回返。

(9) 报价员将保险公司返回的价格交配件主管审核,如价格有较大出入,由服务经理同保险公司协调。报价员将协调后的回价单复印后,将复印件转配件主管。

(10) 对于定损时没有发现的车辆损失,由服务经理协调保险公司,由保险公司进行二次勘查定损。

(11) 如有客户要求自费更换的部件,必须由客户签字后方可到配件库领料。

(12) 保险车辆维修完毕后应严格检查,确保维修质量。

(13) 维修车间将旧件整理好,以便保险公司或客户检查。

(14) 检查合格后,任务委托书转给业务接待审查,注明客户自费项目。审核后转结算处。

(15) 结算员在结算前将通知客户结账,服务经理负责车辆结账的解释工作。如有赔款转让由服务经理协调客户和保险公司。

(四)汽车技术改进

为了确保车辆符合汽车生产商最新的技术标准必须保证技术改进活动得到良好的组织和执行,由服务经理负责技术改进活动全过程监控,做好维修服务和零件供应之间的业务协调工作,组织技术改进活动过程的改进。维修站对相应人员进行培训,对活动范围内的客户进行预约,安排技术改进日程。具体工作流程如下。

(1) 保修员收到技术改进活动的通知后,创建技术改进活动文件,包括技术文件、涉及的车辆列表和涉及的客户信息,打印技术文件并装订《签阅表》,请服务经理和配件经理签字后,交给内培训师(维修站内部培训员)。同时与配件部协调所需配件的准备工作。

(2) 内训师根据技术文件分别安排车间维修技师及业务接待进行相关培训,请服务经理及各相关人员签字后,将技术文件存至档案管理处,并请接收人签字。

(3) 保修员在确认所需配件到货后,通知业务接待开始预约客户来维修站进行技术升级。

(4) 业务接待开任务委托书，并向客户解释此次技术升级的内容。

(5) 车间主管在接到带有技术改进活动的任务委托书时，需首先告知保修员，确认此车是否需做此技术升级。

(6) 维修技师严格按照技术文件进行维修，车间主管和保修员应及时跟踪工作进展情况。如有任何问题，及时向服务经理反馈。

(7) 业务接待确认已完成相应技术升级后，在当天下班前将技术升级的任务委托书交给保修员。

(8) 业务接待更新客户信息。

(9) 保修员接到技术升级的任务委托书后，三天之内提交保修单，并负责整个偿付过程。

(10) 在6～8周后检查此次技术改进活动的完成率，如果比率太低，须查明具体原因，并制订行动计划。

四、汽车保修业务管理

1. 保修的含义及意义

保修是特约维修站对质量担保期内损坏的车辆进行免费维修，并由汽车生产厂商对特约维修站的维修费用进行结算的服务方式。费用主要包括车辆正常保修的材料费、工时费、外出救援的交通、住宿等费用。

质量担保的目的，一是使客户对生产商的产品满意，二是使客户对生产商和经销商的售后服务满意，这两个因素是维护公司和产品信誉以及促销的基础。其中，客户对售后服务是否满意最为重要。如果客户对生产商的服务仅仅有一次不完全满意，生产商无疑就会失去这个客户；相反，如果生产商的售后服务能够赢得客户的信任，使客户满意，那么生产商就能继续推销其产品和服务。质量担保制度是售后服务部门的重要制度，生产商可以用它来满足客户的合理要求，每个经销商都有义务贯彻这个制度，执行质量担保承诺也是经销商吸引客户的重要手段。众所周知，尽管在生产制造过程中生产者足够认真，检验手段足够完备，但还会出现质量缺陷，重要的是这些质量缺陷能够通过售后服务系统，利用技术手段迅速、正确地解决。售后服务的质量担保正是要展示这种能力，在客户和经销商之间建立一种紧密的联系并使之不断地巩固和加强。

2. 保修条件

汽车三包政策中明确规定：家用汽车产品保修期限不低于3年或者行驶里程60 000公里，以先到者为准；家用汽车产品三包有效期限不低于2年或者行驶里程50 000公里，以先到者为准。家用汽车产品保修期和三包有效期自销售者开具购车发票之日起计算。

在家用汽车产品保修期内，家用汽车产品出现产品质量问题，消费者凭三包凭证由修理者免费修理(包括工时费和材料费)。

家用汽车产品自销售者开具购车发票之日起60日内或者行驶里程3000公里之内(以先

到者为准),发动机、变速器的主要零件出现产品质量问题的,消费者可以选择免费更换发动机、变速器。发动机、变速器的主要零件的种类范围由生产者明示在三包凭证上,其种类范围应当符合国家相关标准或规定,具体要求由中华人民共和国国家质量监督检验检疫总局(简称"国家质检总局")另行规定。

家用汽车产品的易损耗零部件在其质量保证期内出现产品质量问题的,消费者可以选择免费更换易损耗零部件。易损耗零部件的种类范围及其质量保证期由生产者明示在三包凭证上。生产者明示的易损耗零部件的种类范围应当符合国家相关标准或规定,具体要求由国家质检总局另行规定。

目前在我国,大多数汽车4S店为了促销,在国家三包政策基础上有不同程度的店内延保政策,在很大程度上给客户创造了更为宽松的保修条件。

3. 保修工作流程

1) 免费保养作业流程

一般来说,汽车厂商对汽车提供两次免费保养(个别品牌是首次免费保养)。免费保养的作业流程如图4-4所示。

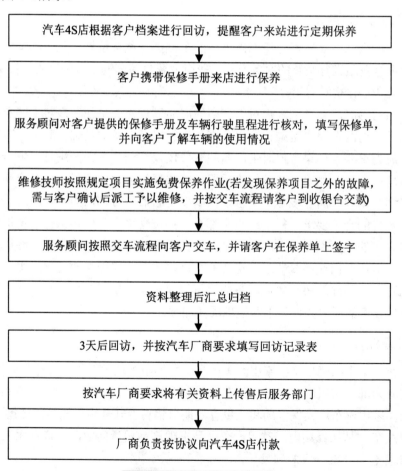

图4-4 免费保养的作业流程

2) 质保期内保修索赔作业流程

对于在质量保修范围内车辆出现问题的，需要进行保修索赔作业，具体分为到店处置和外出救援两种方式。到店处置的作业流程如图 4-5 所示。

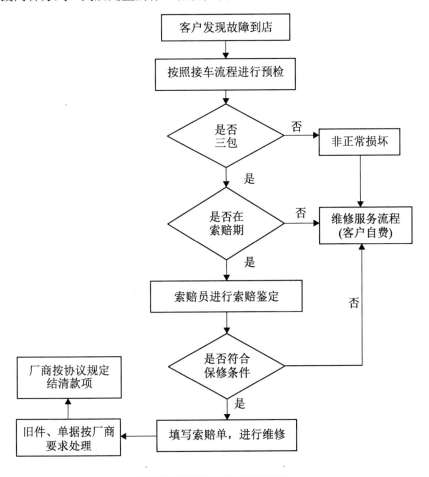

图 4-5 到店处置的作业流程

汽车 4S 店接到救援电话，需要外出救援作业时，要先询问故障情况，初步分析能否进行现场维修，如果不能，则需要立刻安排拖车将客户车辆拖至维修厂；如果分析认为可以进行现场维修，则应通知业务经理安排抢修小组，带好备件及工具赶赴现场进行援救。

保修工作流程如图 4-4 所示。

4. 保修费用结算单的报审程序

保修费用结算单的报审程序具体如下。

(1) 结算数据上报。目前，大多数汽车生产商采用电子邮件的方式上传结算数据，生产商规定一个月的某天为结算数据上传日。

(2) 费用的报审凭证。保养费主要凭保养费结算通知单报审；工时费、材料费凭保修费用结算申报单、保修材料回收统计单等报审；出差服务费凭外出服务报审单和有效票据报审；旧件运输托运费凭旧件运输托运费的有关票据报审。

(3) 从收到维修站的保修费用结算申报单及经确认的旧件回收单之日起，结算员原则上在20天内必须审核完毕。

(4) 结算员按标准规定审核后，交财务处复核。对审核费用及审核扣除的不合理费用，坚持三包结算回复制，结算员负责以书面或电子邮件方式通知维修站。

(5) 财务处复核后转结算员，通知维修站开具增值税发票。维修站如有疑问，请在5天内提出复审，开票后不再受理复审，发票从通知之日起2周内必须寄达结算员。

(6) 维修站将发票直接寄给汽车生产商的售后服务部结算员，结算员接到发票后，填写费用报销单，经室主任、处领导审核签字后交财务处，由财务处向维修站支付保修服务费。

(7) 结算申报单有下列情况之一者，不予受理：①有漏填、错填项目的；②故障原因不清的；③换件原因不符合保修规定的；④鉴定不准确、不符合规定的；⑤不按规定的零部件价格和工时标准填报的；⑥签章不齐全或无签章的；⑦按规定应退回的旧件未退回或旧件检验不符合要求及未附旧件回收统计单的；⑧需经批准而未填写批准人或授权号的；⑨结算申报单不按时间先后报审的，即后一次不再审核前一次截止埋单以前的单据；⑩客户的地址、单位、联系人、邮政编码不清楚，信件无法投递，提供的客户电话错误而无法联系的和结算申报单未填配套厂标识代码及作业代码的。

五、汽车三包常识

2013年1月15日，国家质检总局公布了《家用汽车产品修理、更换、退货责任规定》(即汽车三包规定)，该规定于2013年10月1日起施行，其出发点是保护汽车消费者的合法权益，约束生产企业、经销商的销售及售后行为。而最新的汽车召回条例也于2013年1月1日起实施，这两项新规的先后出台和实施，将使得消费者此后买车、用车的权益得到更大的保障。

(一)销售商的义务

销售者应当建立并执行进货检查验收制度，验明家用汽车产品合格证等相关证明和其他标识。销售者销售家用汽车产品，应当符合下列要求。

(1) 向消费者交付合格的家用汽车产品以及发票。
(2) 按照随车物品清单等随车文件向消费者交付随车工具、备件等物品。
(3) 当面查验家用汽车产品的外观、内饰等现场可查验的质量状况。
(4) 明示并交付产品使用说明书、三包凭证、维修保养手册等随车文件。
(5) 明示家用汽车产品三包条款、三包有效期。
(6) 明示由生产者约定的修理者名称、地址和联系电话等修理网点资料，但不得限制消费者在上述修理网点中自主选择修理者。
(7) 在三包凭证上填写有关销售信息。

(8) 提醒消费者阅读安全注意事项,按产品使用说明书的要求进行使用和维护保养。

对于进口家用汽车产品,销售者还应当明示并交付海关出具的货物进口证明和出入境检验检疫机构出具的进口机动车辆检验证明等资料。

(二)修理者的义务

修理者应当建立并执行修理记录存档制度。书面修理记录应当一式两份,一份存档,一份提供给消费者;修理记录内容应当包括送修时间、行驶里程、送修问题、检查结果、修理项目、更换的零部件名称和编号、材料费、工时和工时费、拖运费、提供备用车的信息或者交通费用补偿金额、交车时间、修理者和消费者签名或盖章等;修理记录应当便于消费者查阅或复制;修理者应当保持修理所需要的零部件的合理储备,确保修理工作的正常进行,避免因缺少零部件而延误修理时间;用于家用汽车产品修理的零部件应当是生产者提供的或者认可的合格零部件,且其质量不低于家用汽车产品生产装配线上的产品;在家用汽车产品保修期和三包有效期内,家用汽车产品出现产品质量问题或严重安全性能故障而不能安全行驶或者无法行驶的,应当提供电话咨询修理服务,电话咨询服务无法解决的,应当开展现场修理服务,并承担合理的车辆拖运费。

(三)三包责任

三包责任对家用汽车产品的退货条件进行了明确。在三包有效期内符合规定的,消费者可凭三包凭证、购车发票等向销售者退货。根据这个规定,自销售者开具购车发票之日起 60 日内或者行驶里程 3000 公里之内(以先到者为准),家用汽车产品出现转向系统失效、制动系统失效、车身开裂或燃油泄漏等问题,消费者选择更换家用汽车产品或退货的,销售者应当负责免费更换或退货。在家用汽车产品三包有效期内,因严重安全性能故障累计进行了两次修理,严重安全性能故障仍未排除或者又出现新的严重安全性能故障的,或发动机、变速器累计更换两次后,或者发动机、变速器的同一主要零件因其质量问题,累计更换两次后,仍不能正常使用的,或转向系统、制动系统、悬架系统、前/后桥、车身的同一主要零件因其质量问题累计更换两次后,仍不能正常使用的,消费者选择退货时,销售者应当负责退货。此外,如果家用汽车产品符合更换条件,销售者无同品牌同型号产品,也无不低于原车配置的产品向消费者更换的,消费者可以选择退货,销售者应当负责为消费者退货。这份规定明确,家用汽车产品符合退货条件的,销售者应当自消费者要求退货之日起 15 个工作日内向消费者出具退车证明,并负责为消费者按发票的价格一次性退清货款。

> **小提示**
>
> 在家用汽车产品三包有效期内,无有效发票和三包凭证的,经营者可以不承担本规定所规定的三包责任。三包凭证包括以下内容:产品品牌、型号、车辆类型规格、车辆识别代号(VIN)、生产日期;生产者名称、地址、邮政编码、客服电话;销售者名称、地址、邮政编码、电话等销售网点资料、销售日期;修理者名称、地址、邮政编码、电话等修理网点资料或者相关查询方式;家用汽车产品三包条款、三包有效期以及按照规定要求应当明示的其他内容。

(四)缺陷汽车召回管理

《缺陷汽车产品召回管理条例》于 2012 年 10 月 10 日经国务院第 219 次常务会议通过，自 2013 年 1 月 1 日起施行，国务院产品质量监督部门负责全国缺陷汽车产品召回的监督管理工作。国务院产品质量监督部门缺陷产品召回技术机构按照国务院产品质量监督部门的规定，承担缺陷汽车产品召回的具体技术工作。对缺陷汽车产品，生产者应当依照本条例全部召回；生产者未实施召回的，国务院产品质量监督部门应当依照本条例责令其召回；生产者应当建立并保存汽车产品设计、制造、标识、检验等方面的信息记录以及汽车产品初次销售的车主信息记录，保存期不得少于 10 年；销售、租赁、维修汽车产品的经营者(以下统称为经营者)应当按照国务院产品质量监督部门的规定建立并保存汽车产品相关信息记录，保存期不得少于 5 年；生产者实施召回的，应当以便于公众知晓的方式发布信息，告知车主汽车产品存在的缺陷、避免损害发生的应急处置方法和生产者消除缺陷的措施等事项；国务院产品质量监督部门应当及时向社会公布已经确认的缺陷汽车产品信息以及生产者实施召回的相关信息；车主应当配合生产者实施召回；对实施召回的缺陷汽车产品，生产者应当及时采取修正或者补充标识、修理、更换、退货等措施消除缺陷，并承担消除缺陷的费用和必要的运送缺陷汽车产品的费用。

【知识拓展】

某企业售后服务管理制度及业务接待工作制度

一、售后服务管理制度

某企业售后服务管理制度具体如下。

(1) 售后服务工作由业务部主管指定专门业务人员——跟踪业务员负责完成。

(2) 跟踪业务员在客户车辆送修进场手续办完后，或客户到公司访谈咨询业务完成后，两日内建立相应的客户档案。客户档案内容见本规定第二条第一款。

(3) 跟踪业务员在建立客户档案的同时，研究客户的潜在需求，设计拟定"下一次"服务的针对性通话内容、通信时间。

(4) 跟踪业务员在客户接车出厂或业务访谈、咨询后三天至一周内，应主动电话联系客户，作售后第一次跟踪服务，并就客户感兴趣的话题与之交流。电话交谈时，业务员要主动询问曾到我公司保养维修的客户车辆运用情况，并征求客户对本公司服务的意见，以示本公司对客户的真诚关心与在服务上追求尽善尽美的态度。对客户谈话要点要作记录，特别是对客户的要求，或希望或投诉，一定要记录清楚，并及时予以处理。能当面或当时答复的应尽量答复；不能当面或当时答复的，通话后要尽快加以研究，找出办法；仍不能解决的，要在两日内报告业务主管，请示解决办法。并在得到解决办法的当日告知客户，一定要给客户一个满意的答复。

(5) 在"销售"后第一次跟踪服务的一周后的 7 天以内，跟踪业务员应对客户进行第二次跟踪服务的电话联系。电话内容仍要以客户感兴趣的话题为准，内容避免重复，要有针对性，仍要体现本公司对客户的真诚关心。

(6) 在公司决定开展客户联谊活动、优惠服务活动和免费服务活动时，跟踪业务员应提前两周把通知先以电话方式告之客户，然后于两日内视情况需要把通知信函给客户寄出。

(7) 每一次跟踪服务电话，包括客户打入本公司的咨询电话或投诉电话，经办业务员都要做好电话记录，登记入表(附后)，并将电话记录存于档案，将电话登记表归档保存。

(8) 每次发出的跟踪服务信函，包括通知、邀请函、答复函都要登记入表(附后)，并归档保存。

(9) 指定跟踪业务员不在岗时，由业务主管临时指派本部其他人员暂时代理工作。

(10) 业务主管负责监督检查售后服务工作；并于每月对本部售后服务工作进行一次小结，每年末进行一次总结；小结、总结均以本部工作会形式进行，由业务主管提出小结或总结书面报告；并存档保存。

(11) 本制度使用以下4张表格："客户档案基本资料表""跟踪服务电话记录表""跟踪服务电话登记表""跟踪服务信函登记表"。

二、业务接待工作制度

业务接待工作是业务工作的一个重要组成部分，它包括业务接待工作程序、内容解说、工作内容与要求(即工作内容规定)。

(一)业务接待工作程序

业务接待工作从内容上分为两个部分，即迎接客户送修程序与恭送客户离厂程序，具体内容如下。

(1) 业务厅接待前来公司送修的客户。

(2) 受理业务：询问客户来意与要求；技术诊断；报价，决定是否进厂，或预约维修或诊断报价；送客户离厂。

(3) 将接修车清洗送入车间，办理交车手续。

(4) 维修期间，维修增项意见征询与处理：征询客户意见与车间交换工作意见。

(5) 将竣工车从车间接出：检查车辆外观技术状况及有关随车物品。

(6) 通知客户接车，准备客户接车资料。

(7) 业务厅接待前来公司取车的客户，引导客户视检竣工车，汇报情况，办理结算手续，恭送客户离厂。

(8) 对客户进行跟踪服务。

(二)业务接待工作内容规定

1. 业务厅接待前来公司送修或咨询业务的客户

业务厅接待前来公司送修或咨询业务的客户，其工作内容如下。

(1) 见到客户驾车驶进公司大门，立即起身，带上工作用具(笔与接修单)走到客户车辆驾驶室左边门一侧向客户致意(微笑点头)：当客户走出车门或放下车窗后，应先主动向客户问好，表示欢迎(一般讲"欢迎光临！")，同时作简短自我介绍。

(2) 如客户车辆未停在本公司规定的接待车位，应礼貌引导客户把车停放到位。

(3) 简短问明来意，如属简单咨询，可当场答复，然后礼貌地送客户出门并致意(一般讲"请走好""欢迎再来")，如属需诊断、报价或进厂维修的应征得客户同意后进接待厅商洽；或让客户先到接待厅休息，我方工作人员检测诊断后，再与客户商洽。情况简单的或客户要求当场填写维修单或预约单的，应按客户要求办理手续。

(4) 如属新客户，应主动向其简单介绍我公司维修服务的内容和程序。

(5) 如属维修预约，应尽快问明情况与要求，填写"维修预约单"，并呈交客户；同时礼貌告之客户，"请记住预约时间"。

工作要求：接待人员要文明礼貌，仪表大方整洁，主动热情，要让客户有"宾至如归"的第一印象。客户在客厅坐下等候时，应主动倒茶，并示意"请用茶"，以表示我方待客礼貌热忱。

2. 业务咨询与诊断

工作内容：在客户提出维修养护方面的诉求时，我方接待人员应细心专注聆听，然后以专业人员的态度、通俗的语言回答客户的问题。在客户车辆需作技术诊断才能作维修决定时，应先征得客户同意，然后我方人员开始技术诊断。接待人员对技术问题有疑难时，应立即通知技术部专职技术员迅速到接待车位予以协助，以尽快完成技术诊断。技术诊断完成后应立即打印或填写诊断书，应明确车辆故障或问题所在，然后把诊断情况和维修建议告诉客户，同时把检测诊断单呈交客户，让客户进一步了解自己的车况。

工作要求：在这一环节，我方接待人员态度要认真细致，善于倾听，善于专业引导；在检测诊断时，动作要熟练，诊断要明确，要显示我公司技术上的优越性和权威性。

3. 业务洽谈

工作内容：

(1) 与客户商定或提出维修项目，确定维修内容、收费定价、交车时间，确定客户有无其他要求，将以上内容一一填入"进厂维修单"，请客户过目并决定是否进厂。

(2) 客户审阅"进厂维修单"后，同意进厂维修的，应礼貌地请其在客户签字栏签字确认；如不同意或预约进厂维修的，接待人员应主动告诉并引导客户到收银处办理出厂手续——领"出厂通知单"，如由我方诊断或估价的，还应通知客户交纳诊断费或估价费；办完手续后应礼貌送客户出厂，并致意"请走好，欢迎再来"。

工作要求：与客户洽谈时，要诚恳、自信、为客户着想，不卑不亢、宽容、灵活，要坚持"顾客总是对的"的观念。对不在厂维修的客户，不能表示不满，要保持一贯的友好态度。

4. 业务洽谈中的维修估价

工作内容：与客户确定维修估价时，一般采用"系统估价"，即按排除故障所涉及的系统进行维修收费；对一时难以找准故障所涉及系统的，也可以采用"现象估价"，即按排除故障现象为目标进行维修收费，这种方式风险大，我方人员定价时应考虑风险价值。针对维修内容技术会含量不高，或市场有相应行价的、或客户指定维修的，可以用"项目定价"，即按实际维修工作量收费，这种方式有时并不能保证质量，应事先向客户作必要的说明。维修估价洽谈中，应明确维修配件是由我方还是由客方供应，用正厂件还是副厂件；并应向客户说明：凡客户自购配件，或坚持要求关键部位用副厂件的，我方应表示在技术质量方面不作担保，并在"进厂维修单"上说明。

工作要求：这一环节中，我方业务接待人员应以专业人员的姿态与客户洽谈，语气要沉稳平和，灵活选用不同方式的估价，要让客户对我公司有信任感。应尽可能说明本公司价格合理性。

5. 业务洽谈中的承诺维修质量与交车时间

工作内容：业务洽谈中，要向客户明确承诺质量保证，应向客户介绍我公司承诺质量保证的具体规定。要在掌握公司现时生产情况下承诺交车时间，并留有一定的余地。特别要考虑汽车配件供应的情况。

工作要求：要有信心，同时要严肃，特别要注意公司的实际生产能力，不可有失信于用户的心态与行为。

6. 办理交车手续

工作内容：客户在签订维修合同(即维修单)后，接待人员应尽快与客户办理交车手续；接收客户随车证件(特别是二保、年审车)并审验其证件有效性、完整性和完好性，如有差异应当时与客户说明，并作相应处理，请客户签字确认差异。接收送修车时，应对所接车的外观、内饰表层、仪表、座椅等作一次视检，以确认有无异常。如有异常，应在"进厂维修单"上注明。对随车的工具和物品应清点登记，并请客户在"随车物品清单"上签字(详见"随车物品清单")，同时把工具与物品装入为该车用户专门提供的存物箱内。接车时，对车钥匙(总开关钥匙)要登记、编号并放在统一规定的车钥匙柜内。对当时油表、里程表标示的数字登记入表。如即时送车于车间修理的，车交入车间时，车间接车人要办理接车签字手续。

工作要求：视检、查点、登记要仔细，不可忘记礼貌地请客户在进厂维修单上签名。

7. 礼貌送客户

工作内容：客户办完一切送修手续后，接待员应礼貌告知客户手续全部办完，礼貌暗示可以离去。如客户离去，接待员应起身致意送客，或送客户至业务厅门口，致意："请走好，恕不远送。"

工作要求：热情主动、亲切友好，注意不可虎头蛇尾。

8. 为送修车办理进车间手续

工作内容：

(1) 客户离去后，迅速整理"进厂维修单"(可通过电脑，一些车辆统计报表也同时登记)，如属单组作业的，直接由业务部填列承修作业组；如属多组作业的，应将"进厂维修单"交车间主管处理。

(2) 由业务接待员通知清洗车辆，然后将送修车送入车间，交车间主管或调度，并同时交随车的"进厂维修单"，请接车人在"进厂维修单"指定栏签名，并写明接车时间，时间要精确到10分钟。

工作要求：认真对待，不可忽视工作细节，更不可省略应办手续。洗车工作人员洗完车后，应立即将该车交业务员处理。

9. 追加维修项目处理

工作内容：业务部接到车间关于追加维修项目的信息后，应立即与客户进行电话联系，征求对方对增项维修的意见。同时，应告之客户由增项引起的工期延期。得到客户明确答复后，立即转达到车间。如客户不同意追加维修项目，业务接待员即可口头通知车间并记录通知时间和车间受话人；如同意追加，即开具"进厂维修单"，填列追加维修项目内容，立即交车间主管或调度，并记录交单时间。

工作要求：咨询客户时要礼貌，说明追加项目时，要从技术上做好解释工作，事关安全时要特别强调利害关系；要冷静对待客户的抱怨，不可强求客户，应当尊重客户的选择。

10. 查询工作进度

工作内容：业务部根据生产进展定时向车间询问维修任务完成情况，询问时间一般定在维修预计工期进行到70%～80%的时候。询问完工时间、维修有无异常。如有异常应立即采取应急措施，尽可能不拖延工期。

工作要求：要准时询问，以免影响准时交车。

11. 通知客户接车

工作内容：

(1) 作好相应交车准备。车间交出竣工验收车辆后，业务人员要对车做最后一次清理；清洗、清理车厢内部，查看外观是否正常，清点随车工作和物品，并放入车上。结算员应将该车全部单据汇总核算，此前要通知、收缴车间与配件部有关单据。

(2) 通知客户接车。一切准备工作之后，即提前1小时(工期在两天之内)或提前4小时(工期在两天以上包括两天)通知客户准时来接车，并致意："谢谢合作！"如不能按期交车，也要按上述时间或更早些时间通知客户，说明延误原因，争取客户谅解，并表示道歉。

工作要求：通知前，交车准备要认真；向客户致意、道歉要真诚，不得遗漏。

12. 对取车客户的接待

工作内容：

(1) 主动起身迎候取车的客户，简要介绍客户车辆维修情况，指示或引领客户办理结算手续。

(2) 结算。客户来到结算台时，结算员应主动礼貌向客户打招呼，示意在台前座位落座，以示尊重；同时迅速拿出结算单呈交客户；当客户同意办理结算手续时，应迅速办理，当客户要求打折或提出其他要求时，结算员可引领客户找业务主管处理。

(3) 结算完毕，应即刻开具该车的"出厂通知单"，连同该车的维修单、结算单、质量保证书、随车证件和车钥匙一并交到客户手中，然后由业务员引领客户到车场作随车工具与物品的清点和外形视检，如无异议，则请客户在"进厂维修单"上签名。

(4) 客户办完接车手续后，接待员送客户出厂，并致意："××先生(小姐)请走好。""祝一路平安！欢迎下次光临！"

工作要求：整个结算交车过程、动作、用语要简练，不让客户觉得拖拉烦琐。清点、交车后客户接收签名不可遗漏。送客要至诚。

13. 客户档案的管理

工作内容：客户进厂后，业务接待人员当日要为其建立业务档案，一般情况，一车一档案袋。档案内容有客户有关资料、客户车辆有关资料、维修项目、修理保养情况、结算情况、投诉情况，一般以该车"进厂维修单"内容为主。老客户的档案资料表填好后，仍存入原档案袋。

工作要求：建立档案要细心，不可遗失档案规定的资料，不可随意乱放，应放置在规定的车辆档案柜内，由专人保管。

14. 对客户的咨询解答与投诉处理

工作内容：客户电话或来业务厅咨询有关维修业务问题，业务接待人员必须先听后答，听要细心，不可随意打断客户；回答要明确、简明、耐心。答询中要善于正确引导客户对维修的认识，引导对我公司实力和服务的认识与信任；并留意记下客户的工作地址、单位、联系电话，以便今后联系。客户投诉无论电话或上门，业务接待员都要热情礼貌接待；认真倾听客户意见，并做好登记、记录。倾听完意见后，接待员应立即给予答复。如不能立即处理的，应先向客户致意：表示歉意并明确表示下次答复时间。处理投诉时，不能凭主观臆断，不能与客户辩驳争吵，要冷静而合乎情理。投诉对话结束时，要致意："××先生(小姐)，感谢您的信任，一定给您满意答复"。

工作要求：受理投诉人员要有公司大局观，要有"客户第一"的观念，投诉处理要善终，不可轻慢客户。客户对我方答复是否满意要作记录。

15. 跟踪服务

工作内容：根据档案资料，业务人员定期向客户进行电话跟踪服务。跟踪服务的第一次时间一般选定在客户车辆出厂二天至一周之内。跟踪服务内容有：询问客户车辆使用情况，对我公司服务的评价，告诉对方有关驾驶与保养的知识，或有针对性地提出合理使用的建议，提醒下次保养时间，欢迎保持联系，介绍公司新近服务的新内容、新设备、新技术，告之公司免费优惠客户的服务活动。做好跟踪服务的记录和统计。通话结束前，要致意："非常感谢合作！"

工作要求：跟踪电话时，要文明礼貌，尊重客户，在客户方便时与之通话，不可强求；跟踪电话要有一定准备，要有针对性，不能漫无主题，用语要简明扼要，语调应亲切自然。要善于在交谈中了解相关市场信息，发现潜在维修服务消费需求，并及时向业务主管汇报。

16. 预约维修服务

工作内容：受理客户提出的预约维修请求，或我公司根据生产情况向客户建议预约维修，经客户同意后，办理预约手续。业务员要根据客户与我公司达成的意见，填写预约单，并请客户签名确认。预约时间要写明确，需要准备价值较高的配件量，要请示客户预交定金(按规定不少于原价的 1/2)。预约决定后，要填写"预约统计表"；要于当日内通知车间主管，以便到时留出工位。预约时间临近时，应提前半天或一天通知客户预约时间，以免遗忘。

17. 业务统计报表填制、报送

工作内容：周、月维修车的数量、类型、维修类别、营业收入与欠款的登记、统计及月统计分析报告由业务部完成，并按时提供财务部、分管经理、经理，以便经营管理层的分析决策。

工作要求：按规定时间完成报表填报，日报表当日下班前完成，周报表周六下班前完成，月报表月末一天下班前完成。统计要准确、完整，不得估计、漏项。

【任务实施与考核】

(一)技能学习

通过该工作任务的学习，使学生能熟悉汽车4S店售后服务部门的基本岗位设置和职责，熟悉并掌握其主要的工作流程和内容。

(二)任务实施

实训项目：以某汽车4S店为例，为客户王先生介绍该4S店能提供给客户的具体售后服务工作，打消王先生的用车之忧。

具体操作：学生分组进行训练，每组4~6人，分别扮演不同角色(客户和工作人员)，为客户介绍车辆的常规保养、一般故障维修、保险事故及保修车辆的工作流程和内容。

实训内容需要课前布置给学生，便于学生提前了解相关内容，分配好角色。教师需要提前准备好考核标准和评分标准，便于课堂中进行考核。

课堂模拟实践时，学生按角色接待客户进行流程模拟并互相评价。结束后，小组成员针对所遇到的问题进行分析与总结，形成总结报告。

(三)实训考核

学生提交活动分析总结。教师根据学生模拟过程中的表现及分析总结进行打分。

任务二　维修预约与接车服务

【任务导入】

某上汽大众汽车4S店的老客户夏先生于2018年2月7日来店为其爱车途观进行过保养，按照常规保养时间算，该客户车辆应该于半月内进行下一次保养。请你对夏先生进行电话预约并做好相应的接车准备。

【任务分析】

汽车维修服务是以客户为中心的一套完整的服务流程。汽车4S店的售后服务顾问是第一个与客户打交道，也是唯一一个为客户提供全程售后服务的人员。服务顾问应该按照流程中的每一个环节的服务标准来满足客户的服务需求,有效提高客户满意度,为企业创造更大的效益。客户进厂维修有两种情况,一种是客户主动上门要求维修保养,另一种是受4S店提醒并邀约后进厂。作为经营主体,汽车4S店主动开展预约服务既是企业市场竞争意识的体现,也是从客户出发,本着对客户负责的态度的体现。下面我们就从预约服务类型、预约服务流程和技巧、接车服务流程及内容等方面介绍。

【知识准备】

一、预约服务

(一)预约的好处

许多客户因为时间的原因不可能对自己的汽车进行时时关注,因为客户的汽车是为客户服务的,而不是客户对自己的汽车实行服务。另外,因为客户的汽车专业知识也不一定十分丰富,不一定了解汽车何时需要何种维护或维修,这就需要维修企业定期对客户进行电话访问,及时了解车辆的使用状况,提出合理的维修建议,并根据客户的时间和维修企业的生产情况积极主动地进行合理安排,称之为主动预约。主动预约不但体现维修企业对客户的关怀,增进企业与客户之间的感情交流,也是服务营销工作,是企业向客户展示维修企业的服务形象,介绍和推销维修企业的服务,增加维修企业的服务量,提高营业收入的需要。

有的客户感觉到自己的车辆需要服务或车辆发生故障需要维修时,也会给企业打电话进行预约,约定好工位和配件,以便进店之后很快维修,节约自己的时间。这对企业而言是被动的,称之为被动预约。当然,也有许许多多客户时间观念不强,也没有预约意识,这就需要维修企业引导客户,推销自己的预约服务。

根据现有维修企业车辆进厂情况来看,车辆进厂数量有很多不确定性。一般是上午进厂车辆较多,下午进厂车辆较少,平时进厂车辆较少,周末进厂车辆较多。这种分布不均的客户入厂现象对维修企业来说意味着客户高度集中入厂时,客户的接待和维修工作质量都难以保证,而客户稀少时,接待和维修任务又不饱满,能力闲置,资源浪费。为了均衡维修企业的维修生产,要求客户有计划、有秩序地进厂维修,以达到维修能力与维修业务量相匹配。这就是预约式服务的意义所在。预约是汽车维修服务流程的一个重要环节,因为它构成了与客户的第一次接触,从而也就提供了立即与客户建立良好关系的机会。维修企业通过客户预约工作可以有效地控制客户数量,防止生产失衡,并有足够的时间清楚地了解客户的需求。在客户到达前准备相应的配件、场地、设备、人员,监控和安排所有可使用的工作时间,有效地接待随到客户和处理返修事宜。由于车辆的定期维护业务的周期性特点,如果预约工作能有效展开,将使企业的各工作环节得到有效的衔接,工作效率大为提高,客户满意度也可得到有效提升。目前,预约已成为各维修企业普遍采用的服务方式。

1. 预约对客户的好处

预约对客户具有如下好处。

(1) 维修等待时间大大缩短。

(2) 业务接待与客户接触的时间充分，更利于沟通。

(3) 交车时间更有保证。

(4) 预约可采用电话联系方式，并预先告之故障现象，免去客户来回奔波之苦。

2. 预约对维修企业的好处

预约对维修企业具有如下好处。

(1) 预约服务能保证接待时间和接待质量。

(2) 根据生产能力避免工作拥挤，维修业务的削峰填谷能保证修车时间、交车时间和维修质量。

(3) 充分提高企业的场地、人员、设备的利用率，提高单车维修收益。

(4) 服务的井然有序可减少客户的抱怨，从而提高客户的满意度及信任度。

预约对维修企业来说既是机会也是责任。机会是让客户在某一约定的时间将汽车开来，业务接待有更充足的时间向客户提供完整的建议和更彻底的检查。责任是必须遵守约定好的接车和交车时间，不能失约。客户很难接受因企业的原因而不能将汽车修好的情况，事实上客户为了避免这种事情的发生已事先做了预约。在约定日期之前一定要确保一切都能准备妥当。

(二)预约服务的类型

根据预约的方式不同，汽车4S店的预约可以分为主动预约和被动预约两种。

1. 主动预约

由于汽车是一种技术复杂、价格昂贵的商品，因此大多数车主对汽车都不太了解，或者没有时间和精力关心自己的车何时进行保养或维修，这就需要汽车4S店的工作人员根据预留的客户档案，主动联络客户，及时了解车辆的使用状况，给出合理的维修保养建议，并根据客户的时间和汽车4S店的具体生产情况积极主动地进行合理维修保养安排。此类服务为企业主动邀约客户，故称为主动预约。

2. 被动预约

客户在开车过程中发觉车子有故障问题，或者车主有较高的保养意识，能够按照维修保养手册的要求主动向汽车4S店进行预约，提前订好配件、工位和技师等，保证自己的车进厂后能够尽快地完成维修保养作业，节省时间。该类预约是由客户主动提出的，对于汽车4S店来说，是被动发生的，故称为被动预约。

(三)预约工作流程及标准

汽车4S店的预约工作一般经历预约前的准备工作，预约接听、记录、确认，预约统计、移交，预约后的工作等过程。

1. 主动预约前的准备工作

企业主动预约应做好各项准备工作。客户的预约工作一般是由业务接待或服务顾问来完成。在进行预约之前应该清楚两方面的情况，一方面应当了解客户信息及其车辆情况，如客户的名称、联系方式、车辆牌照号、车辆型号、行驶里程数、以往的维修情况、车辆需要做何种维护或有何种故障现象需要进行维修等；另一方面需要了解本企业的维修生产情况和收费情况，如维修车间是否能够安排工位和维修技师，专用工具资料是否可用，相应的配件是否有现货或何时到货，相应的维修项目的工时费和材料费是多少等。如果预约人员对以上两方面的情况很清楚，那么同客户预约就会得心应手。如果预约人员当时不了解情况，就需要及时地了解清楚后再同客户电话确认。不要不清楚情况就盲目预约，以免到时给客户造成时间损失，引起客户抱怨，影响汽车4S特约维修站售后服务的信誉。

在进行预约工作时，汽车4S店必须履行自己的承诺，所有的预约内容必须到位，不能预约与不预约都一样。对客户来说，要充分体现出预约的好处，否则将会打消客户对预约的积极性，导致预约维修推广困难。

鼓励更多的客户进行预约的做法有以下几种。
(1) 设立专门的预约接待窗口。
(2) 预约在维修低谷时间的客户，可享受工时折扣以及其他优惠政策。
(3) 广泛开展预约优点的宣传，接车及交车时直接向客户推荐，电话回访时介绍预约。
(4) 发放预约优惠卡，预约可赠送小礼品，向客户发信函时要进行介绍。
(5) 预约时客户可挑选业务接待。在接待区和客户休息室内放置告示牌，引导客户进行预约。
(6) 在寄给现有客户和潜在客户的印刷宣传品中推荐预约，为预约客户提供免费安全检查或其他鼓励性优惠等。

2. 预约接听、记录和确认

在预约过程中，工作人员要接听迅速，认真倾听客户的要求并记录重要信息及车辆信息(地址、电话、牌照号等)。按接听电话指南及预约计划表格记录下客户的希望和问题，告诉客户企业能提供的特别服务，并征询意见。在结束预约前，工作人员要再次确认客户资料及预约的具体内容，以降低失约的可能性。

3. 预约统计与移交

预约工作人员结束客户预约后，要及时统计预约内容，保证信息的具体和完整，并将预约单向服务顾问移交，以保证维修保养服务的下一步工作顺利进行。

4. 预约后的工作

为了使客户进入汽车 4S 店后能如约开展车辆维修,预约人员同客户做好预约之后应及时通知服务顾问接待(预约人员也可以就是服务顾问),以使在客户到来之前做好必要的准备工作。在停车位、车间工位、维修技师、技术资料、专用工具、配件、辅料等方面都应该准备齐全,尤其是维修技术问题的确认及维修方案的准备,以免到时影响维修工作效率和质量。

准备工作属于流程中的内部环节,与客户并无直接的接触。业务接待需及时通知维修车间与配件部门做好相应的准备工作,维修车间、配件部门也应对业务接待的工作给予积极的支持和配合。如果这些工作不能在客户到来之前做好,比如维修所需配件不能及时采购到,应及时通知客户取消这次预约并希望客户谅解。但是这一切工作都应当在客户到来之前完成。如有可能还应提前准备好任务委托书(或维修合同)。

> **小提示**
>
> 为客户到来做准备,接待人员应注意以下几个问题。
> (1) 及时打印委托书,不要等客户来时再打印,以避免给客户造成准备不充分的印象,同时可为诊断车辆故障节约时间。
> (2) 检查最新的技术信息,如维修手册、配件资料。
> (3) 检查维修记录,确信是否返修。
> (4) 至少提前两天告诉配件和维修车间本次预约的内容,检查员是否具备相应措施的服务项目能力以及可否遵守合同所有的承诺。
> (5) 准备所有文件及需要的项目,如租车协议、替代车的钥匙。
> (6) 如果有某项工作没有完成任务,需重新预约。

汽车 4S 店的预约服务流程的一般标准见表 4-3。

表 4-3　4S 特约维修站的预约服务流程标准

程　序	流程与内容	工作人员	工作标准——影响顾客的重点
接受用户	及时接听电话	维修接待员	所有电话应在铃响三声内接听
预约程序	自我介绍	维修接待员	通报公司名称/个人代号,并感谢顾客来电
	确认顾客需求	维修接待员	运用结构式提问,尽快确认顾客实际需求
	解答顾客问题	维修接待员	(1) 如在交谈当中必须接听另一个电话时,需先征得来电顾客的同意。 (2) 如果无法回答顾客的问题,应亲自联络其他人员协助。 (3) 如果一时不能解答顾客的问题,应向顾客承诺何时能够给予答复

续表

程　序	流程与内容	工作人员	工作标准——影响顾客的重点
预约程序	预约留言	维修接待员	(1) 与顾客约定检修车辆的日期和时间。 (2) 顾客指名要找的公司人员不在时,应主动协助留言。留言内容包括来电者的姓名、电话、基本需求,以及最佳的回电时间
	登记	维修接待员	访问过的用户做登记
主动预约程序	自我介绍	维修接待员	接通电话,首先表明公司名称/个人代号
	向顾客介绍服务维修项目	维修接待员	(1) 提醒顾客做必要的保养维护,介绍维修厂(站)提供预约服务。 (2) 提供维修厂(站)地址、电话
	解答顾客问题	维修接待员	解答顾客所关心的问题
	预约	维修接待员	如果顾客同意的话,依据顾客的意愿,帮助确定预约的日期和时间
	登记	维修接待员	在顾客自愿情况下,留下电话、姓名

(四)预约准备

预约准备工作主要指针对主动预约而言的。在维修企业,客户的预约工作一般由业务接待或服务顾问来完成。在进行预约之前应该清楚两方面的情况,一方面应当了解客户信息及其车辆情况,如客户的名称、联系方式、车辆牌照号、车辆型号、行驶里程数、以往的维修情况、车辆需要做何种维护或有何种故障现象需要进行维修等;另一方面需要了解本企业的维修生产情况和收费情况,如维修车间是否可以安排工位和维修技师,专用工具资料是否可用,相应的配件是否有现货或何时到货,相应维修项目的工时费和材料费等。如果预约人员对以上两方面情况很清楚,那么同客户做预约就会得心应手。如果预约人员当时不了解情况,就需要及时地了解清楚后再同客户电话确认。不要不清楚情况就盲目预约,以免到时给客户造成时间损失,引起客户抱怨,影响维修企业信誉。

维修企业为了更好地推广预约工作,在预约维修推广开始时,除了大力宣传预约给客户带来的利益外,还可以对能够准时预约的客户在维修费用上给予适当的优惠或赠送纪念品的方式进行鼓励。

在进行预约工作时,企业必须履行自己的承诺,所有预约内容必须到位,不能预约与不预约都一样,对客户来说体现不出预约的好处,那样将打消客户对预约的积极性,导致预约维修推广困难。

(五)预约服务技巧

1. 预约电话的内容

接听电话要迅速,认真倾听客户要求,询问并记录重要信息及车辆信息(地址、电话、牌照号等),按接听电话指南及预约计划表格记录下客户的希望和问题,并告诉客户企业能提供的特别服务,并征询意见。

一般预约电话的内容如下。

(1) 通过电话进行维修预约登记,填写预约登记表(表4-4)。

表4-4 汽车4S店预约登记表

登记号:

用户姓名		联系电话		车牌号		车 型	
预约维修时间		上次维修时间		是否重复维修		公里数	
预约的服务顾问				用户指定的主修人			
用户描述及要求							
经销商建议							
备注							
是否已提前一小时与用户电话确认		预约时间是否改变			新的预约时间		
用户主动取消预约		经销商原因未能执行预约及原因					
预约人		预约时间					

注:一式五联(信息员、服务经理、服务顾问、车间负责人、备件人员)或经销商内部微机共享

(2) 询问客户及车辆情况(核对老客户数据、登记新客户数据)。

(3) 询问行驶里程、客户的需求或车辆故障状况。

(4) 询问上次维修时间及是否重复维修。

(5) 确定接车时间(要留有准备时间,要主动控制)、业务接待的姓名。

(6) 暂定交车时间(根据客户电话描述的故障现象、维修车间的生产情况、配件库存情况等做出简单的判断),注意留有余地。

(7) 告诉客户应带的相关资料(随车文件、防盗密码、防盗锁钥匙、维修记录等)。

(8) 提供价格信息(大致维修工时、配件价格等)。

(9) 介绍其他特色服务项目并询问客户是否需要这些服务。

2. 预约电话的技巧

1) 接听电话

接听电话决定了整个预约的结果,因此应按照接听电话的礼仪程序和合适的顺序进行操作,以给人留下积极的第一印象,并可传递直接信息。

首先,在铃响三声之内拿起电话。铃响三声之内拿起电话是人们能够接受的标准。第三声之后,客户的耐心就会减退,甚至会对企业产生怀疑。电话持续无人接听会让客户产生不愉快的情绪,甚至客户会产生企业管理制度松散、工作人员素质差、停业了等想法。

其次,拿起电话问候来电者。接听电话应以问候作为开始,因为这样可以立即向客户表明友好和坦诚。拿起电话应该说"您好""早上好""下午好"等问候语。类似"嗨"这一类的词语也是问候语,但是很多客户不喜欢这一类问候语,因此在问候时避免使用,因为此类词语过于随便。

自报姓名,这一基本的礼貌行为会让来电者知道自己正同所要找的人、部门或企业联系上了,向来电者自报姓名也可以节省双方大量的时间,及时顺畅地进入通话主题。询问客户是否需要帮助。说一句"我能为您做些什么?"表明预约人员和企业准备提供帮助,满足他们的需求。

在接听电话时应采用三个方式,具体如下。

直线电话:"早上好,我是张宏,有什么事需要帮忙的吗?"

客户打来的电话:"您好,这里是大荣汽车服务有限公司,我能为您做些什么?"

接听一个部门的电话:"下午好,这里是前台业务,我是赵林,我能为您做些什么?"

2) 让对方电话等候

让对方电话等候,是客户最不愿意遇到的事情,但这种事情又很难避免,这就需要业务接待运用关于让客户等候的礼仪妥善处理,具体如下。

(1) 询问客户是否可以等候。每次在让客户等候之前必须先征得客户的同意。如果只是简单地对客户说"请您稍等一会儿"是不可以的。因为,你告诉客户稍等一会儿,而不是征得客户的同意,应该这样说:"您是否可以等我一会儿?",再等待客户的答复。

(2) 等待客户的答复。如果条件允许,预约人员可以等待客户的答复。一般来说,客户都会说"好吧""可以"来答复。如果当时时间很紧,预约人员只说了"您是否可以等我一会儿?",还没有等到客户的答复就"咔嗒"把电话挂了,这时客户会感到很震惊,以至于一时无法答复。但不用担心,如果出现了这个情况,可以假定他的沉默意味着同意,那就可以这样做,就让客户等一下好了。

(3) 告诉客户等候的原因。经验证明,如果有礼貌地告诉客户必须等候的原因,大多数客户都是能够接受的,使等待变得很容易,但一定要为客户提供中肯可信的信息。例如:

"要等一会儿才能回答您的问题,因为我需要和经理商量一下。"

"我需要一两分钟的时间同其他部门核实一下。"

"我需要几分钟在计算机中查到那份文件。"

为了使客户了解到预约人员所提供情报的理由是中肯可信的,而不是以劣质的服务为借口，预约人员在回答客户时必须将理由说得中肯可信、简明扼要，避免使用"不清楚""可能是""这不是我的事"等。比如说，预约人员接到了一位客户的电话，这位客户问他的车何时修好，何时能取。一种提供信息的答复是："您稍等一会儿好吗？我给维修车间打个电话。"而作为借口的答复是："我不清楚您的车修得怎样。我知道这段时间车间里在修车比较多，是否修好，现在还很难说。您稍等一会儿，我给他们打个电话给你问问。"

(4) 提供等候时间信息。提供等候时间信息对客户能起到平静安心的作用。需要提供等候时间信息的具体程度，取决于预约人认为客户需要等候的时间长度，如果需要等候的时间很长，就要认真估计一下时间。等候时间的长短有三种情况：

① 短暂的等待时间(最多 60 秒)。如果知道让客户等候的时间会很短，在等候之前，你可以很随便地说："等一下，我马上就来。"

② 很长的等候时间(1～3 分钟)。在这种情况下，较好的办法是不告诉客户需要等候的确切时间，而且要重新核实一下客户是否愿意等候，如："我需要两三分钟同我们的主管经理一起解决这个问题，您是否愿意稍等一会儿呢？还是希望我一会儿给您回电话呢？"

③ 漫长的等候时间(3 分钟以上)。不知道客户还要等多久才能真正得到想要的答复，最好的办法是在客户发泄怒气之前，在等待期间告诉他，一有消息就会及时给他回电话。应每隔 30 秒通知他你在处理他的问题的进展程度。

(5) 对客户的等候表示感谢。当预约人员回到这条线路上时说"谢谢您"，是一种很好的方式，这一行为算是圆满完成了这次等候，而且是得到了客户的理解和耐心。比如，预约人员正在与经理磋商一些管理方面的重要事情，这时电话响了，预约人员马上拿起电话，问候了来电者，并有礼貌地说："我正和经理商谈事情，很快就要谈完，您可以稍等一会儿吗？"并等待客户的答复。当客户表示同意后，预约人员接着说："谢谢。"在 1 分钟之内，预约人员回到这条线路上对客户说："谢谢您的等待，我能为您做些什么？"

(6) 结束通话。即使预约人员在整个通话过程中丝毫不差地运用了电话礼仪，也不要忽略以一种积极的语气结束通话的重要性。下面是一些比较有效的结束通话的方式：

① 重复已采取的行动步骤，这会确保双方都同意要做的事情。

② 询问客户是否需要为其做其他的事，这样做会给客户一个最后的机会来完成在通话过程中没有涉及的一些琐碎事务。

③ 如果是来电人打来电话，要让他知道业务接待非常感谢他提出的问题并引起了重视。

④ 一旦挂断电话，就应立即记下有关的重要信息，以避免因忙于他事而忘记。

预约服务项目要在一定的软、硬件支持下进行，如预约登记表、预约计划表、车间生产能力安排计划表。提前 1 天和提前 1 小时与客户电话联络，以确定是否能如约维修。如果客户不能来，应取消这次预约并及时通知相关部门。努力兑现对预约客户的所有承诺，否则将影响以后预约工作的开展和企业的信誉。如果因企业原因不能执行预约，应提前通知客户并说明原因和致以歉意，同时重新预约。为提高预约服务项目的计划性和有效性，要对预约服务的比例及预约服务的执行情况进行分析，总结工作经验，不断改进。

二、接车服务

接车服务是服务接待与客户的第一次直接面对面接触。此项作业要求接待人员不仅要仪容、气度不凡,还必须具备与客户交流沟通的能力,同时具备汽车故障判断的精湛技术,思路敏捷,头脑灵活。

(一)接车服务流程及主要内容

接车服务以接待和预检活动为核心内容。汽车维修业务接待工作贯穿于车辆维修流程的全过程,从接待客户、询问、接车检查、开具任务委托书、填写维修项目,直至客户取车、付款、电话跟踪、反馈信息等,构成了业务接待的工作顺序和内容。接车工作主要流程如图4-6所示。

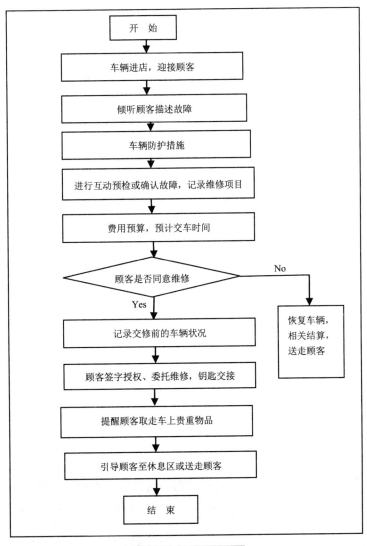

图4-6 接车工作流程

在接车服务过程中，服务顾问的主要工作内容包括以下几方面。

1. 客户迎接工作

服务顾问应友好地接待来店的每一位客户。不管是预约客户还是非预约客户，在接车过程中，接待人员都应当注重形象与礼仪，并善于与客户进行有效的沟通，体现出对客户的关注与尊重，体现出高水平的业务素质。

对于预约客户，接待人员要事先做好接待准备工作，包括事先确认预约客户的基本信息，打印任务委托书等。一旦客户如约来修车，发现一些工作准备就绪，业务接待正在等待他的光临，这样客户肯定会有一个比较好的心情，从而可以有效地提升客户满意度。

2. 询问客户需求

客户来店后，服务顾问要认真了解客户的需求及来店目的。如果确定客户需要服务，要明确服务的类型；如果是有其他目的，则要尽可能提供相应的帮助。

3. 车辆问诊与预检

服务顾问对来店客户的车辆进行问诊，细心聆听客户对车辆故障的描述，绕车检查，确认车辆的基本信息，初步找出故障来源，根据试车检测情况及时向客户提供维修建议。

4. 维修项目估价

服务顾问要协调车间维修工位和库房零配件的关系，根据客户需要维修的项目进行估价和估时。工时估价应按照企业规定的不同车型、不同维修项目的统一工时定额和工时费报价。零配件应按销售价格报价，特殊订货的配件、价格应适当地加乘一定的系数后报价。对一般维修项目可向客户直接报价，个别维修项目的收费应向客户做必要的解释。

5. 开具任务委托书

服务顾问和客户就维修项目和费用、工时等达成一致意见后，要开具维修任务委托书。任务委托书的内容包括车辆的基本资料(型号、年份、VIN 等)、车况、证件的交接、随车工具及物品的保管、与客户商定的材料、配件提供方式，并以文件的形式明确具体的维修项目和费用等。任务委托书是客户和服务顾问之间达成维修协议的一种文件，必须经双方确认签字后，委托行为才开始生效。

【知识拓展】

委托书的重要性

委托书的重要性具体如下。

(1) 委托书记录了维修接待员和客户之间的沟通情况，可以防止发生误解。

(2) 委托书对客户的要求进行详细而清楚的说明，有助于维修工第一次维修就将车辆完成修复。

(3) 委托书是一份管理性的文件，记录了经销店和客户在维修和预期费用上达成的协议。

(4) 委托书有助于确定维修工的工资。

(5) 委托书可以作为经销店的保修费用和零部件存货的审计依据。

6. 维修作业安排和客户安排

客户签好任务委托书后，服务顾问应征求客户意见，是离店还是到汽车 4S 店休息区等候。将客户安排好后，服务顾问将车辆送到待检区，和车间联系安排车辆的维修作业。

7. 推销增加的服务

服务顾问在车辆维修中反馈的增加项目和零件的更换，应及时与客户取得联系。服务顾问向客户建议额外的维修服务时，应解释服务的性质、价格及益处。

8. 维修作业的跟进

服务顾问在车辆维修作业期间，要及时掌握维修进度和维修质量；了解三检的实施情况；零件与工时如有改变，一定要通知客户；如发现有需要增加的维修项目，应立即由客户确认；在特殊情况下(如出现返修时)，要检查维修技师的工作，并随车进行车辆技术档案的登记整理。

(二)维修接待工作注意的要点

维修接待工作要注意以下要点。

(1) 业务接待要亲自进行客户接待工作，不能因为工作忙，就叫其他人员(如维修技师)代替，以免让客户感到不受重视，客户会对企业产生不信任感。

(2) 将胸牌戴在显眼的位置，以便客户知道在与谁打交道。这样有利于增加信任感。

(3) 接待时直接称呼客户的姓名和职务(如赵经理、薛总等)，这样客户感到受重视，同时也显得亲切。

(4) 接待客户可分为预约客户和非预约客户，接待话术要有针对性。

(5) 接待预约客户时，取出已准备好的任务委托书和客户档案，陪同客户进入维修区。这样，客户感到对他的预约十分重视，客户对待这一环节会很满意。接待未预约客户时，仔细询问并按接待规范进行登记。

(6) 交谈时集中精力，避免匆忙或心不在焉。

(7) 认真听取客户的具体愿望和问题，通过有针对性地提问更多地了解客户的要求，并将所有重要的信息记录在工作中。

(8) 在开具任务委托书之前与客户一起对车辆进行检查，如果故障只有在行驶中才能发现，应与客户一起进行试车。当着客户的面进行这种形式的技术检测不仅有利于自己了解故障，而且可避免不信任。发现新的故障还可以增加维修项目。若业务接待对这一故障没有把握，可以请一位有经验的技术人员一起进行车辆诊断。与客户一起对车辆进行检查，同时还要检查车辆是否存在某些缺陷。如车身某处有划痕、某个玻璃打碎、轮罩缺损等，这些缺陷应在任务委托书上注明,避免出现不必要的纠纷。

(9) 向客户解释可能的维修项目,若客户不明白或想进一步了解,则需要用易于理解的实例或案例等方式来形象地解释一些技术细节。

(10) 告诉客户所进行的维修工作的必要性和对车辆的好处。

(11) 在确定维修项目后,告诉客户可能花费的工时费及材料费。如果客户对费用感到吃惊或不满,应为其仔细分析和讲解所要进行的每一项工作,不要不理睬或讽刺挖苦。接待时对客户的解释,会换来客户的理解,如果事后客户看到比预想的情况多付钱时,几乎都会恼怒。如在某些情况下,只有在拆下零件或总成后才能准确地确定故障和与此相关的费用时,报价应当特别谨慎。在这种情况下,在费用预算上必须明确地以诸如以下措辞来保护自己:"以上是大修发动机的费用,维修离合器的费用核算不包括在本费用预算中,只有在发动机拆下来之后才能确定。"

(12) 分析维修项目,告诉客户可能出现的情况,并表示在进行处理之前会事先征得客户的同意。例如:客户要求不更换活塞,业务接待应提醒客户,可能会发生维修后达不到技术要求的情况。拆下气缸盖后将检查的结果告诉客户,征求其意见。

(13) 业务接待写出或打印出任务委托书,经与客户沟通确认能满足其要求后,请客户在任务委托书上签名确认。

(14) 接车时,业务接待应提醒客户将车上的贵重物品拿走,并当面点清车里的剩余物品。

(15) 请客户到客户休息区休息或与客户道别,并向客户说一声"谢谢""再见"。

(三)接车服务技巧

1. 预检服务技巧

1) 倾听故障描述

客户报修时,业务接待要按客户的说法记录下故障症状,而不是记录解决的方法。如果客户没有主动说出故障症状,则业务接待应该询问客户汽车现在的工作状况。对于某一种故障症状,业务接待在提出解决方法前应该事先考虑到可能还有其他的原因也会导致这种症状,所以只记录解决方法会导致工作失误,进而客户还会认为业务接待很不专业。

2) 说明诊断流程

当业务接待把客户报修时所说的故障状况记录下来后,就应向客户说明诊断要经过的步骤、诊断的收费标准及依据。如果客户在维修之前就清楚了收费标准和程序,就会对维修企业的服务感到满意。

3) 分析问题

当业务接待从客户那里获得信息后,不要马上下结论。当然,业务接待对客户提出的汽车问题已经有了一些设想,但要等待得到验证此设想,不要向客户说出此设想,让客户用自己的话来说出问题。这样,业务接待就能保证任务委托书上信息的准确性。在客户离开后,业务接待就可以仔细检查汽车和分析所有问题了。

2. 向客户解释说明的技巧

1) 说明问题

告诉客户发现的问题以及需要维修的原因。比如，业务接待给客户打电话，是这样说的："是宁先生吗？您好，我是××特约维修站的业务接待李波。我已经检查了您的汽车，想告诉您我查到的问题。首先蓄电池是好的，但需要调整。"

以上业务接待李波的说法，并没有说明问题。应该这样说："是宁先生吗？您好。我是××特约维修站的业务接待李波。我已经检查了您的汽车，想告诉您检查到的情况。首先蓄电池是好的，但我发现喷油器需要清洗，而且应该换一组新的火花塞，这些都是造成汽车起动困难、发动机怠速不稳和工作粗暴的根本原因。"

2) 说明解决方法

告诉客户用什么样的方法来维修他的汽车，并解释清楚这种维修的特点和优点。

这时，掌握好特点和优点的概念及运用，对工作是非常重要的。特点描述的是事物的特征；优点，一般来说与省钱、省时、节油、提高性能、安全或便利有关。

3) 说明项目估价

对客户解释说明车辆问题及维修意见后，业务接待应向客户进行车辆维修服务报价。具体估价包括汽车维修工时费、汽车维修材料费和其他费用三项。其中汽车维修工时费是指汽车维修所付出的劳务费用，即完成一定的维修作业项目而消耗的人工作业时间所折算的费用；汽车维修材料费是指汽车维修过程中合理消耗的材料的费用，一般分为配件费用、辅助材料费用和油料费用三类；其他费用是指上述费用以外的、汽车维修过程中按规定允许发生的费用，主要包括材料管理费、外协加工费等。

常见的估价方式有以下三种。

(1) 现象估价：按故障发生的现象一次彻底维修来收费。该估价方法适用于疑难杂症和其他的企业修过且未修好的故障。前提在于判断要绝对准确，否则可能会发生亏本。

(2) 系统估价：按照牵连的系统所需进行的检查、诊断和维修费用来收费。这是一般通用的估价方式，是使用最多、准确性最有保障的估价方法。

(3) 项目估价：按故障维修实际工时来收费。一般是对个别的客户指定的维修项目估价。

以上三种估价方式在实际运用中要灵活掌握，在估价过程中既要维护企业的利益，又要顾及客户的感受，要在具体的工作中向客户多作解释，以便在统一认识的基础上达成双方都能接受的估价方式，做出合理的维修估价，使客户有一种消费明确的感觉。

上述内容得到客户认可后，需打印任务委托书，经客户签字确认后生效，车辆进入下一个工作流程。

(四)接车制单

接车属于服务流程中与客户接触的环节，业务接待将与客户进行沟通交流，业务接待应当注重形象与礼仪，并善于与客户进行有效的沟通，体现出对客户的关注与尊重，体现出高水平的业务素质。客户如约来修车，发现一些工作准备就绪，业务接待在等待着他的光临，这样客户肯定会有一个比较好的心情，而这些恰恰是客户对维修企业建立信任的良好开端。在接车环节中最重要的两项工作是同客户签订任务委托书和填写接车检查单。

1. 签订任务委托书

任务委托书是客户委托维修企业进行车辆维修的合同文本，也称为维修合同。

1) 任务委托书的重要性

任务委托书的重要性具体如下。

第一，委托书记录了服务顾问和客户之间的沟通情况，防止发生误解。

第二，委托书对客户的要求进行详细而清楚的说明，目的是要帮助维修工一次性将车辆完全修复。

第三，委托书是一份管理性的文件，它记录了汽车4S店和客户在维修和预期费用上所达成的协议。这个管理性文件具有法律意义。

第四，委托书有助于确定维修工的工资。

第五，委托书可作为汽车4S店的保修费用和零部件存货的审计手段。汽车4S店在和汽车制造厂结算保修费用和零部件存货的时候，可以此作为审计的依据。

2) 任务委托书的主要信息

任务委托书的主要信息分为基本信息和附加信息两种。委托书上的基本信息包括：

(1) 车辆牌照号和上牌日期。

(2) 年款、车型。如果不知道确切的年款、车型的话，可以从客户的档案记录中查到。一般来说同品牌汽车4S店都能查到客户车辆的基本信息。

(3) 车辆识别号、底盘号和发动机号。有时把车辆识别号叫作车辆的17位代码，即车辆的VIN码。

(4) 行驶里程数。就是接车时客户车辆里程表上显示的数值。

(5) 上次修理日期。

(6) 接收时间。是指客户来店同意维修的时间，要求具体到年月日和时分。

(7) 预计完成维修的时间。就是什么时候可以交车。

(8) 客户的电话号码、客户姓名、详细地址等。

(9) 修理种类。W代表的是保修，R代表的是收费，I代表的是内部收费。

(10) 故障描述。就是把客户描述的车辆故障情况准确地写出来。

(11) 维修项目。项目名录下查询，例如更换轮胎、常规保养等。

(12) 工时费、预计配件材料费。

附加信息是指客户是否自带配件、是否带走旧件等。

任务委托书一般至少两联，其中一联交付客户，可作为客户提车时的凭证，以证明客户曾经将车交付维修企业维修。客户结算、提车时收回。另一联维修企业内部使用，也可兼做维修车间用于派工以及维修时领取配件材料的依据。如果维修企业使用三联任务委托书，那么其中一联除交给客户之外，另外两联可分别用于维修车间派工以及配件仓库存单作为维修工领取材料的依据。具体采用两联还是三联，则由企业根据自身实际情况自定。

进厂车辆如果只进行一般的维护，可以直接同客户签订任务委托书。进厂车辆如果要进行故障维修，业务接待应对客户车辆进行技术性检查和初步故障诊断，判断严重故障现象是否与预约中描述的相同，必要时和客户一起试车亲自验证。根据故障现象判定故障原因，必要时还要请技术人员一起进行检测和会诊，拟订维修方案，估算维修工时费和材料费，预计完工时间，打印好任务委托书，请客户签字。

业务接待同客户签订任务委托书时，应当向客户解释清楚任务委托书的内容，特别是维修项目，估算所需的工时费、材料费和预计完工时间。

2. 填写接车检查单

客户把车辆交给业务接待去安排维修，离开车辆一段时间，为了避免客户提车时产生不必要的误会或纠纷，此时业务接待应与客户共同对车辆进行检查验证，填写接车检查单。检查的内容主要有车辆外观是否有划痕、内饰是否有脏污、随车工具和附件是否齐全、车内是否有贵重物品等。

【任务实施与考核】

(一)技能学习

1. 接待技能

接待工作流程如图 4-7 所示，即出迎—确认来意—受理车辆—问诊与预检—维修项目估价—制作任务委托书。

图 4-7　接待工作流程图

2. 接待工作的关键时刻及行为指导

1) 工作准备
(1) 仪容仪表。
接待人员的仪容仪表准备具体如下。

姿势：背部要挺直；

头发：要整洁、整齐；

耳朵：要干净；

口腔：牙齿刷干净，口腔无异味；

眼睛：有精神，无眼屎；

面部：胡须刮干净，面带笑容；

衬衣：干净；

手：修理指甲，干净；

袜子：干净，无滑落；

鞋：鞋带要系好；

工作服：干净，无破损，扣子扣好，佩戴工作牌。

(2) 准备工作。

按工作计划检查《维修派工单》是否准备好；准备好必要的文件资料和工具，如质量保修工作指南、维修服务管理系统、零件目录、价格目录、维修三保(座椅罩、方向盘罩、脚垫)；每天开始营业前，打扫维修入口、服务接待区、客户休息室、洗手间和车间，整理客户休息室，同时检查饮水机是否有水。

2) 工作内容

(1) 迎接客户。

当客户来到服务站时，要迅速出迎并问候客户；问候客户时要眼睛看着客户并面带微笑，态度和蔼；引导客户停车；向客户进行自我介绍，询问客户姓名及是否进行预约；引导客户到维修接待前台；不要让多于一位的客户在等待，必要时，应该增加临时服务代表；确实需要客户等待的情况下，应向客户进行说明，并安排客户到客户休息室休息等待。先到的客户先接待，但必须确保先接待预约客户。如果预约客户在预定时间未能如约而来，应进行电话联系，并婉转询问原因。如果客户仍希望预约，则按预约流程要求进行再次预约。

迎接工作要点如下：

① 迅速出迎并问候客户；

② 引导客户停车；

③ 引导客户前往接待前台。

(2) 耐心倾听用户陈述(确认来意)。

该阶段工作主要目的是确认客户来意，确认客户需求。第一条原则是：仔细倾听，永远不要打断顾客。第二条原则是：提问，直到你确信你已经理解了。向顾客复述问题常常会有所帮助，然后让顾客说出："是的，这正是我所遇到的问题。"如实记下顾客的陈述，用顾客的原话，而不要按照你自己所理解的意思记录，也许你会理解不清楚。有时工作没做到位或工作做得不对，只是因为没有正确地记录下顾客的陈述、顾客自己的看法。技术人员常常抱怨说，不清楚送来的车辆到底怎么了，这种不理解是造成返修的一个很重要的原因。

工作要点如下：

① 记录客户陈述。

② 明确客户需求：定期保养(PM)，一般修理(CR)，钣金/喷漆及其他。

③ 确认来意，并记录客户要求的方法。

(3) 受理车辆及问诊预检。

服务顾问对来店客户的车辆进行受理，确认车辆基本信息，对车辆进行问诊和预检，细心倾听客户对车辆故障的描述，绕车进行检查，初步确认故障来源，根据试车检测情况及时向客户提供维修建议。

工作要点如下:
① 陪同客户前往停车场,当着客户面安装三件套(座椅套、方向盘套、地板纸)。
② 检查车辆外观(损伤痕迹、凹陷等)一定要在客户陪同下进行,并加以确认。
③ 检查车内有无贵重物品,如有贵重物品应交由客户保管。

(4) 维修项目估价。

服务顾问要协调车间维修工位和库房零配件的关系,根据客户需要维修的项目进行估价和估时,即告知客户可能要花费的工时费、材料费和预计完工的时间。对一般维修项目可向客户直接报价,个别维修项目的收费应向客户作必要的解释。

3. 制作任务委托书

服务顾问和客户就维修项目和费用、工时等达成一致意见后,要开具维修任务委托书(维修合同)。其内容包括车辆的基本信息、车况、车主基本信息、随车工具及物品的保管、与客户商定的材料、配件提供方式、证件的交接等,并以文件的形式明确具体的维修项目和费用。任务委托书是客户和服务顾问之间达成维修协议的一种文件,必须经双方确认签字后,委托行为才开始生效。

(二)任务实施

实训项目:模拟维修预约与接车

通过本学习任务的学习,教师可根据教学资源情况指导学生分组扮演各种角色进行接待演练,制作并填写接车单和维修任务委托书,具体见图4-8和图4-9。

1. 准备工作

实训场地为汽车理实一体室。要求配备计算机、话筒、音响、投影仪、整车等基本设施设备。还可以用照相机和摄影机记录实训过程和内容,做好影像资料的归类保存。指导老师要求学生撰写本次实训报告。

2. 实训内容及要求

(1) 学生熟悉预约与接车业务的常用语;
(2) 学生分组设计情景对话,包括设计维修保养项目等内容;
(3) 角色扮演;
(4) 分组表演,学生之间交流心得体会。

3. 场景设计

学生根据课堂讲解内容可分组进行设计情景对话、角色扮演,学生交流心得体会。最后在实习教师的指导下,同时完成任务单。

注意:在操作过程中,注意操作程序与规范。

4. 完成任务单

接 车 单

___年___月___日　　　　　　　　　　　　　　　　　　编号：_____

顾客姓名		车牌号		车型		顾客电话	
VIN 号		行驶里程	KN	车辆颜色		时间	

客户问题描述

□ 免费保养　　□___KM常规保养　　□故障车　　□大修　　□其他

初期诊断项目

预估费用

环车检查

方向盘		油量显示(用→标记)	外观检查(有损坏处用"O"标出)
车内仪表		PULL	
车内电器			
点烟器			
座椅坐垫			
脚垫			
车窗			
天窗			
后视镜			
安全带			
车内饰			
雨刮器		EMPTY	
全车灯光			
前车标		后车标　　　　轮胎轮盖　　　　随车工具　　　　其他	

接车人签字：　　　　　　　顾客签字：

客户须知：(1)：此单据中费用预估费用，实际费用以结算单中最终费用为准。
　　　　　(2)：将车辆交与我店检修时，请将车内贵重物品自行收起并妥善保管，如有遗失本店恕不负责。
公司地址：××××××　　　　　销售热线：××××××　　服务热线：××××××

图 4-8　接车单

项目四 汽车4S店的售后服务管理

维修任务委托书

托修方信息
用户名称
用户地址
送修人　　　　　送修人电话　　　　送修人手机　　　　车牌号
VIN　　　　　　发动机号　　　　　车型描述
购车日期　　　　行驶里程　　　　　使用性质

承修方信息
经销商名称　　　　　　　　　　　　　　　　　　　　电话
地址/邮编　　　　　　　　　　　　　　　　　　　　传真

委托书信息
委托书号码　　　　开单时间　　　　　维修类型
服务顾问　　　　　上次维修时间　　　预计交车时间

用户故障描述		故障检查报告	
备注			

维修项目

调度		工组	
质检	路试	洗车	终检

友情提示
1. 托修方同意承修方依据本维修任务委托书之维修项目进行诊断或维修，同意在交车前支付相关工时、零件、税务等费用。
2. 维修项目、预计交车时间、相关费用基于当前诊断而制定，如需变更，承修方将另行通知（口头、电话通知等）。
3. 在本次维修中，如托修方认可承修方使用非上汽大众原装零件，则使用非上汽大众原装零件产生的质量问题（包括非原装零件本身的质量问题和/或因非原装零件造成的相关零件质量问题），上汽大众汽车有限公司对此不承担质量担保责任。

客户签字表示：同意＿＿＿＿＿＿＿＿

打印日期　　　　　服务顾问：　　　　　托修方：　　　　　签字日期：

图 4-9　维修任务委托单

(三)任务考核

该任务考核由教师和学生进行综合评分,具体见表 4-5。

表 4-5　任务评测表

测评表

评价人签名:

评价指标	第一组得分	第二组得分	第三组得分	第四组得分
准备情况(20 分)				
职业化的形象(20 分)				
流程及内容的规范化(30 分)				
接待是否真实而有创意(30 分)				

任务三　维修与质检服务

【任务导入】

前一任务中客户夏先生应邀前来店里进行第二次常规保养,在服务顾问热情且专业的接待下,客户车辆顺利进入车间开始维修保养作业。那么车间的维修与质检工作是如何开展的呢?又有哪些具体的流程和工作内容呢?

【任务分析】

在车间维修作业中,不仅要有技术过硬的好员工,还要有科学的质量控制流程。汽车 4S 店的维修与质检管理属于车间管理范畴,技术实施由车间技师完成,但全程都由服务顾问进行跟踪和掌控,以保证按时给客户交车,提升客户满意度。下面我们就从服务顾问在车间管理中的职责入手,学习维修与质检的相关流程和工作内容。

【知识准备】

一、服务顾问在维修与质检过程中的职责

服务顾问完成接车流程后,要对客户进行安排,或带至休息区,或暂时送离。然后开始进入下一个流程即维修与质检流程。该过程中车辆移交给车间处理,但服务顾问依然要履行自己的职责,这些职责具体如下。

1. 准备工作计划

服务顾问应当准备工作计划，将委托书放在控制台上标有待修的文件格里面。如果这个车是返修的话，那么委托书上面就要做一个明显的标记，例如用一个红色的不干胶贴在上面，让维修部门、维修车间重视，以便优先修理。

2. 安排维修技工的工作时间

服务顾问(或调度)将维修保养工作安排给适合的熟练技工，即派工。

【知识拓展】

在维修作业流程中，并不全是由服务顾问进行派工。在汽车 4S 店中，有两种常见的派工模式，一种是由调度来分配车间工作，一种是由服务顾问直接派工。

调度分配工作，指的是维修工人由车间调度来分配工作，服务顾问把维修保养任务移交给调度，调度再按照一定的规则把维修工作分配给具体的维修小组或工人。

服务顾问直接派工有两种形式，一种是团队式的派工，即服务顾问直接带领一个组的维修技工，有维修业务时直接给这一组维修工派工；另一种是服务顾问直接向车间闲置工人派工，当然客户指定技师时除外。

3. 及时向客户反馈车间维修信息

在车间维修过程中如果遇到了一些没有预料到的故障现象，必须及时告知客户。除了解释发现的新问题外，还要向客户说明清除该故障问题的工时费和材料费构成，以征得客户的同意，按流程要求完成增加维修项目的流程。

4. 对维修进度看板进行更新

车间的维修工作开始后，服务顾问必须及时查看维修进度看板，以了解和控制车间的工作进度，保证按时给客户交车。

5. 在必要的时候组织进行试车

在质量检查环节服务顾问要安排试车员试车，试完以后，把车放在交车区内。如果试车的结果是良好的话，写出试车的报告；如果试车的结果有问题，维修接待员应当通知有关车间的负责人和维修工进行补救。

6. 更新工作控制牌

如果出现维修的补救行动，则交车的时间会延迟，因此需要服务顾问更新工作控制牌，要及时通知客户。

7. 对全车进行检查

服务顾问在通知客户取车前，要最后检查一下车辆维修项目是否完成，车辆故障是否清除，更换下来的零件放在哪里，车辆是否已经清洗干净，车辆外观是否完好等，以保证顺利交车。

8. 在维修单上签名

服务顾问要在维修单上签名，标上质量检查完毕的标志。

二、维修和质量检验流程

汽车4S店的维修和质量检验流程如图4-10所示。

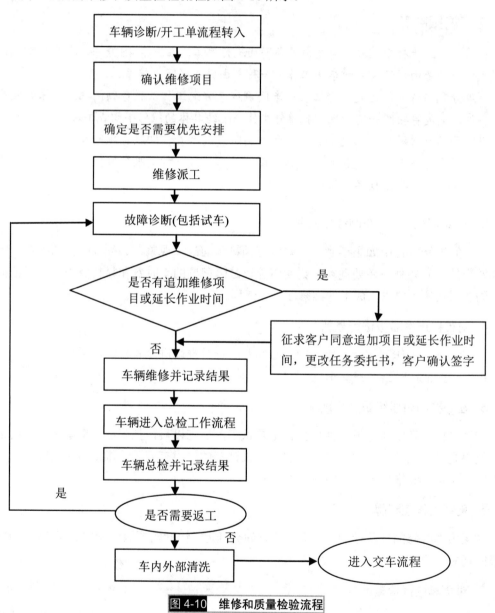

图 4-10　维修和质量检验流程

三、维修质量检验的内容及方法

1. 汽车维修质量检验的内容

1) 维修质量检验的任务

汽车维修厂质量检验就是通过一定的技术手段对维修厂的整车、总成、零件等的质量特性进行测定,并将测定的结果与规定的汽车维修技术标准相比较,判断其是否合格。汽车维修企业中,维修质量检验工作的基本任务包括以下三个方面:

(1) 测定维修的整车、总成、零件等的质量特性;
(2) 对汽车维修过程实施质量监督与控制;
(3) 对汽车维修质量进行评定。

2) 维修质量检验的工作内容和步骤

维修质量检验的工作内容和步骤具体如下。

(1) 掌握标准。根据汽车维修技术标准和规范,明确检验项目、质量特性及参数,掌握检验规则和数据处理方法。

(2) 进行测定。按规定的检测方法对检测对象进行测定,得出维修厂质量的各种特性值。

(3) 数据比较。将所测得的维修厂质量入情入理数据与汽车维修技术标准进行分析研究比较,判断其是否符合汽车维修质量要求。

(4) 结果判定。根据分析比较的结果,判定本项维修作业质量合格或不合格。

(5) 结果处理。对维修质量合格的维修作业项目签署合格意见。

2. 汽车维修质量控制

建立全面质量管理系统的首要工作是建立与健全质量管理机构(见图 4-11),具体应做好以下几点。

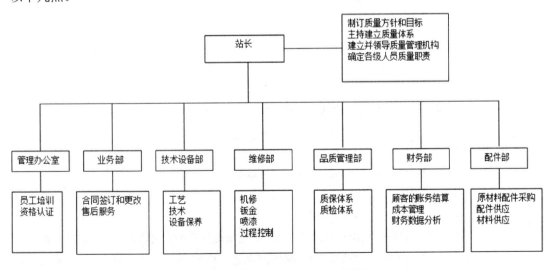

图 4-11 维修站质量管理机构图

(1) 质量管理机构，由企业的主要领导直接负责，应做到每个部门、每个人都有职权，各负其责，上下贯通，使整个企业的生产指挥系统步调一致，指挥灵活。

(2) 质量管理活动本身是企业的业务工作，它不是企业管理的额外负担，各部门必须与本职工作紧密结合，把质量管理工作融汇到日常业务活动中去。

(3) 各部门的职能工作人员，要不断地提高和加强质量管理的自觉性，把"质量第一"的思想树立起来，学会运用质量管理体系去布置、检查、总结工作。维修站的质量职责分配如表 4-6 所示。

表 4-6 维修站质量职责分配表

组织成员	质量职责
站长	(1) 制订并实施企业的质量方针 (2) 制订并实施企业的质量目标 (3) 主持建立质量体系 (4) 建立并领导质量管理机构 (5) 对维修的质量负全面责任 (6) 确定各级人员质量职责 (7) 对维修中的重大质量事项组织研究并做出决策，提出质量要求
技术部	(1) 对维修工艺设计质量和维修现场质量承担技术责任 (2) 负责有关技术文件的编制 (3) 负责对维修工艺设计质量和对维修实施质量组织评审 (4) 负责采取技术措施保证维修质量或解决维修质量问题 (5) 确保维修的技术质量水平满足维修需求 (6) 确保维修质量符合规范要求，满足客户需要 (7) 参加维修技术问题的分析，提出解决方案 (8) 从工艺上保证维修质量
维修部	(1) 从技术上对维修现场的实施质量负责 (2) 具体组织实施开展质量活动 (3) 监督检查维修作业实施的质量情况 (4) 负责收集保存并适时向管理人员归档维修方面的技术资料及其他有关维修记录 (5) 对质保期服务质量负责，及时向站长汇报维修质量情况
质量 管理部	(1) 负责组织制订维修总体质量控制计划 (2) 负责维修质量方针和质量目标的贯彻落实 (3) 对维修各阶段、各环节质量进行监督管理 (4) 协助开展检验、测试及验收工作 (5) 汇总并通报有关维修质量情况，对出现的质量问题坚持"四不放过"，即原因不清不放过，责任未落实不放过，问题未整改不放过，整改效果不合格不放过，并就维修质量有关事宜负责对外联络、协调、合作、沟通工作

续表

组织成员	质量职责
质量 管理部	(6) 参与制订检验计划，编制检验人员所用的全部手册和程序 (7) 参与设计检验场地，选择设备和仪表，设计工作方法 (8) 分配检验人员工作，监督和评定他们的工作成绩，鼓励检验人员达到质量效率的标准 (9) 复核不符合规格的情况，参与研究处置方法 (10) 复核存在着不符合规范迹象的工序情况 (11) 挖掘下级人员的潜力 (12) 了解设备、仪表配备、检验方法和操作等方面的新工艺的发展，取其合适的部分为企业所用
维修车间	(1) 负责从资源上为维修质量管理和保证提供必要条件，在保证维修质量的前提下，做好维修进度的控制管理工作，编制进度控制计划 (2) 负责维修对外联络工作，组织进度协调会，确保维修进度 (3) 负责维修文档、技术资料的归档和管理 (4) 组织基本功训练，落实"三按"和"三分析"活动 (5) 落实质量控制点 (6) 组织开展质量管理小组活动，不断地解决问题点

四、质检工作程序

新出库或上道工序为原材料、零部件及总成，作业人员必须进行检测，合格则进行下道工序，不合格则报质检员复核，并签字退回仓库或上道工序。零配件经加工、修理、装配、调整，完工后交质检员进行检验，检验合格后转至下道工序，不合格必须返工。车辆维修完工后，先由主修人员自行检查。自检后由辅修人员互检，再将车辆钥匙交班长，由质检员(即班长)进行检验，如符合质量标准，则填写检验单并签字，之后安排试车。试车完毕确认没有问题，将车辆钥匙交给调度员之后方可放行。如有必要，须交总质检员再次进行检验。出现质量返修事故，调度员及负责维修作业人员所在班班长，必须将返修车辆相关情况及时报告公司领导。

1. 维修质量控制及相关事宜

启动发动机检查车辆故障时，应当先检查风扇是否转动、水箱是否有水。车辆修理完毕试车时应当先检查手刹、刹车是否灵敏。零配件、汽车总成解体及组装要按顺序进行。解体时，原则上按先外后内、从左至右的顺序进行。组装时，则按解体时相反顺序进行。在组装时不能有任何东西漏装，发现原来有漏装的在维修作业时必须补装好，确保完整、无遗漏。上螺丝时必须使用匹配的扳手等工具，力度必须适度，既不能使劲过大，也不能使劲过小。

常见故障判断及检查顺序规范如下：

(1) 凡前来检修的车辆，必须先由正副班长确认检修难易程度，合理安排维修人员进行检修。原则上难度大的检修任务，安排技术较好的维修人员进行检修，难度小的由其他维修人员进行检修。

(2) 检修前，必须先由正副班长(或班长指定的技术好的职工)先进行故障判断，确认是否需要更换零配件以及需要更换哪些零配件。在做出决定之后方可实施。

(3) 更换零配件时，不匹配的零配件不允许安装。

2. 配件质量控制及相关事宜

采购员必须严格遵守以下规定，确保配件质量、数量、规格型号符合规定要求及实际需要。严格把住进货渠道关，确保配件品质。要求做到无假冒产品、次品入库。对内部车辆所需的配件尤其是贵重的配件，必须经公司领导批准或仓库保管员下达采购计划，方可购买。熟悉各种配件的价格，密切与仓库配合。新购进的配件，必须先清点入库，之后方可装配使用。新购进的配件，票据必须与实物一致。规格型号不符合要求或与票据不一致，必须及时退货。

3. 维修人员相关事宜

维修人员到仓库领取非常用原材料、零配件等，必须将车型、规格型号、名称、数量报仓库保管员。为确保采购准确无误，仓库保管员制作采购计划单时，必须注明车型、规格、型号、名称、数量等，同时必须一式二份，一份交采购员，一份保留备查。临时增加的采购项目，仓库保管员和采购员必须将增加的采购项目列入各自所持的采购计划单。采购员按计划单采购回来并入库以后，维修人员才能领用。

4. 质量检验规范

在维修过程中，维修技师应严格遵循"不接受、不制造、不传递"质量缺陷的原则，重视修理的质量，采用上下道工序互检的方式并严格执行三级质检检验制度。其流程如图4-12所示。

1) 第一级检验

第一级检验是指维修技师的个人自检。维修技师在完成修理后及后续整理工作后进行。自检的主要内容包括：根据维修工单的作业内容，逐项检查是否达到技术标准。自检完毕，维修技师在维修工单技师栏填写自己名字。

2) 第二级检验

第二级检验是指维修班组的互检。维修班组长对本班组的维修质量负责。在其本班组成员自检完成后，班组长应按规定对所完成的维修项目进行质检，并核对是否所有维修项目和操作内容均已完成；当发现问题时，必须采取相应措施进行纠正；检验的结果应反馈给维修技师，以提高维修技师的技术水平，避免同一问题的重复发生；完成质检后，班组长应当在维修工单技师签字后签字确认，如有增加项目，应在增项技师签字的下面签字确认，然后将工单、客户自费更换的配件、钥匙交接给质检人员，申请质检员总检。

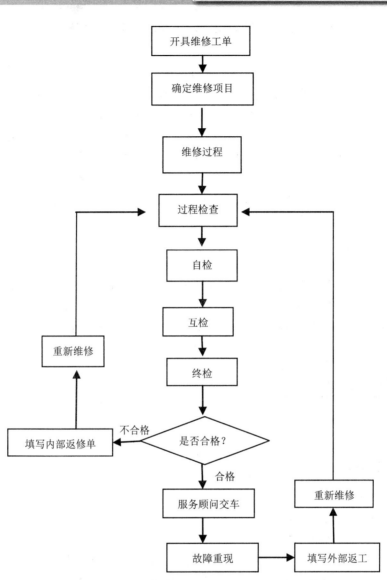

图 4-12　质量检验流程

3) 第三级检验

第三级检验具体包括以下内容。

(1) 质检人员的终检。质检员在班组二级检验合格后,再对车辆的维修质量进行终检,必要时路试,同时对完工车辆的清洁状况进行检查;做好最终检验记录,并签字。

(2) 质检合格的车辆交车。质检合格的车辆由维修技师将维修工单交接给服务顾问,并向服务顾问做详细交接,服务顾问应做力所能及的完工交车前质检(油液面及颜色外观质检)。未经三级质检的车辆,服务顾问必须给予拒绝完工交车。服务顾问引导客户检验车辆后,打印预结算单向客户解释费用明细,引导客户买单后送客。

(3) 维修检验不合格品的处理。维修检验不合格指各级检验中发生的不合格。对于一、二级检验发生的不合格产品,由各班组班组长负责自行采取相应的纠正措施。若由于技术水平不够、配件不足、维修检测设备缺乏等原因，班组不能解决的，应当及时报告车间主管。

(4) 内部返修的处理。三级检验(最终检验)中发现的不合格，质检人员应当做好记录，并把不合格车辆返回原承修班组重新维修，告知检验发现的问题和做好"检验不合格的标识"即为内部返修标注，对于终检的不合格车辆，经维修后应当重新检验。

(5) 外返车辆的处理。外返车辆是指经最终检验合格，已交付顾客使用，但在短期内或质保期内，故障重新出现，并经分析判断确为维修质量问题的车辆。外返车辆的确认由质检人员、技术总监、车间主管和服务主管共同进行，开外返维修工单，标注"外部返工"由质检人员安排原承修组返修，但由于技术能力限制的，应当安排给技术能力更高的班组。外返车辆必须给予优先安排维修，维修完工后，再次检验，合格后，才能交付。

质检人员应当详细记录每一台内返/外返车辆，编制日、周、月报告分析不合格原因，并采取相应的纠正或预防措施。

(6) 质量抽检。发动机大修或价值较高的总成修理(镗缸、磨轴或者总成件修理)，技术总监要亲自测量各技术参数并进行过程检验，车辆完工出厂前需要技术总监签字确认；车间主管应会同技术总监联合随机抽检已终检的车辆，每月应不低于 30 台次，样本要包括修竣的事故车，要有月度抽检报告并作相应分析。

【任务实施与考核】

(一)技能学习

1. 派工作业管理

1) 派工作业流程

派工工作流程如图 4-13 所示。

2) 派工作业管理的目的

派工作业管理的目的就是依照对客户承诺的时间安排来分配维修工作。正确的分配工作包括记录与跟踪每一个维修工单，这使你能把握每一个客户的生意。当分配一个维修工单时，应考虑三个主要标准：时间、人员和设备。

3) 派工工作的关键时刻以及行为指导

(1) 确认服务项目。

① 将车辆开至待修区。

② 查看《委托维修派工单》，了解具体的服务项目及每项工作所需时间。

③ 了解需要领料情况。

(2) 判断是否需要优先工作。

① 对于优先工作优先派工。

② 对一般工作按照与客户商定的时间来安排工作。

(3) 确定维修类别。

① 维修大类：一般维修，保养，返修，其他。

② 维修小类：定期保养，机电维修，油漆，钣金。

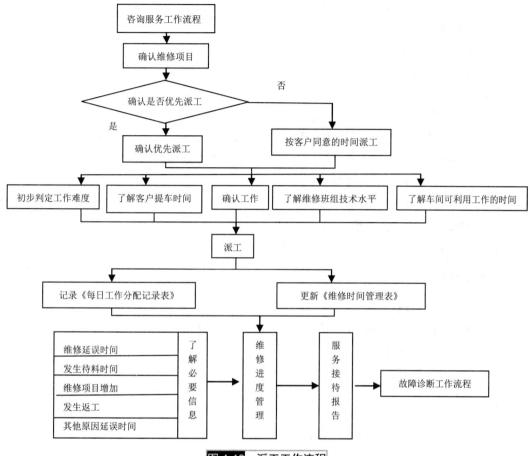

图 4-13　派工工作流程

2. 生产维修作业管理

1) 生产作业车辆维修工作管理的目的

(1) 作业指示。选派合适的技术工人，指示作业内容及作业时间的要求。

(2) 挑选合理的修理工，向其发出工作指令，并将维修工单交给维修工。

2) 生产维修作业管理的关键时刻及行为指导

(1) 确认车辆进场前是否安装好汽车防护用品：安装座椅罩(前排两个座椅)；安装方向盘套；安装脚踏垫(前排两张)。

(2) 如果需要打开发动机舱维修，必须在发动机罩前、左、右三面安装汽车保护垫。

(3) 按照《委托维修派工单》的指示内容，进行维修保养作业。

(4) 对所有定期保养车辆，按《定期保养检查项目表》进行检查。

(5) 对于一般维修车辆，按《维修手册》的程序进行维修作业。

(6) 如果发现有追加维修项目，则停止工作，将需要追加的内容记录在《委托维修派工单》中后并向调度报告。

(7) 将维修的结果记录在《委托维修派工单》及《定期保养检查项目表》中。

(8) 接到有追加维修项目的报告后，则执行"客户同意追缴流程"。

(9) 如果没有追加项目，则进入"质量控制流程"。

(10) 初步制定工作难度。

(11) 根据经验初步制定每一服务项目的作业难度。

(12) 了解承诺交车时间。

① 把按时交车作为派工的重点之一。

② 根据客户同意的交车时间和工作时间，安排工作，确保按时交车。

(13) 了解维修班组的技术水平，确认能够完成具体维修项目的班组、人员。

(14) 掌握车间可利用的工作时间。

① 了解当天的预约情况。

② 了解车间总体工作分配的工作时间，剩余时间。

③ 了解各班组工作分配时间，剩余时间。

3. 生产作业进度管理

1) 生产作业管理的目的

(1) 确认作业进度：每日早、中、晚三次确认作业进度。

(2) 调整维修管理显示板。

(3) 必要时调整完工时间。

(4) 参照作业管理板准确跟踪修理工在每项工作上所用的时间，以确定修理车间的运营表现，包括修理工的效率与生产率。

2) 生产作业管理的关键时刻及行为指导

(1) 将安排的维修班组记录在《委托维修派工单》上。

(2) 完成派工后填写《维修时间管理表》中的维修栏。

(3) 跟踪维修进度：

① 根据每个《委托维修派工单》的完工时间，向维修班组长了解工作进展情况。

② 根据每个待料的《委托维修派工单》的到货时间，向备件部了解零件进货情况。根据每个外加工项目的完工时间向外加工公司了解工作进展情况。

③ 根据每个洗车(包括清洁室在内)的完工时间，向洗车班组长了解工作进展情况。

④ 在终检时发生返工的情况。

⑤ 由于其他原因造成影响维修进度的情况。

⑥ 了解上述①—⑤项的实施情况，填写在《维修时间管理表》的相应栏中。

⑦ 如果上述①—⑥项有延误的可能性时，及时向客户服务代表报告，待客户服务代表征得客户同意后，重新测算完成时间，并更新《委托维修派工单》。

4. 追加作业管理

客户同意追加工作的工作流程如图 4-14 所示。

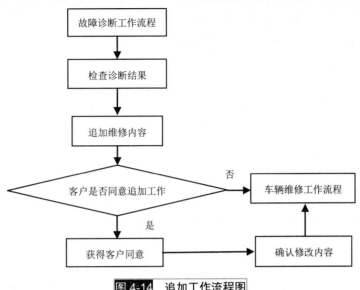

图 4-14 追加工作流程图

1) 追加工作的目的

追加工作的目的是控制完工时间。当某些项目变化时，要及时与客户联系，重新确认交车时间、作业内容和维修金额。

2) 追加工作管理的关键时刻及行为指导

(1) 将检查/诊断的结果，向客户进行详细的说明。

(2) 根据检查/诊断的结果，向客户把要求追加的维修项目、更换零件、维修费用、交车时间进行详细的说明。

(3) 得到客户的同意后，更新《委托维修工单》的内容。

(4) 请客户确认《委托维修工单》的修改内容并签字。

(5) 如果客户不在现场，则电话征求客户同意，并做好电话记录。

5. 前台维修作业跟踪

前台接待员并非填写完修理卡，交给调度员就没事了。实际上，前台接待员对客户的职责才刚刚开始。前台接待员是唯一一个能够确保服务部门遵守与客户所签订协议的人，在很多场合，他可以代表顾客；在工作进行过程中代表顾客的利益。

在几个要点上检查工人进程，只有前台接待员能够胜任这一职责。这需要花一些时间，但毫无疑问，值得这样做。

例行的进程检查使前台接待员能够：

(1) 检查完成时间和费用承诺是否存在任何问题。

(2) 如果有变化立即通知客户，并制定好备选方案。

(3) 如果需要做任何有必要的附加工作，要与客户联系，对额外工作必须先取得客户的同意。

(4) 了解维修工作的细节，以便与客户自如地讨论维修工作。

(5) 检查保修卡，以便采取进一步行动。

(6) 确保最终的收款单是完整的、准确的。

(7) 确保交车时车辆干干净净。

例行进度跟踪还有很多益处：

(1) 确保每位客户的车都按时修好。

(2) 车还在修理时，仍可以出售附加服务。

前台接待员应完成以下工作。

(1) 车身保护：安装车身保护件(叶子板保护罩)。

(2) 修理作业：故障及车辆情况核实(问诊表)，领取零部件；明确作业内容，实施作业。

(3) 在修理卡上记录故障原因、作业内容并签名确认。

(4) 作业管理进度管理：完工时间延迟或作业内容追加时及时与客户沟通，并征得客户同意。

(5) 作业质量管理信息报告：新产品上市后首次发生，频繁发生，涉及安全，招致用户很大意见或修理费用很高的故障要填写质量信息报告。

(6) 故障实例集：本店首次出现或维修难度大的项目要编写《故障实例集》并在技术培训时讲解。

(二)完工检查

1. 维修质量控制的工作流程

质量控制的最佳办法就是每个环节都有专人负责，并且将质量控制作为服务工作的一部分，将正确诊断所需的设备与人组织在一起，建立完整的诊断与质量控制系统。

可通过配置必要的工具与设备，建立专门质量控制区等方式实施这一系统。为这一岗位配置一名完检技术人员，完检人员应就所有与安全、性能及排放相关的修理实行质量控制。这一系统的效果是非常突出的，它能够：

(1) 避免返修。

(2) 确保所有要求的工作都已完成。

(3) 发现附加工作：在质量控制阶段，修理人员及完检人员要检查所需的附加工作，然后将他的发现写在修理卡上，交给前台接待员。

(4) 作业项目完成检查：完检人员根据问诊表、接车修理单逐项核实确认。必要时应试车，检查有无遗留物品(工具、资料)。

(5) 完检后签名。

(6) 返修指示：完检过程发现有误或遗漏马上安排返修，返修后务必重新全面检查。

(7) 外观清洗：把车辆外观清洗干净，包括玻璃、轮胎、车身等。

(8) 内部整理：内部整理包括整理仪表台、座椅、地板、烟灰缸等，必要时应做地毯吸尘处理。

2. 质量检查/内部交车的关键时刻及行为指导

1) 检查方式

(1) 自检。

(2) 互检：班组长检查。

(3) 质检：质检员签字。

2) 工作内容

(1) 随时控制质量，在客户接车前纠正那些可能出现的问题。

(2) 路试(技师/服务顾问)。

(3) 在工作单上写明发现但没去纠正的问题，同时需要服务顾问签字。

(三)任务实施

通过本学习任务的学习，教师可根据教学资源情况指导学生分组扮演各种角色进行演练。

实训项目：模拟增加维修项目和质检

具体操作：学生自行组建维修与质检团队，一般由4~6人组成，自选角色完成模拟增项和质检内容，并填制相应表单。

实训场地为理实一体化教室。要求配备计算机、话筒、音响、投影仪以及售后服务实操系统及车辆等基本设施设备。还可以用照相机和摄影机记录实训过程和内容，做好影像资料的归类保存。指导老师要求学生撰写本次实训报告。

注意：在操作过程中，注意操作程序与规范。

(四)任务考核

教师根据学生完成模拟活动的流程表现和完成的单据情况给予综合评分。

任务四　交车服务

【任务导入】

客户夏先生的车辆经过车间维修与质检，已经完成了任务委托项目。那么作为服务顾问接下来应该通知客户取车。作为直接对接并负责的服务顾问而言，交车服务是对客户单次售后维修服务的终结流程。

【任务分析】

为了让客户满意地取走车，服务顾问必须掌握相应的准备工作和具体的交车步骤。本任务中我们将学习汽车4S店交车服务的主要内容、交车服务流程和交车后的回访等知识。

一、汽车 4S 店交车服务的主要内容

交车服务的内容主要包括以下几方面。

(1) 交车前准备。服务顾问在交车前要对完工车辆进行检查，核实维修项目及费用，检查材料费、工时费与实际是否相符，以确保交车工作万无一失。

(2) 通知客户取车。完成上述准备后，服务顾问即可制作好交车明细表，并联系客户确定交车时间。

(3) 客户沟通。客户付款取车前，服务顾问要逐项向客户说明维修项目及具体费用，妥善回答客户提出的疑问，同时进行建议提醒，并告知客户待维修项目及相关注意事项；向客户说明订单外的工作和发现但没去解决的问题，对于必须修理但客户未同意的项目要请客户签字；向客户讲解必要的维修保养知识，宣传特色服务；征求客户回访的时间，向客户宣传下次来厂预约的好处等。

(4) 付款交车。服务顾问要为客户交款提供有效的指导和帮助，引导客户到交款台。客户交款后，服务顾问应根据交款收据或发票将车钥匙及相关服务材料交给客户。

(5) 送别客户。服务顾问要协助客户移动车辆，亲自与客户道别，目送客户离开。

二、交车服务流程

1. 汽车 4S 店的交车服务流程

汽车 4S 店的交车服务流程如图 4-15 所示。

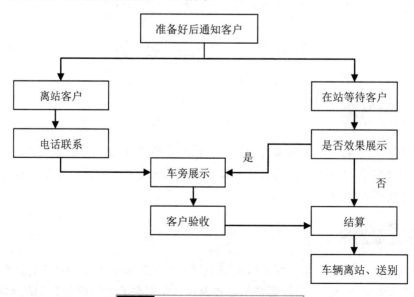

图 4-15　汽车 4S 店交车服务流程图

2. 汽车4S店交车服务过程细化

汽车4S店交车服务过程细分表如表4-7所示。

表4-7 交车服务过程细分表

环节	流程	责任人	完成工作区域	完成时间	操作要点	工具
交车服务	通知客户	服务顾问	休息区	1分钟	告知竣工，询问是否需要展示；费用解释；免费项目告知；提醒告知	任务委托书；结算单(钥匙包)
	效果展示	服务顾问	交车区	5分钟	引导至交车区内外效果展示	接车单(预检单)；任务委托书；结算单(钥匙包)
	结算	财务人员	收银处	5分钟	引导至收银处，财务人员接待	任务委托书；结算单(钥匙包)
	送行	服务顾问/门卫	门口	1分钟	交钥匙包；送行，口头致谢；门卫放行；客户资料移交	钥匙包；出门条

三、交车后的回访

在完成维修交车并送离客户后，一般三到五个工作日内，要给客户打个追踪回访电话，以了解客户对本次维修是否满意。

通常，在汽车4S店里，售后回访工作是由信息员来做，但也有些店里是由服务顾问来完成回访工作的。相关回访流程和内容我们在项目六中会重点讲述，此处不再赘述。

【任务实施与考核】

(一)技能学习

1. 服务顾问交车工作的行为指导

1) 交车前的检查

交车前的最后检查是维修业务中的重要环节，不仅可以改善工作质量，还会直接影响到客户的满意程度。由车间主管或技术总监负责的最后检查，可保证质量控制获得最佳效果，作为业务接待一定要充分了解最后检查的方法和项目，确定最后的检查已经实施。万一发生返修的情况，业务接待还要考虑补救措施。

2) 交车前的准备

(1) 提早2小时检查作业进度，做到心中有数。

确保能够按时交车。如果发生其他的情况及时与客户联系，并做好解释工作。一般情况下保证按时交车。

(2) 将车辆内外清理干净(一般由清洁中心处理)。

交付客户一辆洁净的车辆非常重要，尤其是一些小细节，有时能体现维修企业的整体形象，如倒掉烟灰盒里的烟灰等。虽然汽车外观的保养占用的时间很少，却能起到事半功倍的效果。

客户可以清晰地看到企业为他的汽车进行了清洁处理，能够感觉到企业对他的车辆是负责任的。第一眼印象往往是最重要的，会使人念念不忘。正是那些举手之劳，常常会在很大程度上增加客户的满意度。

对维修过的部位进行清洁检查，应保证无油污，并确保无意外损伤，即在维修时造成的无意识的损伤。具体应注意以下几点。

① 礼仪性地将倒车镜、座椅、音响等恢复原位。

② 检查交车时间、费用、实际维修项目是否与任务委托书上的项目相符。如果有增加项目，说明原因并注意维修费用变更与否。

③ 对照任务委托书，进行车上检查，核查完工项目。逐项检查任务委托书上的项目是否已完全完成，确保所有数据均已载入任务委托书，确认所有费用均已列在客户结算单上。确认完成的维修项目符合客户的要求，将出厂返修率减至最低。

④ 核算。业务接待审验完任务委托书后，确认无误，做相应的记录，将任务委托书送交收款员进行核算。收款员检查任务委托书、材料单和其他凭证(例如外部维修加工单等)是否齐全，检查出库的材料是否与任务委托书要求的维修范围一致，并将额定项目进行核对核算。

⑤ 列出建议维修的项目。建议写明维修的项目、时间、危害性或危险程度以及对车辆性能及寿命的影响。

3) 带领客户验车

在客户取车的时候，原来接车的业务接待应尽可能带领客户查看一下维修完毕的车辆，尽可能地使客户每次取车经历都变成一次积极的体验，要使客户感觉到他的汽车现在恢复正常了，并使他确定选择这家维修企业进行车辆维修的决定是正确的。在此过程中，尽可能说明免费为客户进行维修的项目，说明维修的难度、更换的大部件或小部件。如果有增加项目或减少项目应做详细的解释，说明变更项目的必要性、对车辆寿命性能的影响和好处。总之要体现出是站在客户的角度为车辆及客户着想。这一环节必须细致周到，充分体现客户第一的理念。

例如，"手制动器行程太大了，可能导致手制动器失效，我们已给您调整了"；"空调的排水管堵塞了，我们已疏通好了。若不疏通，再有一两天水就会流到驾驶室地板上"。

也可当面给客户一点额外的关怀。例如：给吱吱作响的车门加油润滑；调整玻璃清洗液喷嘴角度。

4) 带领客户审验维修项目

带领客户按照任务委托书审验维修项目，确认所有要求是否已满足。审核维修项目的过程中，积极向客户解释维修的内容，此时应带上已换下来的旧件来帮助进行说明，能对客户的信任产生积极的影响。这样也可以避免客户认为企业提供的服务过于昂贵。

5) 提醒客户

提醒客户维修过程中发现但未排除的故障。如果可能，给出报价，一定要说明是大约报价，具体价格要和核算部门进行核算。让客户感觉到价格不是随意定的，而是有严格的核算办法及定额规定。

如果发现涉及安全性问题，应向客户解释未排除故障的危害。但不能让客户感觉到是拉生产任务，要让客户感觉到主要是为他着想。对于必须维修但客户未同意维修的项目要请客户签字确认。

例如：

您爱车的制动摩擦片只剩下 4mm，大约只能行驶六七千公里，一定记住及时更换，否则制动效果会降低，也会造成制动盘磨损。

您爱车的防冻液浓度可在-10℃的环境中使用，若到较冷的地方建议更换。

您爱车的发动机曲轴前油封漏油严重，建议更换，否则缺少机油会造成发动机损伤。

您爱车的轮胎已超过了使用极限，在冰雪、雨、雾天气或在山路行驶时容易打滑，应特别注意，建议尽快更换。

6) 提示

向客户说明此次作业的内容、驾驶注意事项；提示新推出的项目；提示下次保养日期；如果可能，应做相关记录，以便到时进行提前预约。

7) 向客户提出关怀性的建议

服务顾问要向客户提出关怀性的建议，例如：

① 轮胎气压不足会增加燃油消耗，所以您应经常检查胎压。

② 您行李舱内装了两箱矿泉水，额外的重量会使燃油消耗增加，若减少这些重量，估计百公里油耗会降低 1L。

③ 清洗液喷嘴被车蜡堵住了，导致清洗液喷不出来，我们已将车蜡清除了，以后打蜡时要多注意。

只有业务接待亲自将车辆交给客户，良好的服务才算画上了圆满的句号。同时，这将再次向客户明确本维修企业的维修服务能力。

8) 告知额外的服务

按照客户要求完成维修后，业务接待就基本完成了工作，但是还可以多做一点，使客户对业务接待的体贴产生深刻印象。这不会增加任何费用，但的确能够增加客户的好感。

在工作过程中，业务接待可能感觉到客户未察觉的问题。作为业务接待所提的一些专业建议，有可能防止一些故障重新发生，通常在交付车辆时可以口头通知或以信息卡的形式提出这些建议，例如：

发现离合器盘磨损，则建议客户开车时，不要将脚放在离合器踏板上。是半联动的时间加长，从而加速了离合器磨损。

消声器的螺栓松了，我们已经帮您拧紧了。

驻车制动器的拉杆行程太大，这可能导致驻车制动器失灵。我们已经调整了。

发动机机舱盖不能平顺开关，我们已给铰链加了润滑油等。

9) 劝告

对于客户拒绝维修的工作，按内部相关规定解释清楚其危害，对涉及行车安全的内容在必要时请客户签订有关的协议，并说明责任自负。

10) 新车服务营销

进行服务营销，告诉最近的销售服务项目活动，如有新车销售活动。告诉客户新车的情况、性能、特点等。

2. 结算

1) 结账清单的制作

服务顾问根据接车修理单制作结账单交财务人员审核，并根据作业管理卡的调整(管理显示板)，确认交车时的结算付款方式。

2) 结算工作的关键时刻及行为指导

(1) 在服务部门中，制作结账清单就是确定收费的过程。良好的计费应达到三个目标。

合适：服务部门应在估价范围内计算费用。

迅速：当车修好后，收款单也应马上准备好。

清楚：客户能够很容易了解做了哪些工作，用了什么零件，这些工作和零件收费多少。

(2) 在客户缴款前与之沟通；如果做不到，那么至少要在客户离开前与其交流。

(3) 对维修和维修费用做出解释。

(4) 回答任何问题，并对客户在维修或费用不满时立即做出响应。

(5) 把必要的附加服务，通知客户。

(6) 对客户来店进行修理或保养等表示感谢。

(7) 积极交车还涉及财务人员，这并不单纯为"收款"，客户可能不情愿付账，而财务人员就应努力搞好与客户的关系，而友善、乐于助人的态度有助于改善这种状况，也许还会将它变为服务部门的优势。

(二)任务实施

实训项目：继续前一任务，进行交车流程模拟。

具体操作：学生自愿组合，4～6 人一组。设定模拟的角色，对客户进行交车和结算流程的现场演示。主要体现出交车的具体工作内容。

实训场地为理实一体化教室。要求配备计算机、话筒、音响、投影仪，车辆、售后服务信息系统等基本设施设备。还可以用照相机和摄影机记录实训过程和内容，做好影像资料的归类保存。

学生根据课堂讲解内容可分组进行设计情景对话、角色扮演，学生交流心得体会。最后在实习教师的指导下，完成任务单，并提交实训报告。

注意：在操作过程中，注意操作程序与规范。

(三)任务考核

指导老师结合学生的准备情况、模拟表演的流程和内容及填写的任务单情况及实训报告质量作综合考评。

思 考 题

1. 汽车4S店的售后服务部都有哪些岗位？常见岗位的基本职责是什么？
2. 结合自我分析和所学内容，谈谈你适合售后服务的哪个岗位。
3. 简述售后维修服务的基本流程。
4. 如果你是一个客户，你期望是什么样的服务顾问接待你？
5. 汽车4S店的服务顾问，主要承担哪些具体的工作？
6. 简述接车的主要流程和内容。
7. 简述交车服务的流程和内容。
8. 讨论：接车过程中签订维修任务委托书的重要性。

项目五　汽车4S店的配件管理

【项目导入】

　　汽车配件管理是汽车4S店的一项重要的业务内容。车辆维修所用的配件，直接影响车辆维修后的质量和安全。配件的采购、仓储等方面的管理，对配件及时供应、成本控制有着重要的影响，直接关系到维修作业的及时性，进而影响交车时间、客户满意度。因此，特约经销商必须重视配件的管理，建立健全采购、保管、使用等过程的质量管理体系，有效压缩库存成本，不断改进管理方式和手段，提高企业信誉和经济效益。

【项目目标】

- 了解配件管理的组织机构和岗位设置。
- 了解汽车配件的基本常识。
- 掌握汽车配件的管理流程。
- 熟悉汽车配件管理业务，使之胜任配件仓库相关岗位管理工作。
- 熟悉维修企业配件仓库管理各岗位职责和任职条件。
- 掌握汽车4S店配件仓库管理知识。

任务一　了解汽车 4S 店的配件管理

小张是某高校汽车类专业的大三学生，想去某汽车 4S 店配件部实习。请你为其介绍配件管理的基本内容，以便小张快速了解并进入实习角色。

【任务分析】

汽车配件管理是汽车 4S 店经营管理中必不可少的重要环节，没有配件管理，汽车 4S 店将无法正常运营，同时配件管理又对企业经营效益产生直接影响。本任务中我们需要学习配件部门的岗位设置和工作职责、汽车配件的基本知识、配件仓库的基本设施及配件管理的内容、汽车 4S 店配件业务管理制度等知识。

一、汽车 4S 店配件部的岗位设置及工作职责

对于汽车 4S 店来讲，配件部人员的配备既要符合汽车生产商对其的要求，又要结合本服务站的实际情况，从而避免机构臃肿造成人力、物力资源的浪费。配件部隶属于售后服务部，所以部门的运营管理总体上对服务总监或售后经理负责。注意：根据经营规模，采购员、调度员、配送员可设为兼职。基本的配件部组织机构如图 5-1 所示。

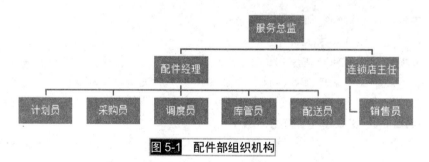

图 5-1　配件部组织机构

1. 配件经理的岗位职责

配件经理的岗位职责具体如下。

(1) 负责厂家下达的配件销售任务、集团公司下达的配件销售任务及利润指标的完成。

(2) 根据公司的经营目标及整体运作方式，合理制定配件的营销策略，并付诸实施。

(3) 根据汽车生产商的要求和市场的需求合理调整库存，将库存周转率控制在合理的范围内，加快资金周转，减少滞销品种，减少库存积压，不断提高配件经营水平。

(4) 根据汽车生产商关于保证金设置的要求，确保在汽车生产商的账户中有充足的保证金余额。

　　(5) 负责内外部关系的协调和沟通，特别是协调好配件部门和其他业务部门的关系，确保维修业务的正常开展，负责处理由于配件质量引起的投诉事宜。

　　(6) 及时向汽车生产商的配件部门传递汽车市场信息和本站业务信息。

　　(7) 审核、签发生产商的市场营销部、售后服务部订购配件的有关文件、月度报表文件等。

　　(8) 根据配件部的实际需要，合理配置人力资源。

　　(9) 明确公司本部在配件经营上的业务发展方向和业务范围。

　　(10) 对配件部工作人员进行配件业务的培训。

　　(11) 协调计划、采购、调度、入库、配送和库管等岗位之间的工作关系，明确工作流程，保证各环节工作的畅通，不断提高配件供应的满足率、准确率和完好率。

　　(12) 配合公司参与部门激励制度的制定，负责配件从业人员的业绩考核。

　　(13) 负责完成集团公司交办的其他业务。

2. 计划员的岗位职责

计划员的岗位职责具体如下。

　　(1) 配合部门经理完成厂家下达的配件销售任务、公司下达的配件销售任务及利润指标。

　　(2) 计划员应与厂家、供货商保持良好的供求关系，了解、掌握市场信息。

　　(3) 掌握配件的现有库存和保险储备量，适时做出配件的采购计划和呆滞配件的处理方案，熟悉维修业务对配件的需求，确保业务的正常开展。

　　(4) 用量大的A类件，要详细分析比较，制订出最佳订货单。保证不断档，积压量最小。

　　(5) 根据供应和经营情况，适时做出库存调整计划，负责做好入库验收工作。对于购入配件质量、数量、价格上存在的问题，做出书面统计，并监督采购人员进行异常处理。

　　(6) 负责供货商应付账款账目，及时做好微机账目。负责保管全部进货明细单、提货单、入库单并归类保存；临时管理进货发票及运单。负责同财务、业务往来单位的账务核对。

　　(7) 及时做好配件的入库工作，以实收数量为准，打印入库单。负责配件相关的财务核算及统计工作。

　　(8) 完成部门经理交办的其他工作。

3. 采购员的岗位职责

采购员的岗位职责具体如下。

　　(1) 配合部门经理完成厂家下达的配件销售任务、集团公司下达的配件销售任务及利润指标。

　　(2) 对计划量进行审核，做好计划的延续和补充工作，对配件供应的及时性、正确性负责。

(3) 以低成本、高品质为目标，积极开发配件配套厂家，降低采购费用，提高采购效率。

(4) 建立采购供应的业务档案，掌握不同运输方式的运输天数、费用等，进行定量分析，确定最佳采购方案。

(5) 加强采购管理，适时、适量、适质、适价，与厂家保持良好的关系；按计划采购，特殊情况有权做临时调整。

(6) 采购过程中，要强化验货工作，对配件的品牌、规格、数量等都要做到准确无误，认真完成配件的第一次检验工作。

(7) 入库验收工作中，采购员要协同计划员、库管员做好配件的第二次检验工作，对配件质量、品牌、规格、价格等问题做合理解释。

(8) 负责配件质量、数量的异常处理，及时做好索赔、退货及退换。

(9) 对急件、零星采购件，采购员要进行充分的询价、比价、议价，并按采购程序优先办理。

(10) 完成部门经理交办的其他工作。

4. 库房保管员的岗位职责

库房保管员的岗位职责具体如下。

(1) 入库前要整理库房，为新到配件的摆放提供空间。

(2) 货物入库验收的工作中，库房管理员要认真清点货物的数量，检查质量，同时填写实收货物清单(送货上门)，核实无误后签字确认。对于有质量问题的货物，保管员有权拒收。

(3) 保管员负责配件上架，按号就座，严格执行有关"配件的保管"规定。

(4) 保管员负责根据核对好的入库单据，认真填写卡片账，做到账物相符。填写卡片账工作，应在当天完成。

(5) 在配件的发放过程中，保管员必须严格履行出库手续，根据调拨员签发的出库申请提取配件，严禁先出货后补手续的错误做法，严禁白条发货。

(6) 出库后，保管员根据出库单认真填写卡片账，做到账实相符。

(7) 确保库存准确，保证账、卡、物相符。库管员随时对有出入库的配件进行复查。做好配件的月度和季度盘点工作。

(8) 因质量问题退换回的配件，要另建账单独管理，及时督促计划员进行库存和账目调整，保证库存配件的准确、完好，督促采购员尽快做出异常处理。

(9) 适时向计划员提出配件库存调整(短缺、积压)的书面报告。

(10) 保管全部与配件有关的业务单据、入库清单、出库清单并归类存档。

(11) 完成部门经理交办的其他工作。

5. 调度员的岗位职责

调度员的岗位职责具体如下。

(1) 调度员协同库房管理员、提货人(或配送人员)根据配件出库清单，验收出库货物。出库清单可根据具体库存情况或提货人的临时要求进行调整，并根据配件出库的实际情况补充出库清单。

(2) 调度员要督促库房管理员、提货人(或配送人员)在核实无误后的出库清单上签字认可，确保清单与实物相符。

(3) 调度员负责应收账款账目和收缴事宜，不得赊销，一律先收款后付货，减少不必要的死账、呆账。

(4) 调度员负责应收款往来账目，做好微机账目的处理，及时录入往来票据(收款通知、出库清单、其他收款证明、运输费用)。保管全部配件业务单据、出库清单并归类存档，负责同财务、业务往来单位的账务核对。

(5) 调度员协同采购员、库房管理员负责各业务往来单位的质量件退换工作，并严格执行"退件规则"。

(6) 随时向采购员、计划员反映业务上出现的有关配件质量、价格、存货等问题，并做出书面报告交计划员。

(7) 协同采购员、计划员、库房管理员进行配件验收入库工作，及时掌握配件来货情况，确保不丢失每一份配件订单。

(8) 建立并保持与各经营单位的良好合作关系，对客户在配件业务上提出的质疑(质量、价格、发运、往来账、业务咨询等)，做出合理解释，协调解决，确保不丢失每一位客户。

(9) 完成部门经理交办的其他工作。

6. 配送员的岗位职责

配送员的岗位职责具体如下。

(1) 及时准确地将货物发送到指定地点。

(2) 确保货物的安全到达，严禁出现损坏、遗失的现象。

(3) 合理选择运输工具和运输路线，节省时间、节约费用，提高工作效率。

(4) 对于客户的提问应当做出准确合理的解答。对于自己不能解释的问题，应合理地回避，不要给客户及公司带来不必要的麻烦。事后应积极找出答案。

(5) 积极收集有关的配件信息，尤其是出现的配件质量问题，做出及时的反馈。

(6) 送货时，必须带回有收货单位主管人签字的收货凭证，并协助收货方验收货物。

(7) 向外地发送货物时，应要求运送方签字证明，并及时与收货单位进行联系，准确地说出收货方式、收货地点及其他应说明的情况。确保货物的安全到达。

(8) 及时查询货物是否安全到达。

(9) 完成部门经理交办的其他工作。

7. 销售员的岗位职责

销售员的岗位职责具体如下。

(1) 熟悉和掌握各类配件品名、编号、价格、性能和用途，对客户热情周到，及时准

(2) 客户提出关于配件的问题(质量、价格、咨询等),能及时准确地回答。

(3) 严格执行配件销售价格,不得私自提价或降价(正常的价格降浮除外)。销售配件必须开具相应的出库凭证,不准擅自赊账。

(4) 维修领料必须严格执行维修领料流程,维修工领料必有接车单方可领取配件,且必须交旧领新,不得打白条出库。

(5) 积极收集客户及维修工反馈回的配件信息,以便计划员、采购员及时地调整配件计划及采购方式。

(6) 负责管理柜台物品和及时补充适销的配件库存,及时做出销售业务的配件需求计划。

(7) 出库和入库的配件,要及时登卡记账(登卡记账即登记卡片账和记电子账),确保配件库存的准确性。

(8) 完成部门经理交办的其他工作。

二、汽车配件的基本知识

(一)汽车配件的含义及分类

关于汽车配件,有很多种定义,通用的一种说法是指在汽车商务和服务企业中,把汽车的零部件和耗材统称为汽车配件。

汽车配件的分类比较复杂,由于配件品种繁多且日新月异,全球各地各个机构对汽车配件的分类方法各有不同,一般来说有以下两种常见的分类方法。

(1) 汽车配件按照用途可以分为必装件、选装件、装饰件、消耗件等。

必装件是指汽车正常行驶所必需的配件,如转向盘、发动机等。

选装件是指非汽车正常行驶必需的配件,但是可以由车主选择安装以提高汽车的性能或功能的配件,如 CD 音响、氙气大灯等。

装饰件又称精品件,是指为了汽车的舒适和美观加配的备件,一般对汽车本身的行驶性能和功能影响不大,例如香水、抱枕等。

消耗件是指汽车使用过程中容易发生损耗、老旧,需要经常更换的备件,例如润滑油、玻璃清洁剂、冷却液、制动液等。

(2) 汽车配件按照生产来源可以分为原厂件、副厂件和自制件 3 类。

原厂件是指与整车制造厂家配套的装配件。

副厂件是指由专业配件厂家生产的,虽然不与整车制造厂生产的部件配套安装在新车上,但是按照制造厂标准生产的,达到制造厂技术指标要求的配件。

自制件是指配件厂依据自己对汽车配件标准的理解,自行生产的,外观和使用效果与合格配件相似,但是其技术指标由配件制造厂自行保证,与整车制造厂无关的配件。自制件是否合格,主要取决于配件厂家的生产技术水平和质量保障措施。

(二)配件编码规则

为了使汽车零部件能适应计算机管理，以便于查询和管理汽车零部件，提高采购时的准确性，世界上不少汽车制造厂家都对所生产的汽车零部件实行代码分类，即每一个零件都用一组数码和字母表示，但不同的制造厂家表示的方法都不同，不能相互通用。

汽车 4S 店的配件查询必须有原厂授权的配件查询资料才能进行。配件号的查找不是通过几次培训、几次联系就能掌握的，需要在今后不断地努力和追求，在工作中学习，在工作中探索，在工作中熟练掌握。

下面以德国大众汽车零配件的编码规则为例进行介绍。

德国大众零配件号是由 14 位数字或字母构成的，主要由大类(主组)、小类(子组)、零件号、变更代码和颜色代码组成，如图 5-2 所示。

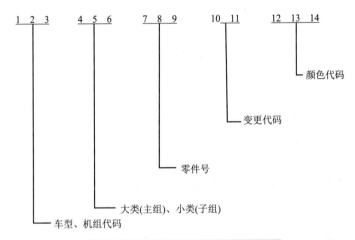

图 5-2　德国大众汽车零配件编码规则

1. 车型、机组代码(1～3 位)

(1) 当该零件是发动机及变速箱件时，前三位数字或字母为机组代码，一般情况下：026 代表四缸 JW 发动机件；034、035 代表五缸 RT、PR 发动机件；078 代表六缸 ACZ 发动机件；077 代表八缸 ABH 发动机件；012 代表五挡手动变速箱件。

(2) 当该件为除机组以外零件时，前 3 位数字或字母代表车型代码，一般情况下，前 3 位数字或字母为奇数时，代表左置方向盘车；为偶数时，代表右置方向盘车。

2. 大类(主组)、小类(子组)

汽车配件大类(主组)、小类(子组)是指按照部件的位置来划定的，共分 11 大类。相关说明如表 5-1 所示。

3. 零件号

零件号是指(7～9)三位数字，是按照结构顺序编排的，一般情况零件号越小，零件越大；零件号越大，零件越小。当第九位为奇数时，该件为左边件；第九位是偶数时，该件为右边件。左右通用件，第九位为奇数。

4. 设计变更标记

设计变更标记指第 10、11 位两位数字或字母。由于材料、结构及厂家发生变化时，为区分变化前后零部件的不同，使用变更标记。

表 5-1 汽车配件大类说明

大 类	说 明
1 大类：发动机及燃油喷射系统	100 发动机或发动机总成
	103 缸体、缸盖、缸头上布的通风软管、油底壳
	107 活塞、活塞环
	109 配气机构，包括：进排气门、凸轮轴、正时齿轮、正时齿轮罩、皮带等
	115 机油泵、机油滤清器、托架、油标尺
	121 发动机的水冷却系统，包括：水泵、散热器、进出水管、电风扇等
	127 燃油泵(化油器车用)、燃油储压器、连接软管
	129 化油器及进气系统，包括空气滤清器、进气歧管等
	133 喷射式发动机用的喷油器、燃油管路、冷起动阀、压力调节器、燃油计量阀(其中包括空气滤清器总成及空气计量阀)等
	141 液压离合器
	145 动力转向液压泵
	198 修理包，包括：缸体密封件(包括：曲轴前后油封)、气缸密封垫、活塞环、连杆、止推垫圈、轴瓦等
	199 发动机悬置件
2 大类：油箱及供油管路，排气系统及空调设备的制冷循环系统	201 供油系统，包括：油箱、燃油管路、燃油滤清器及燃油泵
	253 排气歧管及排气消音器
	260 空调设备的制冷循环系统，包括：蒸发器、膨胀阀、压缩机、冷凝器、制冷软管、高低压开关等
	298 修理包，包括：磁性离合器的一套附件等
3 大类：变速箱	300 变速箱总成
	301 机械变速箱壳体和变速箱及发动机之间的连接部件
	311 4 速和 5 速的变速箱所有齿轮、轴及换挡轴拨叉等
	321 自动变速箱壳体
	322 自动变速箱前进、直接、倒挡齿轮离合器、液压变矩器
	325 阀体、自动变速箱的油滤器
	398 修理包，包括：变速箱密封件修理包、一套密封垫等
	399 变速箱悬置件

续表

大类	说　明
4大类：前轴（前悬挂），差速器及转向系统	407 导向控制臂及连接轴(驱动轴)、轮毂
	408 差速器和齿轮组及自动变速箱和发动机相连接的壳体及连接件
	411 前悬挂，包括：减震弹簧、稳定杆等
	412 前减震器
	419 蜗轮蜗杆转向器、方向盘、转向柱(不包括动力转向)
	422 动力转向机及液体容器和连接软管
	498 修理包，包括：一套密封件(包括驱动轴油封)、差速器齿轮、车轮支承座等
5大类：后桥（副悬挂）	500 后桥及附件
	511 后悬置
	512 后减震器
6大类：车轮、刹车系统	609 后鼓式制动器
	610 制动总泵及制动管路
	611 制动助力器
	614 制动压力调节器
	615 前盘式制动器，包括：制动片、制动柱塞缸、制动盘等
	616 制动调整系统，包括：制动调整阀、压力真空罐等
	698 修理包，包括：前、后成套制动蹄片，制动水泵修理包，制动衬垫，制动管及柱塞外壳的成套密封件等
7大类：手操纵系统、脚踏板组	711 变速箱换挡机构、手制动操纵杆及冷起动钢索
	713 自动变速箱的换挡机构
	721 制动踏板、离合器踏板组、机械变速箱用的油门踏板及油门钢索
	722 自动变速箱用的制动踏板、油门踏板
	798 修理包，包括：制动总泵推杆等
8大类：车身、空调、暖风控制系统	800 车身总成
	803 前侧梁及轮罩、车身的前后地板总成
	805 散热器框及导水板
	807 前、后保险杠
	808 侧板(包括门框架侧板及后叶子板轮罩)
	813 后隔板(行李舱内侧)、后端板、后挡泥板
	817 顶板
	819 鼓风机及壳、驾驶座乘客座内的暖风和通风的通道及通风口
	820 自然通风和暖风控制(驾驶室内)、真空罐和真空软管(空调)
	821 前叶子板
	822 发动机罩盖

续表

大 类	说 明
8大类：车身、空调、暖风控制系统	827 行李舱后罩盖及箱锁
	831 前车门、车门铰链、车门密封件、限位杆
	833 后车门、车门铰链、车门密封件、限位杆
	837 前门把手、内护板、玻璃框架及玻璃升降器
	838 后门把手、内护板、玻璃框架及玻璃升降器
	845 车窗玻璃(共计8块)
	853 所有玻璃嵌条、车门保护条、散热器护栏、驾驶室内通风口装饰板
	857 主要包括：仪表板、杂物箱、遮阳板、后视镜、安全带(车前内部位等)
	860 灭火器
	862 中央门锁系统
	863 车身内各部件隔音板及装饰板(不包括前仪表板)
	867 车门、车门柱装饰板和顶盖的装饰板
	881 前座椅总成及头枕
	885 后座椅总成及头枕
	898 修理包，包括：一套锁芯、一套保险杠安装件、叶子板修理包等
9大类：电器	903 发电机及连接固定件
	904 点火起动系统，其中包括点火线圈、点火线、火花塞、分电器、点火开关等
	906 电控单元、速度传感器、防抱死开关、防滑控制开关
	911 起动机及其零部件
	915 蓄电池、蓄电池的固定件
	919 在发动机和变速箱上的各种开关、传感器以及仪表盘上的各种指示器和点烟器
	937 继电器盘及继电器(位置：转向盘下部)
	941 前大灯、前雾灯、后牌照灯、仪表板的开关保险丝/继电器盒中的所有熔丝和继电器(位置：车左前部)
	945 后制动灯、转向信号灯
	947 车内的各种照明灯及制动控制系统和车门灯控制开关
	951 喇叭、双音喇叭
	953 前转向灯及转向、警报、雨刷的综合开关
	955 刮水器及洗涤件
	957 车速表、距离传感器
	959 电风扇、电动车窗及电动后视镜的开关
	971 各种线束
	989 修理包，包括：一套雨刷器片、霍尔感应器等

续表

大　类	说　明
0大类： 附件	000　火花塞(101　000　005　AB) 011　千斤顶 021　工具箱 018　发动机护板 035　收音机、收音机喇叭、火花塞接头、分电盘、高压线插头、自动天线等
N大类： 标准件	N　010　螺栓 N　011　垫圈 N　012　弹簧垫圈、锁环、锁片 N　013　密封圈 N　017　灯泡、熔丝 N　024　卡箍 N　038　线

5. 颜色标记

颜色标记指第 12～14 位三位数字或字母，它是用来区别有颜色的内部装饰的，3 位数字或字母是一组，只有在一起时才有意义。

例如：L1GD 035 411 B 表示后扬声器；321 821 021N 表示左前叶子板。

(三)真假配件的鉴别

汽车配件是决定汽车维修质量的重要环节之一。目前汽车配件市场混乱，假冒伪劣产品充斥市场，让人真假难分、良莠难辨；加之多数用户缺乏对配件质量的检测手段，只能从产品包装外观、规格尺寸等方面进行选用，不可能对其内在质量进行检测或化验，致使假冒伪劣配件畅通无阻，严重影响了汽车维修质量，给用户造成严重损失，而且危及行车安全，误国误民。例如：前制动片若使用假冒伪劣配件，制动片会很快超过磨损极限使得刹车时有响声，严重的会磨损前刹车盘，使制动盘出现沟槽而无法继续使用。汽车灯具产品若使用了假冒伪劣配件会造成亮度不足、聚焦不集中、射程太近、辐射面积小等问题。严重的伪劣灯具由于本身密封不严，会发生雨水进入灯内造成生锈和短路着火等现象。通常鉴别方法如下。

1. 目测法

一般的汽车配件销售企业没有完备的检测手段，但可以根据经验用目测比较的方法识别配件优劣。

1) 看质量

产品表面质量是评定产品优劣的第一印象。质量低劣的产品，其表面质量往往是差的。用目测方法主要是看配件工艺的表面处理。所谓表面处理，即电镀工艺、油漆工艺、高频热处理、包装工艺等。

(1) 汽车配件油漆。采用先进工艺生产的零部件表面，与采用陈旧落后工艺生产的零部件表面有很大差异。目测时可以看出，前者表面细腻，有光泽，色质鲜明；后者则色泽暗淡，无光亮，表面有气泡和"拖鼻涕"现象，用手抚摸有砂粒感觉，相比之下，真假非常分明。

(2) 镀锌和电镀。汽车零件的表面处理，镀锌工艺占的比重较大，一般零件的铸铁件和可锻铸铁件、铸钢件及冷热板材冲压件，大都在表面采用镀锌。产品不过关的镀锌，表面往往是白一块、红一块、黄一块交错混合在一起，一致性很差。镀锌工艺技术过关的，则是表面金光闪闪，全部表面一致性好。批量之间一致性也没有变化，有持续稳定性。明眼人一看，就能分辨真伪优劣。

(3) 电焊。在汽车配件中，减振器、钢圈、前后桥、大梁、车身等均有电焊焊接工序。大汽车厂的专业化程度很高的配套厂，它们的电焊工艺技术大都采用自动化焊接，它能定量、定温、定速，有的还使用低温焊接法等先进工艺。产品焊缝整齐，厚度均匀，表面无波纹形，直线性好，即使是定位焊，焊点、焊距也很规则，对此再好的手工操作也无法做到。

(4) 表面热处理。一般工厂要配备一套高频感应加热淬火成套设备，其中包括硬度、金相分析测试仪器、仪表的配套，它的难度高，投入资金多，还要具备供、输、变电设备条件，它的电源是 30 000V 以上。小工厂、手工作坊是无能为力的。

(5) 橡胶制品。汽车上使用的橡胶件，均有特殊的要求，它要求耐高温、耐油、耐压、复原性好等。在鉴别橡胶件的质量好与坏时，与鉴别机械金属配件不相同的是，橡胶件表面乌黑光亮的不一定是好产品。要了解生产厂家的生产过程，并在实际应用中观察辨别。

(6) 汽车配件非使用面的表面伤痕。从对汽车配件非使用表面伤痕的分析，可以分辨正规生产厂产品和非正规生产厂产品、管理现代化的企业与生产混乱企业间的区别。表面伤痕若是在中间工艺环节上，则是由于产品工艺过程中互相碰撞留下的。优质的产品是靠先进的科学管理，特别是先进的工艺技术制造出来的。生产一个零件要经过几十道工序甚至上百道工序，而每道工序都要配备工艺装备，其中包括工序运输设备和工序安放的工位器具。高质量的产品是由很高的工艺装备系数作保障的，所以有水平的工厂的产品是不可能在中间工艺过程中互相碰撞的。由此推断，凡在产品非接触面留下伤痕的产品，肯定是小厂、小作坊生产的劣质产品。

2) 看表面包装和表面商标

汽车零配件是互换性很强、精度很高的产品，为了能较长时间存放、不变质、不锈蚀，需在产品出厂前用低度酸性油脂涂抹。正规的生产厂家，对包装纸盒的要求十分严格，要求其无酸性物质，不产生化学反应。有的采用硬质透明塑料抽真空包装。考究的包装能提高产品的附加值和身价。箱、盒大都采用防伪标记，常用的有激光、条码、暗印等，在采购配件商品时，这些很重要。要认真查看其商标、厂名、厂址、等级和防伪标记是否真实。因为对有短期行为的仿冒制假者来说，防伪标志的制作也不是一件容易的事，需要一笔不小的支出。另外，在商标制作上，正规的厂商在零配件表面有硬印和化学印记，注明零件编号、型号、出厂日期,一般采用自动打印,字母排列整齐、字迹清楚,小厂、小作坊一般是做不到的。

3) 查看文件资料

首先要查看汽车配件的产品说明书,产品说明书是生产厂进一步向用户宣传产品,为用户做某些提示,帮助用户正确使用产品的资料,通过产品说明书可增强用户对产品的信任感。一般来讲,每个配件都应配一份产品说明书(有的厂家配用户须知)。但也有些厂家,几个配件配一份产品说明书。如果交易量相当大,还必须查询技术鉴定资料。进口配件还要查看海关进口报关资料。国家规定,进口商品应具有中文说明,假冒进口配件一般没有中文说明,且包装上的外文,有的文法不通,甚至写错单词,一看便能分辨真伪。

4) 看规格型号是否与订货要求相符

大多数汽车配件都有规定的型号和技术参数。凡整车制造厂的配套产品,为了满足其设计要求,零部件为适用不同车型(如基本型及变型产品)多进行改进,既保留了基本车型的优点,又适应不同车辆的动力性和经济性。因此,在订购配件时,一定要熟悉整车与配件的型号。

2. 用简单技术手段鉴别汽车配件

1) 经验法

(1) 看表面硬度是否达标。各配合件表面硬度都有规定的要求,在征得厂家同意后,可用钢锯条的断茬去试划,划时打滑无划痕的,说明硬度高;划后稍有浅痕的硬度较高;划后有明显痕迹的,说明硬度低(注意试划时不要损伤工作面)。

(2) 看结合部位是否平整。零部件在搬运、存放过程中,由于震动、磕碰,常会在结合部位产生毛刺、压痕、破损等,这会影响零件使用,选购和检验时要特别注意。

(3) 看几何尺寸有无变形。有些零件因制造、运输、存放不当,易变形。检查时,可将轴类零件沿玻璃板滚动一圈看零件与玻璃板贴合处有无漏光来判断是否变形。选购离合器从动盘钢片或摩擦片时,可将其放在眼前观察是否翘曲。选购油封时,带骨架的油封端面应呈正圆形,能与平板玻璃贴合无翘曲;无骨架油封外缘应端正,手握使其变形,但松手后应能恢复原状。在选购各类衬垫时,也应注意检查其几何尺寸及形状。

(4) 看总成部件有无缺件。正规的总成部件必须齐全完好,才能保证汽车的顺利装配和正常运行。一些总成件上的个别小零件若后装,将使总成部件无法工作,甚至报废。

(5) 看转动部件是否灵活。在检验机油泵等转动部件总成时,用手转动泵轴,应感到灵活、无卡滞现象;检验滚动轴承时,一手支撑轴承内环,另一手打转外环,外环应能快速自如转动,然后逐渐停转。若转动部件转动不灵,说明内部锈蚀或变形。

(6) 看装配记号是否清晰。为保证配合件的装配关系符合技术要求,在某些零件上,刻有装配标记,比如正时齿轮的正时标示。若无记号或记号模糊无法辨认,将给装配工作带来很大困难,甚至装错。

(7) 看胶接零件有无松动。由两个或两个以上零件组合成的配件,零件之间是通过压装、胶接或焊接的,它们之间不允许有松动现象,如油泵柱塞与调节阀是通过压装组合的;

离合器从动摩擦片与钢片是铆接或胶接的；纸质滤清器滤芯骨架与滤纸是胶接而成的；电器设备的接头是焊接而成的。检验时，若发现松动，应予以调换。

(8) 看配合零件表面有无磨损。若配合零件表面有磨损痕迹，或涂漆配件，拆开后发现表面油漆有旧漆，则多为废旧件翻新。当发现表面磨损、烧蚀、橡胶零件材料变质时，在目测看不清的情况下，可借助放大镜观察。

2) 敲击法

判定车上的部分壳体及盘形零件是否有不明显的裂纹、用铆钉连接的零件有无松动、轴承合金与钢片的结合情况时，可用手锤轻轻敲击零件并听其响声，如发出的金属声音清脆，说明零件的状况良好；如果发出的声音沙哑，可以判定零件有裂纹、松动或结合不良。

3) 比较法

用标准零件与被检零件比较，从对比中鉴别被检零件的技术状况。

上述简单鉴别方法虽然简单，但依然需要一定的经验判断，为避免买到假冒伪劣配件，建议客户选择纯正原厂配件。车辆配件出现故障，应去特许经销商(4S 店)处维修或更换，选用原装配件，非原装配件很容易造成车辆机体的损害。

三、配件仓库的基本设施及配件管理的内容

(一)配件仓库的基本设施

汽车 4S 店的配件仓库的基本设施一般配备专用的机动车辆(拣件手拉车)，一定数量的货架、货筐等；配备必要的通风、照明设施及防火器材；仓库各工作区域要求有明显的标牌，如配件销售出货口、车间领料口、发料室、备货区、危险品库等；应有足够的进货、发货通道和配件周转区域。

货架的摆放要整齐划一，仓库的每一过道要有明显的标志，货架应标有位置码，货位要标有零件号、零件名称。严禁将配件堆放在地上；为避免配件锈蚀及磕碰，必须保持完好的原包装。应将品牌轿车和其他车型的配件严格分开管理。油漆及易燃物品应与其他车型的配件严格分开管理，存放时要考虑防火、通风等问题，库内应有明显的防火标志。

索赔件必须单独存放于索赔件库中。修车时拆下的旧件、废件不得存放于配件库中，应集中存放。为使经销商的仓储器材实现统一化，汽车生产商配件科一般推荐采用统一的货架标准，建议经销商采用可调式货架，便于调整、节约空间。中货架和专用货架必须采用钢质材料(角钢或槽钢)；小货架材料不限，但要保证安全耐用，并按标准实施考核、验收。例如一汽-大众配件科规定：经销商采用的货架颜色为"浅灰色"；货架布置方式距窗口为 80cm、入口为 1m、主通道宽 1.5m 等。

(二)汽车 4S 店的配件管理业务规定

汽车 4S 店的配件管理是一个综合性的复杂的管理项目，其主要内容包括汽车配件的计划、采购、仓库管理、配件盘点、价格管理、协助财务做好资金运作等内容。而其中的配件仓库管理包括配件自入库到出库为止的全部过程，是汽车配件管理的核心内容。在此管

理期间，库管员必须严格执行配件的验收、保管、发放、盘点和旧件回收等制度。

配件库保管员在办理配件入库手续时，必须认真清点核对所购物品与《配件采购申请单》中所列物品是否相符，以及有关人员的技术鉴定意见，并据实填写入库单，记入库存材料台账。配件部门负责人或配件库保管员要对所购进零配件的规格、名称、产地、价格等进行全面验收，并确认合格后，方能在入库验收记录上签字。配件库保管员对验收合格的配件要及时办理入库手续。具体要注意以下几点。

(1) 对办理入库手续的配件要及时做账，做账以正式收发凭证为依据。

(2) 入库配件要及时制办配件专用卡，清楚入库配件的名称、型号、规格、级别、储备额和实际储存量。

(3) 配件入库后要统一登记，一物一档，统一编号，便于查询。

(4) 配件库保管员要注意处理好配件的库存保管事宜，要对配件进行合理的分区、分架、分层管理，以便于计算机查询和出库，节省配件仓库的使用空间。

(5) 配件库保管员要努力做到安全库存：对于不常用的配件不宜储存过多，对于易变形、易损坏的配件要谨慎存放，处理好配件仓库的安全防火事宜，定期清仓、盘点掌握配件的变动情况，避免配件的积压、损坏或丢失，保证账、卡、物相符。

(6) 要与维修车间密切配合，认真做好旧配件的回收管理工作。

关于汽车配件的管理内容具体见本项目"任务二"，此处不再赘述。

四、汽车 4S 店配件业务管理制度

1. 配件入库管理

配件入库管理的具体要求如下：

(1) 配件仓库管理员在办理配件入库手续时，必须认真清点核对所购物品与"配件采购申请单"中所列物品是否相符，以及有关人员的技术鉴定意见，并据实填制入库单，记入库存材料台账；

(2) 配件部门负责人或配件仓库管理员要对所购进零配件的规格、名称、产地、价格等进行全面验收，并确认合格后，方能在入库验收记录上签字；

(3) 配件仓库管理员对验收合格的配件要及时办理入库手续。

2. 配件储存管理

配件储存管理的具体要求如下：

(1) 配件仓库管理员要注意处理好配件的库存保管事宜，要对配件进行合理的分区、分架、分层管理，以便于计算机查询和出库，节省配件仓库的使用空间；

(2) 配件库仓管员要努力做到安全库存，对于不常用的配件不宜储存过多，对于易变形、易损坏的配件要谨慎存放，处理好配件仓库的安全防火事宜，定期清仓、盘点，掌握配件变动情况，避免配件的积压、损坏或丢失，保证账、卡、物相符；

(3) 要与维修车间密切配合，认真做好旧配件的回收管理工作。

3. 配件盘点管理

配件盘点管理的具体要求如下：

(1) 查明实际库存的数量与账、卡上的数量是否相符，检查配件收发有无错误，查明有无超储积压、损坏、变质等情况发生；

(2) 对于盘点后出现的盈亏、损耗、规格串混、丢失等情况，应组织复查落实，分析产生的原因，并及时予以处理。

4. 积压配件处理办法

积压配件处理办法如下：

(1) 要查清楚积压配件的型号、名称、规格、数量、市场价格；
(2) 在维修过程中尽量使用积压的配件，并参考市场价格；
(3) 对积压配件适当削价处理；
(4) 积极与配件供应商协商，争取以货换货；
(5) 对于已经淘汰的车型配件，作报废处理。

5. 旧配件的管理办法

旧配件的管理办法具体如下：

(1) 维修车间在维修中所换下的旧配件，应以旧换新，由配件部门集中存放。
(2) 车辆维修完工后，将旧配件进行清点，做好清洁，打好包，并填写清单，如车牌、车型、旧零件名称、数量等。
(3) 如果是车主要求带走的旧件，应将旧配件放到客户车辆的行李舱里；车主不带走的可利用的旧配件，则存入旧配件库；不能利用的旧配件则作为废品处理。
(4) 对可利用的旧配件要造册登记，进行统一分类管理。

【任务实施与考核】

(一)技能学习

通过本学习任务的学习，使学生熟悉零配件的基本知识，掌握汽车4S店配件部的岗位职能，熟悉配件编码知识，能够模拟进行配件的检索。

(二)任务实施

实训项目：以当地某汽车4S店为例，调研其配件部的岗位设置和配件管理的主要内容。

实训操作：要求学生两人一组进行实地调研，了解企业配件管理的客观现状，熟悉汽车4S店的配件管理业务，并提交调研报告。

(三)实训考核

指导教师根据学生实训过程中的表现、态度，结合实训报告质量进行综合评分。

任务二　汽车 4S 店的配件管理工作流程

【任务导入】

在本项目任务一中，学生小张已经对汽车 4S 店的配件管理基本知识有了一定的了解和把握。现在他要接触配件部的实际管理工作了，作为新人，小张想踏踏实实、认认真真地学习每一个流程，以尽快熟练掌握配件管理工作步骤和内容，为正式上岗做准备。

【任务分析】

作为汽车 4S 店的一项重要的业务内容，汽车配件管理工作直接影响车辆维修的质量和安全，同时配件的采购、仓储等又直接关系到维修作业的及时性，进而影响交车时间和客户满意度。本任务中我们需要学习配件的计划与采购、配件仓库盘点、汽车配件的提货与配送管理、配件的零售管理、配件的入库与出库管理、配件的报损管理等知识。

【知识准备】

一、配件计划与采购

1. 配件计划

汽车 4S 店的配件计划员应根据库存和销售情况收集缺料信息，编制期货计划或临时计划，分析、汇总缺料信息后交由配件主管审核。配件主管审定签字后，计划员出具一式三联计划单：一联计划员留存，验货用；一联交采购员，采购；一联交内勤，附付款通知书进行付款审批。配件管理计划程序如图 5-3 所示。

2. 汽车配件的采购

汽车 4S 店的配件采购受汽车厂商约束，要严格按照厂商要求的流程执行。一般来说汽车厂商的备件科向已签订售后服务意向性协议，具备过渡维修能力及已开业的汽车 4S 店提供其认可的汽车配件。汽车 4S 店的配件经理、配件订货计划员必须经过整车厂商配件科培训，考试合格后，才可提供配件。

3. 汽车 4S 店特别订货管理

特别订货包括急订零件和专订零件，是指通过配件订货单所订的配件，一般是指车型较少或冷门的零件。

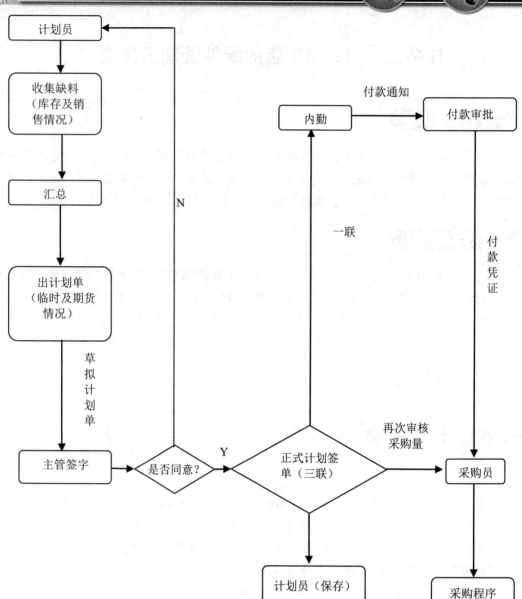

图 5-3　配件管理计划程序

1) 订货

(1) 若有特别订货要填写配件订货单，配件订货单要求填写完整车辆识别码(Vehicle Identification Number，VIN)，正确的车型、车牌号、配件名称及数量和发货方式，并签字确认。特殊车型和无 VIN 的车，请配件订货员现场确认。

(2) 在填写配件订货单的同时，服务顾问向客户出示"公司订货声明"，并向客户进行详细说明，在双方自愿的基础上，由客户签名表示对"公司订货声明"的约定条款的认可(注意签名务必与身份证等相关证件上的姓名相同)，并将其附在配件订货单后，同时交于配件部，配件部人员必须在接订单时注意检查。

(3) 以下几种情况的订货要求：

① 在厂维修车辆订件。服务顾问根据车间提料单及报价，向客户说明情况，经客户同意后(电话确认或签字认可)，填写配件订货单。

② 非在厂车辆订件。服务顾问应正确提供客户所需的配件信息及价格，收取所订配件总价值的一定百分比金额作为订金，在"订金"一栏中注明金额，并加盖财务证明章；无订金者或订金不足者视为服务顾问担保订货。

③ 签约单位车辆订配件，较小金额的配件，一般在 2000 元以下的，SA(服务顾问)自行担保，并通知配件部经理确认。

④ 在厂维修车辆所订急件在途时，车辆离厂前，业务员必须通知库房将在途急件提前出库，并向客户做说明。

⑤ 业务员在进行零件查询时，若遇到无法确定的零件编号时，应及时与配件部沟通，以免发错、发漏零件，造成损失。

⑥ 配件订货单要保持干净，书写工整，严禁涂改。

⑦ 配件订货单一式三份，业务、配件、库房各一份。

2) 发货

配件部在接到订货单时，应根据要求及时发货，并在订单上注明发货和到货时间及供货单位，以备查询。

(1) 订货单第一联由配件部担当人在发货后保管，以便掌握到货情况。

(2) SA 的订单发出后，配件部应时刻跟踪零件到货情况，如果遇到零件未能按要求时间到达的，应及时查明原因并在第一时间向业务员说明情况，采取补救措施。

3) 到货

(1) 急件到货后，库房按订货单电话通知 SA(服务顾问)，并要求 SA(服务顾问)在订货单上签字及时间。

(2) 在厂车辆应及时通知车间调度及 SA(服务顾问)并记录在到料单上以备查询。

(3) 库房要根据订单说明妥善保管零件，编入急订货位以便管理和查找。若出现异常零件可以另编货位。

二、配件仓库盘点

库存配件的流动性很大，为及时掌握库存的变化情况，避免短缺丢失和超储积压，保持账、卡、物相符，必须进行定期和不定期的盘点工作。库管员应随时对有出入库记录的配件进行复查。各经营单元每月对配件库存进行一次盘点。每季度进行一次有财务参与的全面清点。盘点时应合理安排配件的出入库，以确保盘点的准确性，避免发生重盘、漏盘、错盘现象。配件盘点过程中，不准以任何理由虚报、瞒报或私自更改账目。盘点结束后，由盘点人员填写盘点报表，对盘盈盘亏的配件要查明原因，分清责任，做出必要的处理。季度盘点后，进行配件的报损申报工作。配件仓库盘点工作流程如图 5-4 所示。

1. 盘点的目的

盘点就是如实地反映存货的增减变动和结存情况，使账物相符，保证配件库存存货的位置。盘点的内容具体如下。

(1) 核对存货的账面结存数与实际结存数，查明盘亏。盘盈存货的品种、规格和数量。

(2) 查明变质、毁损的存货以及超储积压和长期闲置的存货的品种、规格和数量。

(3) 盘点的形式：盘点主要有永续盘点、循环盘点、定期盘点和重点盘点等形式。

① 永续盘点是指配件保管员每天对有收发动态的配件盘点一次，以便及时发现收发差错。

② 循环盘点是指配件保管员对自己所管物品做出每月重点日盘点计划，并按计划日进行盘点。

③ 定期盘点是指在月、季、年度组织清仓盘点小组，全面进行盘存清查，并造出库存清册。

④ 重点盘点是指根据季节变化或工作需要，或因为某种特定目的而对仓库物资进行盘点。

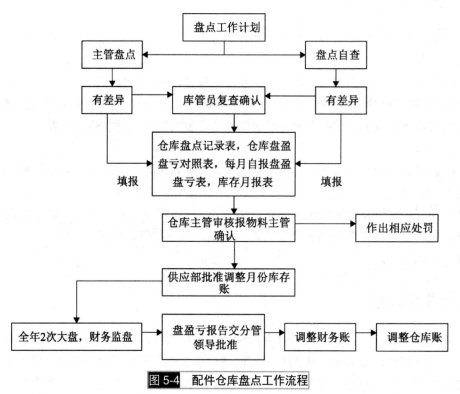

图 5-4　配件仓库盘点工作流程

2. 盘点的准备工作

清点日期(起始日期及结束日期)即每月的月末或 12 月 31 日是最常用的盘点日，这样可与结账同时进行，方便于结账。成立盘点领导小组，划分区域分组(清点时每两人为一个小组)。参加盘点的管理人必须是内行；清点人员不需要特别的专业人员，必要时可请其他部门工作人员协助，但是清点人员必须工作认真，责任心强。清点结果的准确与否由盘点人员负责。

1) 盘点范围

清查盘点所有归属本部门的存货，如常用件、损耗件、索赔件、不适用件等。

2) 仓库大扫除

仓库大扫除目的是收集、汇总、清除伤/残损件并登记在册。清扫工作在一年中要经常做；盘点前，要彻底做一遍。盘点是一个好机会，可以给仓库来一次大扫除。

3) 盘点的表格工具

盘点的表格工具具体如下。

(1) 盘点卡：盘点卡上有盘点日期、盘点人签字、配件号、配件名称、位置码、清点结果。

(2) 盘点总表：用于盘点结果登记，总表上包括每个件的位置码账面数与清点数。

(3) 盘点报表：该表包括每个件的进货价格，反映每种件库存的账面数与实存数，反映盘亏、盘盈的数量、金额和原因，反映库存变质和超储积压的情况，以此作为盘点的结果和财务处理的依据。

(4) 笔、尺、秤。

3．检查、整理、规范盘点区

检查、整理、规范盘点区的具体做法如下。

(1) 所有的到货立即全部上货架，这样在清点时才不会遗漏或另放他处，所有到货必须经过盘点后再入库。

(2) 所有的件要分类存放，一目了然，堆放的方式要便于清点，以便为清点节省时间。

(3) 货架的标签应与实物相符，必要时要改正和补充，不清楚的标签要换新。

(4) 配件号不同，而实物相同的配件，要做好混库处理，做好记录和登记，要注意此引起的库存实物与账目上的变化。

(5) 完整的包装放在货架的前面(或上面)，已打开的包装放在后面(或下面)。数量不足的包装要填充成标准包装。

(6) 盘点期间的出库由于特殊原因，必须出库的配件要做好记录和登记，事后再统一处理。

(7) 对货架上不经常销售的配件进行预先清点是必要的，这样可以在最后盘点时节省时间，清点过的配件要做好标记和记录。

4．正式盘点

在规定的时间内，盘点人员对所有配件要逐一清点，不能重复也不能遗漏。一般由两人分别清点，如果结果不同，要重新清点。不便清点的小件可以用称重法求总数，即先数出一定数量的配件作为"标准件"，仔细称出这些"标准件"重量，再称出所有件的库存重量，即可算出这些件总数。

(1) 称重法计算公式为：总数=总质量×标准件的数量÷标准件的质量

(2) 合理储耗。对易挥发、潮解、溶化、散失、风化的物品，允许有一定的储存损耗。凡在合理储耗标准以内的，由配件保管员填报"合理储耗单"，经批准后，即可转财务部门核销。正常储耗的计算，一般一个季度进行一次。其计算公式如下：

合理储耗量 = 保管期平均库存量 × 合理储耗率

实际储耗量 = 账存数量－实存数量

储耗率 = 保管期内实际储耗量 ÷ 保管期内平均库存量 × 100%

实际储耗量超过合理储耗量部分作盘亏处理，凡因人为的原因造成配件丢失或损坏的，不得计入储耗内。

(1) 盈亏和调整。在盘点中发生盘盈或盘亏时，应反复落实，查明原因，明确责任。由配件保管员填制"库存物品报告单"，经配件部门负责人审签后，按规定报经企业主管领导审批。

(2) 报废和削价。由于保管不善，造成霉烂、变质、锈蚀的零配件，在收发、保管过程中已损坏并已失去部分或全部使用价值的，因技术淘汰需要报废的，经有关方面鉴定并确认不能使用的，由配件保管员填制"物品报废单"报经企业主管领导审批。由于上述原因需要削价处理的，经技术鉴定后，由配件保管员填制"物品削价报告单"，报经企业主管领导审批。

(3) 事故处理。由于被盗、火灾、水灾、地震等原因，或因配件保管员失职致使零配件数量和质量受到损失的，应作为事故向企业主管领导报告，并按企业有关规定处理。

(4) 调剂余缺。在盘点过程中，还应清查有无本企业多余或暂时不需用的配件，以便及时把这些配件调剂给其他需用的单位。

5. 验收及总结

盘点后，其结果应由上级有关部门及律师事务所检查、验收。财务部门核算出盈亏值，并由主管领导签字认可。盘点后应做出总结，对于盘点遗留的问题如索赔配件、变质、毁损或超储积压的配件，要查清原因，对入库、出库、仓储、财务管理系统及其他自然的或人为的因素要进一步处理。

三、汽车配件提货与配送管理

(一)汽车配件的提货管理

采购员将收到的发票交计划员，计划员登账后，交财务进入记账程序，采购员依据提货单提货，依据发货清单验收货物，完成配件的第一次验收。验收后，将货物、发货清单交库管员进行配件的第二次验收，如在第一次验收中发现问题，与保险公司、运输部门联系索赔。予以索赔：索赔单据上交计划员，计划员进行账务处理后上交财务。不予索赔：整理书面报告上交配件经理。配件管理提货程序如图 5-5 所示。

项目五 汽车4S店的配件管理

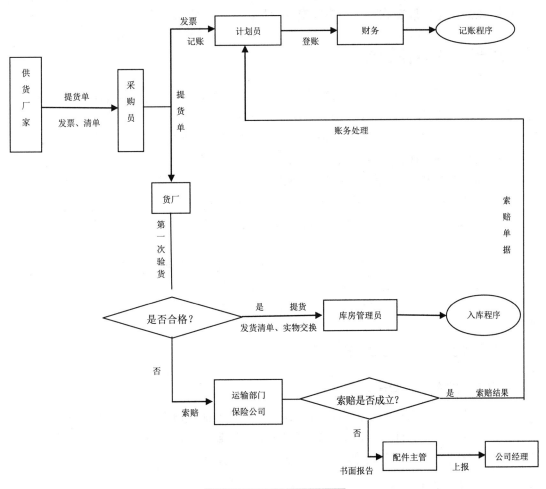

图5-5 配件管理提货程序

(二)汽车配件的配送管理

1. 汽车配件外运

配送员根据出库清单验收出库货物,具体做法如下:
(1) 验货后要将货物包装,并放入一联出库清单;
(2) 索取运单或签字证明;
(3) 及时通知收货人货物的发运时间及其他事项;
(4) 运单与其余二联出库清单交调度员;
(5) 及时查询货物是否安全到达。

2. 汽车配件送货

确保货物安全、准时到达指定地点,具体做法如下:
(1) 收货人验货;
(2) 收货人在出库清单上签字确认;

(3) 出库清单一联交收货人，三联交调度员。

四、汽车配件零售管理

汽车 4S 店的配件一般只对车间维修客户提供，但随着近几年的竞争加剧，特别是新政的出台，很多消费者选择在 4S 店购买零配件而不进行维修作业。为了满足客户需求，一些汽车 4S 店也逐步开展汽车零配件的销售业务。作为配件销售人员应该注意以下几点。

(1) 主动、热情接待顾客，注意礼貌用语。
(2) 询问顾客的需求，提取客户所需配件。
(3) 向顾客详细介绍所取配件品牌、产地、价格和功用。
(4) 顾客选定后，开具一式四联销售小票，交给客户，并指引客户持销售小票到收款处付款。
(5) 收款员收款后将四联销售小票加盖公章。收款员留存两联，交客户两联。
(6) 销售员依据加盖公章的销售小票付货，并留存回执联。
(7) 付货时，销售员要和客户共同检验商品，并介绍注意事项和保质期。

五、汽车配件入库与出库管理

1. 汽车配件的入库管理

汽车配件到货后需要验收，包括清点数量、核对单证和检查质量等。然后做好工作记录：在配件外包装上标注入库时间，以便在发货时做到"先进先出"；对于安全件，认真填写"安全数据表"和"安全件清单"。最后办理入库手续。

2. 汽车配件的出库管理

维修工持接车单到配件处领取修理用配件。配件人员根据维修工的需求，收回旧件后，开具一式二联销售小票，注意标明车牌号等。维修工签字确认后，持二联小票交结算员签字确认，结算员留存一联、交维修工一联。如属三包业务，应先经三包索赔员签字认可，维修工持结算员签字后的小票回执(一联)，到销售员处取料。

六、汽车配件报损管理

报损配件是指已经损坏或有质量问题或由于车型淘汰不能继续销售的在账配件，且不能进行三包索赔、退货和修复处理的。

1. 报损配件的确认

在日常经营中产生、月度和季度盘点中清理出的已经损坏或有质量问题或由于车型淘汰不能继续销售的配件，必须经由服务经理、三包索赔主管、配件主管三方鉴定，确认不能进行三包索赔、退货和修复处理的配件方可作报损处理。由于人为因素所造成的质量配件不予报损批示，损失由责任人和连带责任人承担。例如：可作三包、退厂或修复处理的配件，未能及时做相应处理而导致过期无法处理，或由于维修工操作不当，保管员保管不善，所造成的配件损坏。

2. 报损配件的申报

服务站在每季度的配件库存全面清点工作中，将需报损的配件整理、确认后，填制"报损配件明细表"(见表 5-2)，并填写"配件报损申请单"(见表 5-3)，上报服务部配件主管；服务部配件主管鉴定审核后进入配件报损申报流程，如图 5-6 所示。

表 5-2 报损配件明细单(样表)

编码	名称	单位	数量	单价	金额	供货厂家	发生时间	损坏原因
							小计	
申报单位：				申报时间：			申报人：	

注：报损明细按供货单位分类

表 5-3 配件报损申请单

填表人：

报损申请单位		报损申请日期	
报损原因			
服务部处理意见	总经理： 服务经理： 配件经理(主管)：		
总裁处理意见			
董事会处理意见			
财务部处理意见			

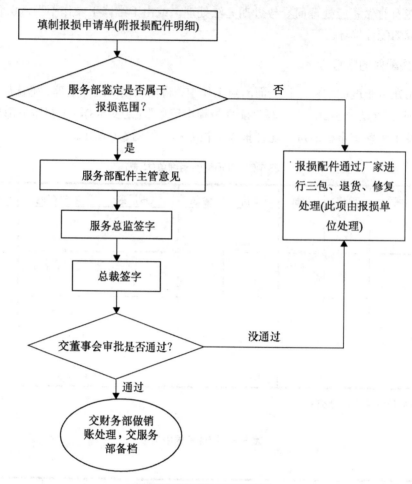

图 5-6 配件报损申报流程

3. 报损配件的处理方法

配件报损批准后，配件由申报单位暂作保管，以便服务部做进一步处理，申报单位不允许私自将报损配件丢弃、变卖。

4. 激励机制

为控制配件的报损量，减少公司的经营损失，各公司的总经理、服务经理、配件主管必须严格控制配件的进货计划，及时进行异常处理(包括：运输损坏配件、短缺配件、质量件、错发配件向供应商的索赔)。

对于所发生的配件报损损失，通常损失的 70%由该公司承担，总经理承担损失的 10%，服务经理承担损失的 10%，配件经理(主管)承担损失的 10%。

项目五 汽车4S店的配件管理

【任务实施与考核】

(一)技能学习

1. 汽车配件入库

1) 验收

零配件验收是核对验收凭证,对零配件实体进行数量和质量检验的技术活动的总称,是确保入库零配件数量准确、质量完好的一个重要的环节。验收工作是一项技术要求高、组织严密的工作,关系到整个仓储业务能否顺利进行,所以必须做到及时、准确、严格、经济。

(1) 零配件验收的必要性。

零配件验收的必要性具体如下。

① 由于入库零配件的来源复杂,运输条件上存在差异,包装质量不等,致使零配件在供货时及供货途中会产生种种复杂变化,并对其数量和质量产生一定的影响。为了确保入库的零配件在数量上的准确与质量上完好,必须对入库零配件进行认真、细致的验收工作。

② 为配件的保管和最终出库投入使用打下基础。因为只有在入库验收时,将配件的实际状况彻底检验清楚,才能剔除残次不合格品,才能为以后的保管、保养措施提供依据,才能在最终出库时为用户提供数量准、质量好的配件。因此,任何粗枝大叶、不负责任都会给以后的工作造成不必要的混乱和损失。

③ 对配件的质量生产起到监督和促进的作用。验收工作实际上是对配件产品质量、包装和运输等情况的一次全面考核,验收中所发现的产品质量等一系列问题反映,都会对有关部门的质量管理起到一定的推动作用。

④ 验收记录是仓库提出拒收、退货、索赔的依据。如果配件入库时未进行严格的验收,或没有做正确的验收记录,而在保管中或发货时才发现问题,就会给工作造成极大的被动,甚至带来不必要的损失,进口配件还会造成不良的政治影响和损失。

(2) 零配件验收的基本要求。

零配件验收的基本要求具体如下。

① 及时。到库配件必须在规定的时限内完成验收工作。要按照有关规定及时完成验收工作,提出验收结果。这是因为配件虽然到库,但是未经过验收的配件不算入库,不能供应给用料部门;只有及时验收,尽快提出检验报告,才能保证配件尽快入库,及时供应,满足用料部门的需要,加快配件和资金周转。同时,配件的托收承付和索赔都有一定的期限,如果验收时发现配件不符合规定的要求,要提出退货、换货或赔偿等要求,均应在规定的时限内提出,否则,供方或责任方不再承担责任,银行也将办理拒付手续。

② 准确。验收工作"三抓""五清"。三抓即抓数量、抓重量、抓质量;五清即数量清、重量清、质量清、规格清、批次清。对入库配件的品种、规格、数量、质量验收的

各项数据或检验报告必须准确无误，不得掺入自己的主观偏见和臆断，要如实地反映配件当时的实际情况，并真实准确地记录。验收的目的是要弄清配件数量和质量方面的实际情况，验收不准确，就失去了验收的意义。而且，不准确的验收还会给人假象，造成错误的判断，引起保管工作的混乱，严重者还会危及营运安全。

③ 严格。仓库各方人员都要严肃认真地对待配件验收工作。验收工作的好坏直接关系到企业利益，也关系到以后各项仓储业务的顺利开展。因此，仓库领导应高度重视验收工作，直接参与人员更要以高度负责的精神来对待这项工作。配件的验收关系到财产的安全，尤其是进口配件的验收，还关系到国家的利益和声誉，因此，验收人员必须具有高度的责任心，严格按制度、规定、标准和手续认真进行检验，并对所验配件负全部责任。

④ 经济。在大多数情况下，配件验收不但需要检验设备和验收人员，而且需要装卸搬运机具和设备以及相应工种的工人。这就要求各工种密切协作，合理组织调配人员与设备，以节省作业费用。此外，在验收工作中，应尽可能保护原包装，减少或避免破坏性试验，也是提高作业经济性的有效手段。

> **小提示**
> 一切配件入库时，必须在规定的时间内办理验收入库手续。入库前，必须检验数量、质量、型号，检验合格后方可入库。配件设备的说明书资料不齐全或质量、数量、规格不符时，不得入库，由采购负责与供货单位联系处理。如发现假货或质量问题要追究责任。

(3) 验收程序。

验收程序包括验收准备、核对凭证和实物检验三个环节，详细内容如表 5-4 所示。

表 5-4　验收作业程序

程　序	内　容
验收准备	仓库接到到货通知后，应根据配件的性质和批量提前做好验收前的准备工作。一般包括以下几个内容。 人员准备。安排好负责质量验收的技术人员或用料部门的技术人员，以及配合数量验收的装卸、搬运人员。 资料准备。准备好全部验收凭证和资料，搜集并熟悉待检配件的有关文件。 器具准备。准备好验收用的检验工具，如量具等，并校验准确。 货位准备。确定验收入库时存放的货位，计算和准备堆码、苫垫材料。 设备准备。应做好设备的申请调用
核对凭证	入库通知单和订货合同副本，这是仓库接收配件的凭证。 供货单位提供的质量证明或合格证、装箱单、发货明细表等。 配件承运部门提供的运单，若配件在入库前发现残损情况，还要有承运部门提供的货运记录或普通记录，作为向责任方交涉的依据。核对凭证，也就是将上述凭证加以整理、全面核对，相符合后，再进行实物检验

续表

程　序	内　容
实物检验	根据入库单和有关技术资料对实物进行数量检验和质量检验。 数量检验。数量检验是保证配件数量准确的不可缺少的重要步骤，在质量验收之前，由仓库保管职能机构组织进行。按配件性质和包装的情况，数量检验分三种，即计件、检斤和检尺求积。 质量检验。质量检验包括外观、尺寸、机械物理性能和化学成分检验四种形式

2) 入库

配件入库需登账建卡，根据配件实物检验的结果，建立配件保管账，在配件垛上挂上货卡，并按一物一档的原则建立配件档案。档案内容应包括：供货单位提供全部资料；运输部门的凭证及记录、验收记录、磅码记录、出库凭证等。至此，配件验收入库工作结束，配件进入保管待发状态。库管员、采购员持发货清单、装箱单，计划员持计划单，共同进行配件的第二次验货，供货单位送货上门，库管员开具一式两联收货单，一联留存，一联交计划员打印入库单。采购员自提、验收后，计划员依据验货单打印入库单，入库单一式五联，一联交保管员登账进入库房管理程序，其他四联由计划员分配，一联计划员留存进行账处理，一联交财务，二联配发票也交财务进入记账程序。货物验收不合格，计划员制一式两联差损单，一联交计划员，一联交采购员，采购员依据差损单进行异常处理。

3) 验收入库细则

验收入库细则具体如下。

(1) 计划员负责保管到厂的全部进货明细单、临时管理进货发票及运单。

(2) 入库前库房保管员要整理库房，为新到商品的摆放提供空间。

(3) 采购员从货场提取货物后，库管员协同计划员、调度员、采购员进行验货，清点数量，检查质量，完成配件的第二次验收。

(4) 采购员核实进货清单，同时对于送货上门、临时采购的，要协同保管员填写实收货物清单，核实无误后双方签字。对于有质量问题的货物，保管员有权拒收。

(5) 计划员凭进货清单打印入库单，数量以实收为准(如有价格变动应及时调整)。入库单一式五份，保管一份，计划四份(其中两份附进货发票及运单转交财务部门。如票据未到的，应在备查簿中做好登记以备查询，一份交财务记账，一份由计划员留存)。

(6) 计划员统计本批货物的缺件、坏件、劣质件以及价高件，并反馈给部门经理，以便采购进行异常处理。

(7) 保管员负责配件上架，并根据核对好的入库单据，认真填写卡片账，做到账实相符。填写卡片账工作，应在当天完成。

2. 配件库存管理

1) 配件库存管理程序

保管员、调度员、计划员根据入库单、出库单登账，结日库存。保管员把入库的配件验货上架，完成配件第三次验货。保管员、调度员、计划员、采购员定期对库存配件进行库存结构分析，做出分析报告。每月、季度进行库存盘点，做出盘点表、盘盈盘亏书面说明，交配件主管上报公司经理，交财务作账目调整。季度盘点后，进行配件报损工作。

2) 配件的具体保管

为保证库存配件的准确，节约仓位，便于操作，配件的保管应科学、合理、安全。

(1) 分区分类。根据配件的车型，合理规划配件的摆放区域。具体应做到分类四定，即划区定块、画线定位、货垛定型、仓库定量。

(2) 五五摆放。根据配件的性质、形状，以五为计量基数做到"五五成行，五五成方，五五成串，五五成包，五五成层"，即大的五五成方，小的五五成包，高的五五成行，矮的五五成堆。根据实际情况来制定具体的措施和方法，使其摆放整齐，便于过目成数，便于盘点与发放。

(3) 建签立卡。对已定位和编制架位号的配件建立架位签和卡片账。架位签标明到货日期、进货厂家、进出数量、结存数量以及标志记录。凡出入库的配件，应当天进行货卡登记，结出库存数，以便实货相符。

(4) 配件堆码。配件堆码要注意"四定""五限""五距"和"五标准"。

"四定"：按库号、架号、层号、位号对配件实行统一架位号，并与配件的编号一一对应，以便迅速查账和及时准确地发货。

"五限"：限类、限高、限位、限量、限距。

"五距"：货垛的"五距"是指墙距、柱距、顶距、灯距、垛距。即货垛不能依墙靠柱，不能与屋顶或照明设备相连。

"五标准"：垛形机械位要符合牢、齐、清、稳、美的五字标准。

(5) 零配件养护及管理。库存配件要采取措施进行维护保养，做好防锈、防水、防尘等工作，防止和减少自然损耗。有包装的尽量不要拆除包装。因质量问题退换回的配件，要另建账单独管理，保证库存配件的准确、完好。

零配件和零配件库房要做到"六清""三齐""四一致"。六清：零配件名称、规格型号、数量、质量、零部件及资料清。三齐：库容整齐、码垛整齐、标签整齐。四一致：账、卡、物、金额要一致。

【知识拓展】

配件堆码五距规定

墙距，是指货垛和墙的距离。留出墙距能起到防止墙壁的潮气影响货物，便于开关窗户、通风散潮、检点药品、进行消防工作和保护仓库建筑安全等作用。垛与墙的距离一般不小于 0.5m。

柱距，是指货垛和室内柱的距离。留出柱距，能起到防止药品受柱子潮气的影响和保护仓库建筑安全的作用。垛与柱的间距一般不小于 0.3m。

顶距，是指货垛与屋顶之间的必要距离。留有顶距，能起到通风散潮、查漏接漏、隔热散热、便于消防等作用。顶距一般规定为：平房仓库 0.2m～0.5m；多层建筑库房底层与中层 0.2m～0.5m，顶层不得低于 0.5m；人字屋架无天棚的库房，货垛顶层不能顶着天平木下端，应保持 0.1m～0.2m 的距离。

灯距，是指货垛上方及四周与照明灯之间的安全距离，这是防火的要求，必须严格保持在 0.5m 以上。

垛距，是指货垛与货垛之间的距离，视货品性能、储存场所条件、养护与消防要求、作业需要而定。在一般情况，货垛间距为 1m 左右。

3. 配件出库

配件出库即发放，是指各类材料的发出，原则上采用先进先出法。物料(包括原材料、辅助材料)出库时必须办理出库手续，并做到限额领用(按消耗定额)。车间领用物料必须由车间主任(或其指定人员)统一领取，领料人员凭车间主任或计划员开具的流程单或相关凭证向仓库领料，后勤各部门只有经主管领导签字后方可领取，领料员和仓管员应核对物品的名称、规格、数量、质量状况，核对正确后方可发料。仓管员应开具领料单，经领料人签字，登记入卡、入账。

汽车配件出库的工作程序，可分为发货前的准备工作和发货工作两部分。

1) 发货前的准备工作

原包装出库的汽车配件，如发现包装有破损或不良情况时，应随时修理、缝补、加固；凡要拆件零付的汽车配件，在入库时，即可拆开部分大包装。把零星汽车配件放在货架上，以免出库时临时拆件开箱，延缓付货时间；有些汽车配件需要挑选等级，也可以事前拆开大包装，放入货架上；汽车配件堆码，或平时整理、合并货垛时，应注意在货架两头或四周留出适当的墙距、走道与间隔，便于汽车配件下垛和库内搬运。

2) 发货工作步骤

(1) 审核汽车配件出库凭证。仓库发货必须有正式的单据为凭证，所以第一步就是审核汽车配件的出库单据。其主要审核的是业务单位开制的汽车配件调拨单或提货单，查对其付货仓库名称有无错误，必要的印鉴是否齐全、相符，汽车配件品名、规格、等级、牌号、数量等有无错填，单上填写的字迹是否清楚，有无涂改痕迹，提货单据是否超过了规定的提货有效日期。如发现问题，应立即联系或退回业务单位更正，不许含混不清地直接发货。但特殊情况(如救灾、抢险等)可经过领导批准先付货，事后及时补办手续。在发货时，如出库凭证有问题，需经过原开证单位更正并盖章后方为有效。手续不符的，仓库有权拒绝付货。

(2) 凭单记账，核销存货。出库凭单经审核无误，仓库记账员即可根据凭单所列各项对照登入汽车配件保管账，并将汽车配件存放的货区库房、货位、排放号，以及发货后应有的结存数量等批注在汽车配件出库凭证上，交保管员查对配货。

(3) 近号找位，据单配货。保管员根据出库凭证所列的项目内容核实并进行配货。属于自提出库的汽车配件，不论整零，保管员都要将货配齐，经过复核后，再逐项点付给要货人，当面交接，以清责任；属于送货的汽车配件，如整件出库的，应按分工规定，由保管员或包装员等，在包装上刷写或粘贴各项发货必要的标志，然后集中待运；必须拆件取零、拼箱的，保管员则从零货架提取，或拆箱取零(箱内余数要点清)，交包装场所编配装箱。

（4）直接出库或装箱待运。出库汽车配件有的可以直接出库，有的还需要经过包装待运环节。如不足整件的零货，凡同一收货单位的，可以把几种汽车配件拼装在一个箱内，或将某种零货改装为小箱。特别是发往外地的汽车配件，为了适应安全运输的要求，往往需要进行编配拼装、换装、改装和加固包装等作业。凡是由仓库分装、改装或拼装的汽车配件，装箱人员要填制装箱单，填明箱内所装汽车配件的名称、牌号、规格、数量以及装箱日期，并由装箱人员签字或盖章后装入箱内供收货单位查对。汽车配件包装要妥善衬垫，包扎牢固，标志正确，字迹清晰。装箱单一式四联，一联存根，二联随货同行，三联放入包装内，四联粘贴包装外。包装妥善后，将汽车配件移入指定地点，等待发货。

送货的汽车配件，不论是整件还是拼箱件，均须进行理货、集中待运。待运配件一般分为公路、航运、铁路等不同的运输方式与路线和收货点，进行分单(票)集中，便利发货。配件集中后，仓库应填制汽车配件启运单，并通知运输部门提货发运。

（5）配送发货。运输部门人员持汽车配件起运单到仓库提货时，保管员应逐单一一核对，并点货交于运输人员，划清责任。发货结束后，应在起运单上加盖"发讫"戳记，并留据存查。有的仓库发货人员经过核对托运单，将汽车配件点交给随车人员，同时将随货同行的凭证一并交给驳运车辆。

（6）挂账单位回款。转账回款：调度员持结账联填写报销单，经挂账单位签字确认后转财务人员。现金回款：收款员收款后填写日报表交财务人员。银行汇款：调度员及时与财务人员联系，确认后索要相关单据销账。

3) 出库注意事项

出库要做到"三不""三核""五检查"。

(1) "三不"，即未接凭证不翻账、不经审单不备货、未经复核不放行。

(2) "三核"，即发货时核对凭证、核对账卡、核对实物。

(3) "五检查"，即根据单据和实物进行品名检查、规格检查、包装检查、件数检查、重量检查。

(二)任务实施

实训项目：模拟配件部的库存管理流程

通过本学习任务的学习，使学生加深对汽车零配件出入库程序的理解，掌握汽车零配件入库程序、配件出库程序、仓务管理实务、配件库存管理等内容。教师可根据教学资源的实际情况指导学生分组演练。

实训操作：实训场地为汽车4S店、汽车配件城，如有条件也可在汽车配件虚拟实验室进行。要求配备计算机、话筒、音响、投影仪、配件信息服务系统等基本设施设备。还可以用照相机和摄影机记录实训过程和内容，做好影像资料的归类保存。指导教师要求学生撰写本次实训报告。

学生根据课堂讲解内容可分组进行配件管理的情景设计、角色扮演，模拟配件的进销存流程，完成相应表单制作，提交实训总结报告。

注意：在操作过程中，注意操作程序与规范。

(三)任务考核

教师根据学生的课堂表现、配件管理流程描述以及相关任务单据和实训报告质量进行综合评分。

思 考 题

1. 什么是汽车配件？常见的汽车配件有几种分类方法？
2. 汽车 4S 店配件管理业务的主要内容有哪些？
3. 如何做好汽车配件的入库管理？
4. 如何做好汽车配件的出库管理？
5. 配件仓库的布置原则是什么？
6. 汽车 4S 店的配件仓库管理包括哪些内容？
7. 讨论：企业要达到经济、合理有效的配件管理，需要注意哪些问题？

项目六　汽车 4S 店的信息反馈管理

【项目导入】

　　信息反馈是汽车厂商授权汽车 4S 店的一项职能，要求汽车 4S 店必须收集客户信息并及时反馈给厂商，以便于产品研发，更好地满足汽车消费者的需求。实际上除了履行义务外，信息反馈对汽车 4S 店本身来说也是至关重要的一项业务工作。现在主流汽车销售实体的 4S 专卖店，承担了整车销售、零部件供应、售后服务、信息反馈四大功能。如果销售、售后和配件管理是 4S 店提供给客户最直接的服务，那么信息管理是前三种业务管理决策的基础，信息越详细，决策就越有"底气"，客户就会越满意，自然企业经营效益就会越好。

【项目目标】

- 理解汽车 4S 店信息反馈的含义。
- 理解并掌握信息反馈管理的创新知识。
- 掌握信息反馈管理工作的内容。
- 了解汽车 4S 店客户管理的内容。
- 熟悉汽车 4S 店跟踪服务流程、规范及汽车 4S 店跟踪服务方法。
- 掌握客户投诉的处理方法。
- 熟悉客服人员的主要工作内容。

任务一　了解汽车 4S 店的信息反馈管理

【任务导入】

大学刚毕业的张娟，马上就要进入汽车 4S 店的客服部成为一名正式的客服了。第一次进入企业，她既兴奋又紧张，不知道该从哪里入手学习客服的相关知识。

【任务分析】

信息是企业进行科学管理的重要前提和依据，抓好市场信息是企业发展的重要手段。作为汽车 4S 店的客服成员，应该深刻了解信息对于汽车 4S 店的重要性，全面掌握信息反馈工作的主要内容和流程。本任务中我们将从信息反馈的含义、信息反馈工作现状与创新要求、信息反馈工作内容、客服部主要岗位职责和客户管理等方面进行学习。

【知识准备】

一、信息反馈的含义

信息反馈(survey)指的是汽车 4S 店定期回访客户，倾听客户的意见，了解客户的心理及需求，并认真做好记录，建立客户档案的工作活动。汽车 4S 店向客户提供的销售和售后服务会对客户产生不同的感受，客户通过现场、电话回访、电话接收、信函、行政主管部门等渠道向公司表达自己对 4S 店工作的肯定或建议或意见，以此促进公司改进工作，提升服务质量。汽车市场"信息反馈"的出现，是市场竞争所致的必然结果。4S 店处于市场竞争的最前线，每天直接接触用户，每个用户也直接与销售店打交道，同时，4S 店在市场上与竞争对手的 4S 店短兵相接，掌握着市场的每一个细微变化。在技术上，4S 店每天都要接待客户进行车辆检查、保养、维修、索赔等，这些信息对改进汽车产品具有极大的价值。可以说汽车的信息反馈在整个汽车营销过程中有着特殊的"使命"，对汽车产品和服务走入市场化起着积极的过渡与推动作用，对繁荣汽车市场有着深远的意义。

二、汽车 4S 店信息反馈的现状与创新要求

(一)信息反馈工作的现状

尽管信息反馈工作意义重大，但在我国大多数汽车 4S 店所做的客户信息反馈，只是表面的一种形式，客户的反馈信息最终并未得到满意回应或解决。

汽车 4S 店经营模式给客户的购买和售后维护带来了极大的便利性，但实际用户信息的

传递却并不是那么流畅。首先客户的信息咨询及反馈大多是由传统的通信手段电话来进行的，而许多汽车 4S 店依然停留在普通的人工转接以及有纸作业，由此造成了信息传递的迟息，以及客户信息的不完整，对客户的服务不能完全到位。

信息反馈工作最关键的是产品需求方面的信息，汽车厂家依据汽车 4S 店返回的信息进行生产。在中国，几乎所有的汽车 4S 店都不能掌握潜在客户的未来一段时间的需求，即使是将已售客户的资料记录准确、保存完整、反馈给生产企业，也仅有一部分的汽车 4S 店能做到。我国整车生产企业都曾想过实行订单生产，要求汽车 4S 店提供未来时段内订货数量并据此排产，但结果并不成功。信息反馈工作的现状具体表现如图 6-1 所示。

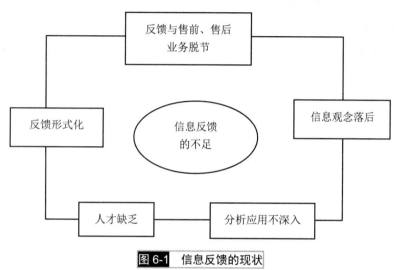

图 6-1　信息反馈的现状

1. 信息反馈工作多流于形式

很多汽车 4S 店按照厂商要求都建立了相应的信息部门或客服部门，负责反馈工作，但大多徒有其名，走走回访程序，甚至是弄虚作假，应付了事，根本起不到应有的作用，消费者的利益很难得到保障。这与生产商的授权及考核制度是否审慎和严格有直接关系。

2. 信息反馈与 4S 店其他职能部门工作脱节

信息反馈和其他部门各自独立经营，缺乏沟通。信息反馈只负责信息，不负责销售或售后服务，接收到客户售前或售后相关信息后，仅作记录存档，却不给予其他部门沟通反馈，最后由于部门间信息不对称，导致无法解决客户实际问题。

3. 领导者的信息反馈意识淡薄

由于信息反馈工作无法体现即时经济效益，因此大多数汽车 4S 店的领导者都把工作重点放在销售和售后服务部门，轻视信息反馈工作。所以很多汽车 4S 店的信息反馈没有完整的体现，反馈业务也是若有若无。

4. 数据库管理分析系统还不完善

虽然大多数汽车 4S 店应厂家要求，都建立了相应的信息数据库，但因缺少统一协调管理，加之人才缺乏，对收集到的信息很难做出深入分析，更谈不上应用统计技术做出科学预测，同时对质量技术问题提供支撑的数据库管理分析系统还不完善。

5. 专用人才缺乏，总体反馈工作水平不高

由于汽车服务企业领导人不重视信息反馈工作，从事信息反馈工作的人员往往学历水平和素质能力比较低，或者是从别的岗位淘汰下来的工作人员，因此整个信息反馈团队的综合素质能力不高，这也是导致该工作质量低的主要原因。

(二)信息反馈工作的创新要求

信息作为一条有序的、系统化的、连续的信息流，在保证汽车服务企业决策层的决策智能性及环境敏感性方面起着重要的作用。有效地发掘信息资源，对其进行深入的分析加工，并以最快、最能满足需求的方式输出，正在成为汽车服务企业在市场上提高竞争力的关键因素。建设一个高效、稳定的竞争信息系统，是汽车服务企业获得持续竞争优势的根本保证。为此，汽车企业的信息反馈工作必须实现五大方面的创新，即理念创新、体系创新、方式创新、技术创新和队伍创新。

1. 信息反馈管理的理念创新

建立新的信息观，切切实实地认识到汽车服务企业的市场营销、销售、内部管理、财务分析、经营决策等都要依赖于信息技术，并要尽快地学会掌握信息、分析信息、运用信息。

2. 信息反馈管理的体系创新

加快信息基础设施建设，建立统一的信息网络平台。建立统一数据库，进行分级控制，提供信息的收集、分析、管理、共享功能，实现汽车服务企业内部资源共享，形成全公司统一、规范、畅通的信息网络体系。

3. 信息反馈管理的方式创新

加强信息标准化建设，制定信息收集的标准与规范，在正确把握各种信息的基础上对现有信息指标体系进行分类整合，对信息体系内部各种信息收集渠道进行合理规范，提高信息的准确性和权威性。

4. 信息反馈管理的技术创新

以内部计算机信息网为基础建立企业统一的信息沟通和处理平台，包括信息收集、信息评估、信息分析、信息服务，与企业的管理系统(包括营销管理、维修配件、人事系统和财务系统等)紧密相连，加速企业的信息流转周期，为更密切地服务于企业战略决策支持系统发挥出应有的作用和价值。

5. 信息反馈管理的队伍创新

搞好信息培训和信息队伍建设。信息网络的支撑和建设，需要一支能够规范地完成信息收集、传输、处理和应用服务的队伍。

三、汽车4S店信息反馈的工作内容

(一)信息的收集

信息反馈管理的核心内容之一就是信息的收集。挖掘有效的信息资源,对其进行深入的分析加工,并以最快、最能满足需求的方式输出,从而建设形成一个高效、稳定的竞争信息系统,是汽车服务企业获得持续竞争优势的根本保证。

1. 要努力搜集第一手的信息

被称为"经营之神"的松下幸之助对阿尔弗雷德·斯隆有过非常高的评价:"如果在已经去世的名人中,评定谁是世界上最伟大的董事长,我想没有比通用汽车公司的阿尔弗雷德·斯隆更合适的人选。他的确是在所有的经营者中最值得我们效法的理想的经营者。我过去也接触过许多经营者,但并没有十全十美的。斯隆先生堪称千载难逢、十全十美的人物,也可以说是最理想的经营者。"斯隆成功的秘诀之一就是抓第一手信息,建立信息收集系统。

2. 信息要有积累性、系统性、及时性

用户对信息的需求是连续的、系统的,是前后相关联的。对后面的信息要求一般是在前面使用的基础上提出来的,而后面信息的使用总是希望在前者效果的基础上得到进一步的提高与加深。因此,保持信息处理的连续性、系统性既是用户的要求,也是搞好信息处理、提高服务效果的一个基本要求和原则。比如日本7-11连锁店耗资600亿日元,建立了POS系统,有人称之为全球仅次于美国太空总署(NASA)的数据库,目前已经更新到第五代。

3. 要对信息进行深入、系统的分析

透过表面看本质,通过思考获得市场的真实情况和发展趋势,做出准确的判断。光有庞大的数据库,如果不知如何运用,等于浪费。进入信息社会,出现了信息爆炸,我们获得的信息不是太少,而是太多,多了以后就使得人们无所适从,甚至被淹没在信息中,因此信息的加工处理和判断工作就非常重要。

(二)汽车4S店反馈信息的执行

企业的发展离不开信息,很多企业已经意识到信息的重要,于是它们每天都会从市场上收集到大量的反馈信息。但是,收集到的市场信息只能说明企业迈出了把握先机、走近成功的一步,关键的问题却在于如何有效地将信息转化为生产力,即迅速有效地做好反馈信息的执行工作。

那么,企业如何才能有效地做好反馈信息的执行呢?

1. 筛选和整理反馈信息

1) 筛选反馈信息

对汽车4S店来说,将信息筛选整理是有效执行反馈信息的第一步。由于从市场上收集

到的反馈信息并不是完全有价值的，要想挖掘出反馈信息的价值，就要如毛泽东所说的那样："去伪存真，去粗取精，由表及里，由内到外。"透过事物现象看本质。企业进行信息筛选主要是为了核实反馈信息、杜绝失真信息的误导。如果企业对信息勿经辨别而盲目信从，往往就会导致巨大的经营危机。

信息经过筛选，企业就可以从中选出适合自己发展的信息。如：通过知晓竞争对手营销策略的改变，有助于企业采取新策略做出正确决策，使企业在竞争中抢占先机。

信息的媒体是多样化的，如互联网、电话、传真、报纸、杂志等，所以筛选信息的难度也在加大，企业务必擦亮双眼，挑选出对企业当前工作有转机的信息，特别是潜在信息，才有利于更好地取得执行效果。

2) 整理反馈信息

任何事物都是有联系的，信息也不例外，部分反馈信息在某时段上可能会共同反映一种现象。企业通过统计、归属、整理，可以更有效地提高信息处理的效率。

2. 反馈信息分类

在对信息进行筛选整理之后，企业的下一步工作就是按信息的时效性(轻重缓急)、营销因素的针对性(产品研发、定价、渠道网络、促销方式、售后服务、销售管理、客户管理等)和信息的归属性(部门需要)对其进行分类、管理。在河南省营销经理高级研修班上，天泰饲料公司一个销售主管谈到，公司每天接到很多反馈信息之后，就会按信息的轻重缓急程度和部门性质需要进行分类。比如，属于技术部门的问题就列入技术部的信息卡，生产部的就列入生产部，这样就大大提高了反馈信息的精度，同时也避免了后期信息传递的盲目性。企业在具体操作时应依各自的情况进行反馈信息的分类，以避免在以后工作中出现部门间相互推诿等不良现象，影响反馈信息的时效性和执行力度。企业在信息把握上要灵活有序，对反馈信息合理分类是信息反馈执行过程中的重要部分，不可轻视。

3. 传递反馈信息

反馈信息是经整理、分类，其所反映的问题的本质也逐渐明晰，接下来信息进行合理传递成为信息执行中的一个关键环节。在传递信息时，企业既要保证信息的畅通无阻，又要注意信息的保密性。在具体操作时，很多企业因为信息传递途径过长，而无法将信息执行下去，或者偏离了执行方向，这一点是值得企业注意的。另外，很多企业的失败之处在于部门间信息根本就不流通。本来是销售部的信息反映到生产部，被搁置起来无人问津，本该很好解决的问题，却因销售部门不知道而丧失了企业的客户，本应是科研部门的问题却在生产部门搁浅，失去市场良机。

企业要发展，部门间的精诚合作是前提。如果一个企业的销售部门与售后服务部门不和，产品出了问题，销售部门推说找售后服务部门，售后服务部门推销售部门，二者都不愿承担责任。企业内部不能齐心合力、团结一致，当然也就谈不上更好地发展，迟早要被市场淘汰。

一般情形下，部门主管收到信息签字后马上执行，不能马上解决或执行难度较大，就要交给企业高层进行决策，并制定出解决问题的相关方针政策，与执行负责人研讨、协商，布置信息处理的目标及拿出合理的可行性方案交给相关的部门主管。

4．对反馈信息进行有效执行

对反馈信息进行有效执行要注意以下几点。

(1) 执行。对反馈信息的执行是整个反馈信息执行过程的中心点。部门主管在拿到执行方案后，就开始贯彻落实，调动相关的工作人员并配备相关的物力、财力等，从事具体操作，按要求完成执行任务。

(2) 监督。在执行过程中，工作人员的态度、效率如何，信息执行情况是否偏离了预期目标，执行中出现了哪些新问题等，这些情况还需要管理者进行认真的监督。执行监督的方式通常有制度监督和专职监督两种。制度监督是企业按照内部章程、工作细则等进行监督。专职监督是企业组织专门的督察人员进行监督，两者相互使用，互补长短，其效果更佳。

(3) 效果评估。效果评估是能够显现出反馈信息执行的经验教训的方法之一，所以，它往往被企业所采用，也成为在整个反馈信息执行过程中必不可少的步骤。进行效果评估的需是营销方面的专家，这样才能确保做出专业、客观合理、科学的评判，使其具有较高的参考价值，企业也可据此自省、总结，使反馈信息的执行更有效。

5．信息再反馈

经过整理、分类、传递、执行以上环节，企业还需要最后一道工序——信息再反馈。企业进行信息再反馈，除表示对客户的感谢外，还要征询他们对反馈信息执行过程中的不满之处，以及鼓励他们对企业提出相关建议，完善企业信息执行管理系统。

企业做好反馈信息的执行，需要全员运作，更需要企业的管理决策层、执行操作层的共同参与。如此，反馈信息经过上述五个步骤，组成了反馈与再反馈的链条，构成了企业对反馈信息执行的良性循环，为企业在把握市场瞬息万变的形势中提供了无限商机。

四、客户服务部的主要岗位工作职责

(一)客服经理的岗位职责

客服经理的岗位职责具体如下：

(1) 根据领导要求，指导、带领客服部员工完成工作任务。
(2) 制定部门工作计划并实施完成。
(3) 负责管理和协调客户反馈/投诉的收集、跟踪处理以及重大客户问题的解决。
(4) 做好客户档案的管理以及客户的定期回访工作。
(5) 组织、协调各部门做好客服工作，发生客户投诉时，具有执行权。
(6) 不断优化客户满意度调查的方式和方法，为总经理制定提高客户满意度长期的规划。
(7) 做好本部门以及公司内的媒体公关工作。

(8) 负责组织本部门人员定期上报服务质量表及其他业务报表。
(9) 带领部门员工做好客服特色服务。
(10) 完成上级领导交办的其他工作。

(二)客服专员的岗位职责

客服专员的岗位职责具体如下：
(1) 接受客户端的咨询，记录客户咨询、投诉的内容，按照流程给予客户反馈。
(2) 整理客户资料，客服专员每日认真提取客户信息档案，以便关注这些客户的动态。
(3) 记录汇总咨询的内容，及时分析并反馈给客服主管。
(4) 对客户进行不定期的回访，通过回访不但了解不同客户的需求、市场咨询，还可以发现自身工作中的不足，及时补救和调整，满足客户需求，提高客户满意度。
(5) 接到投诉的时候，要立即处理。处理后要及时回访，使得客户投诉得到高效和圆满的解决，建立投诉归档资料。
(6) 与其他部门密切沟通，参与营销活动，协助市场营销。
(7) 完成领导交办的其他事项。

五、客户管理

汽车4S店进行信息反馈的根本目的是了解客户真实需求，并据此满足客户，提升自身的服务质量。从企业第一次接触了解客户开始，客户管理工作也同时启幕了。

客户管理是指对客户的业务往来关系进行管理，并对客户档案资料进行分析和处理，从而与客户保持长久业务关系。为加强服务与促销，企业必须对"产品使用者"加以有效管理，这不仅可以提升客户的满意度，而且可以增加销售机会，提高经营绩效。

(一)客户管理的内容

客户管理的内容是丰富多彩的，归纳起来，主要有以下两项。

1. 客户基本资料的管理

客户基本资料的管理涉及客户最基本的原始资料的管理。主要包括客户的名称、地址、电话、兴趣爱好、家庭、学历、年龄、能力等。这些资料是客户管理的起点和基础，它们主要是通过销售员进行的客户访问搜集来的。

2. 客户关系的管理

客户关系管理就是要追求客户满意，培养客户的忠诚，在此基础上，最终建立起比较稳定、相互都受益的伙伴关系。结果，客户获得了满意的服务，而你则获得了利润，销售额增加，销售费用降低，建立了自己稳定的客户关系网络。此外，由于你的服务，他在很多方面都相继受益，诸如缩短了决策时间，减少了冲突，节省了费用。

(二)客户管理的方法

对客户进行管理，需要采用科学的管理方法。一般来讲，客户管理方法主要有巡视管理、关系管理与筛选管理。

1. 巡视管理

管理客户，必须首先了解客户。而要了解客户，就要多与客户进行接触，倾听客户意见。接触的途径就是实施巡视管理。工作人员在进行巡视的时候，至少要做三项基本工作。

1) 倾听

倾听可以帮助你了解客户的真实情况，加强与客户的沟通。倾听的方式既可以是拜访客户、召开客户会议，也可以是热情接待来访客户，还可以是利用现代通信工具与客户进行沟通交流。倾听即深入到客户中去，倾听他想说的事情，了解他不想说的事情；从另一方面来看，倾听是个很好的市场调查的机会，借此可以了解客户对企业产品是否满意。同时要认真处理客户来函来信，及时消除客户疑惑。现在许多企业通过安装客户免费"热线"投诉电话来处理客户抱怨和倾听客户的心声。

2) 帮助

帮助即帮助客户办理各种手续、解决在使用中出现的问题等，为客户提供优质服务。

3) 教育

教育即引导客户树立正确的消费观念，教会客户如何使用本厂家产品。

2. 关系管理

关系管理能指导销售员如何与客户打交道。销售员能与客户搞好关系，那么他就能与客户做成交易，进而培养客户的忠诚，建立长久的业务关系。

1) 为每个大客户选派精干的大客户业务代表

对许多企业来说，重点客户(大客户)占了企业大部分销售额，销售员与重点客户打交道，除了进行业务访问外，还要作其他一些事情，比如邀请客户一起外出共同进餐，或者一起游玩，对他们的业务提供有价值的建议等。因此，很有必要为每个重点客户安排一名专职的业务代表。这名业务代表既要承担销售员的职责，又要充当关系经理的角色。其职责一是协调好客户组织机构中所有对购买有影响的人和事，以顺利完成销售任务；二是协调好企业各部门的关系，为客户提供最佳的服务；三是为客户的业务提供咨询与帮助。

2) 加强对客户的跟踪与服务

对客户的跟踪是与客户建立长久关系的有效途径。对客户的追踪有四种方法。

(1) 电话跟踪。电话跟踪也许是最常见和成本最低的，同时也是最难将跟踪活动转化为销售和长久关系的跟踪方式。客户可能通过自动应答机器以及语音邮件等设备回避接听你的电话。销售员必须很有创意并激起对方足够的好奇使他们希望与你交谈。

(2) 邮件跟踪。这是一种常见的跟踪方法，但是邮件应别具特色。和电话跟踪一样，你也应该使你的计划个性化，以使客户或潜在客户有所记忆。比如，你可以在邮件中包含额外优惠，即当顾客回信时将会得到的物质鼓励，也许是特别促销折扣或者优惠券。如果销售员应用这个方法,让客户知道你将在几天后打电话以求得他们的反馈,那么这个要打的电话就会为有效的跟踪联系开辟另一扇大门。这是一个良性循环。客户感到自己被尊重,并且你在与他们联系时,可以受到热情的欢迎。

(3) 温情跟踪。每个人都喜欢得到别人的感谢,并且我们都同意这个世界上缺乏宝贵的正面激励,所以应利用跟踪系统让顾客知道你感谢他们为你带来生意。温情跟踪应该成为你销售保留节目的永久部分,一般采取短信致谢、电话道谢等的形式。

(4) 水平跟踪。水平追踪是指在不同的时间采用不同的跟踪方式对同一客户进行追踪。例如在下次销售会议上,可以采用另外一种跟踪办法;同一级别的其他销售人员对客户的追踪等。

3. 筛选管理

筛选管理是指企业销售人员每年年末时对手中掌握的客户进行筛选并分类管理。筛选的依据包括客户全年购买额、收益性、安全性、未来性和合作性等。筛选是将重点客户保留,而淘汰那些无利润,没发展潜力的客户。

根据具体的筛选依据,保留下来的客户便被管理人员进行分类整理。第一个分类可以分为公务车和私家车。公务车又可以分为政府公务车、企业公务车;私家车可以分为可以报销费用的私家车和纯粹的私家车。第二个分类可以分为重点客户和普通客户。对于年结算总额排名在前 20%的客户,可以称之为重点客户,其他为普通客户。第三个分类是特殊客户和一般客户。对于当地重要部门或特殊的车辆的车主,可以称之为特殊客户,其他为一般客户。建议汽车 4S 店应该建立 VIP 专用通道,服务重点客户和特殊客户,以满足其更高的需求。

【任务实施与考核】

(一)技能学习

通过该工作任务的学习,使学生能了解信息反馈的意义,熟悉汽车 4S 店信息反馈工作的内容,提升信息服务意识。

(二)任务实施

实训项目:以某一汽车 4S 店为例,探讨其信息反馈工作主要内容及工作意义。

具体操作:学生每 4~6 人一组,开展分组市场调查活动,了解当地某一具体汽车 4S 店的客服部岗位设置情况、信息反馈工作内容以及存在的问题,小组讨论如何提升该店信息反馈工作质量,并提交实训报告。

(三)实训考核

学生提交活动设计方案和实训总结报告。教师根据学生设计方案及分析总结,以及在执行调研过程中学生的应变反应能力进行综合打分。

任务二　客户信息反馈与处理

【任务导入】

大学生张娟在学习和了解了汽车 4S 店的信息反馈基本理论知识后,开始逐渐接手具体的信息反馈工作,包括客户回访、客户投诉处理等。作为新人,张娟虽然理论知识扎实,但一想到要直接面对客户,还是有点儿紧张。她该如何提升自己的实战技巧呢?

【任务分析】

作为一名客服人员,不仅要有扎实的理论基础、为客户服务的意识,还要有足够的处理客户信息的技巧。本任务中我们需要从客户跟踪服务、客户投诉处理、客户满意与客户关怀等方面进行学习。

【知识准备】

据调查,70%～95%的满意客户不会向公司投诉。对服务不满意的客户中,96%会静静地离开,而其中 91%永远不会再回来。当中 80%的客户会将他的遭遇告知 8～10 个朋友。然而 83%的用户离开的原因是管理不专业或者是待人态度恶劣所造成的。这项调查数据让企业开始逐渐重视客户信息反馈工作。

一、客户跟踪服务

在信息反馈管理中,除了对客户进行有效管理外,最重要的就是对客户进行售后服务跟踪,以有效提升客户满意度、稳定客户关系。

(一)汽车 4S 店客户跟踪服务流程

按照厂商的要求,汽车 4S 店要定期向客户回访,征求客户意见,了解客户满意度。汽车 4S 店的客户回访流程如图 6-2 所示。

(二)汽车 4S 店跟踪回访服务的好处

汽车 4S 店跟踪回访服务具有以下好处:
(1) 表达对客户惠顾的感谢,增加客户的信任度;
(2) 确保客户对维修满意,对不满意的采取措施加以解决,保证使客户满意;
(3) 将跟踪结果反馈给业务接待、车间主管等,找出改进工作的措施,以利于今后的工作。

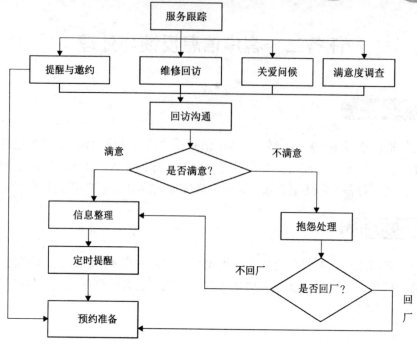

图 6-2 汽车 4S 店客户回访

(三)汽车 4S 店跟踪回访的目的

汽车 4S 店跟踪回访的目的具体如下：
(1) 征求客户的满意程度，表达感谢之意；
(2) 转达企业管理者的关心之情，同时提高企业自身形象，培养忠实的客户群体；
(3) 及时掌握客户不满意的情况，并能及时处理、沟通，查出分歧，赢得理解；
(4) 对出现的问题及时整改，避免由此造成客户的失望及流失，及时挽回企业的声誉；
(5) 加强与客户间感情联络，让客户感觉企业对他负责到底；
(6) 搜集信息，调整经营策略，使服务更加贴近市场、贴近客户。

(四)跟踪回访的准备

汽车 4S 店的跟踪回访工作主要以电话跟踪回访为主，在进行回访前应做好充分的准备工作，例如，准备电话跟踪记录表和电话跟踪处理日报表。充分了解车主的档案信息，如车主的职业、职务、爱好、购车的目的，车辆使用情况/行驶里程和保养、维修情况，车辆维修档案，维修故障记录，本次维修故障现象及本次维修时出现的问题。与客户沟通情况，了解车辆的相关信息。

(五)电话跟踪回访的工作要点

1. 汽车 4S 店进行电话跟踪回访要点

汽车 4S 店进行电话跟踪回访要注意以下要点。

(1) 维修工作完成后，定期对客户进行电话回访。

(2) 打电话时为避免客户觉得他的车辆有问题，建议使用标准语言及标准语言使用顺序，发音要自然友善。

(3) 讲话不要太快，一方面给没有准备的客户时间和机会回忆细节，另一方面避免客户觉得电话回访人员很忙。

(4) 交车一周内打电话询问客户是否满意。

(5) 电话回访时注意语言技巧。

(6) 回访比例不少于1/2。

(7) 对部分具体的抱怨应有快速的简洁的措施。

(8) 检查其他客户的愿望，以便知道这些愿望能否实现(即：有客户提出其愿望/要求，可以将这些愿望/要求通过在其他客户身上作参照/对比，如此一来，就可以明确判断其所提出的愿望/要求能否得到实现)。

(9) 将回访结果定期在会议上讨论。

2. 电话回访时间的确定

电话回访尽可能地少给客户带来不便，因此，最好在服务顾问送别客户离厂前，征求客户回访的合适时间。如果客户没有给出回访时间，则以不给客户添麻烦为前提确定合适回访时间。在我国大多数城市以上午9点到11点，下午3点到5点为宜。如果电话没有成功接通，第二天应继续联系。

3. 如何进行电话谈话

电话回访的开始介绍阶段十分重要，如果在这个阶段不能有技巧地进行，毫无准备的客户很容易不信任我们，并会怀疑打电话的其他动机，因此，我们要尽可能严格按照相关电话流程进行。

【案例链接】

电话回访案例

"上午好/下午好，×××先生，这里是沈阳猎豹维修站，我是×××。

最近(或具体时间)您的车(车牌号)在我站进行过维修，在此，请允许我代表公司再次向您表示感谢，感谢您对我们业务的支持。同时我想问一下，您对我们所提供的服务以及对维修后的工作是否满意呢？"

"满意/不满意。"

"非常感谢，我很高兴我们的工作能使您满意/您能告诉我为什么不满意吗？我将记录下来，将它转交相关人员。"

还有一个问题：在您看来，我们还有什么地方值得改进的？您有什么建议吗？"

在回访记录表中，做好记录。

"我们的同事将会尽快给您一个满意答复。如果我们的相关同事再次打电话来处理您的抱怨，你乐意吗？"

做好记录(建议/愿望；乐意/不乐意)。

做好回访记录，记录在回电话一栏。

"非常感谢您提供的信息，您已给了我们一个很大的帮助，谢谢您，再见！"

电话回访时，要注意以下几点：

(1) 你的声音听上去应该尽可能友好、自然，以便你能很快取得客户的信任，只有这样客户才能和你坦率地说话。

(2) 要给客户一些时间以便他们能记起细节，你的说话不应太快，不能给客户留下"你正匆匆忙忙"的印象。

(3) 一定要让客户把要说的话说完，不要打断客户的说话，对客户的说话作简要、清晰的记录。

(4) 如果客户抱怨或有意见的话，不要找借口，只要对客户解释说："我已记下您的话"。如果客户乐意的话，要保证有相关的同事再打电话给他。

(5) 回访员应首先将客户的所有重要评论记录在便条纸上，电话结束后，自己把一些要点总结出来并清晰地写在"电话记录"中。

4．电话跟踪不当的具体表现

电话跟踪不当的具体表现如下：

(1) 自我介绍阶段不熟练，客户会怀疑回访另有隐情。
(2) 随意说话让客户产生误解，以为他的车辆有问题。
(3) 选择打电话的时间只考虑自己方便，不考虑客户是否方便。
(4) 电话回访人员不懂维修、不懂沟通技巧、不懂打电话的艺术。
(5) 客户表示不满没人受理。
(6) 对客户提出的不合理要求态度暧昧。
(7) 电话记录信息不够或内容没意义。

二、客户投诉处理

根据客户对汽车 4S 店工作的或认可或建议或意见，我们将信息反馈的性质分为表扬、建议和投诉。表扬是指客户对汽车 4S 店服务工作表示认可、肯定，并通过当面、电话、信函等方式向公司表达，此视为表扬；建议是客户对汽车 4S 店的服务工作进行善意的提醒，并没有因此产生情绪波动，此视为建议；投诉是客户对汽车 4S 店的服务工作通过当面、电话、信函等方式反映问题，并产生情绪波动，此视为投诉。

(一)客户投诉处理的目的与效果

1．客户投诉处理的目的

客户投诉处理的最终目的无非就是要取得客户的满意，与此同时还要考虑到获取收益。

因此，客户投诉处理要达到以下四个目的。

(1) 消除客户的不满、恢复信誉。从保护、重视消费者的立场来看，客户投诉处理是事关企业生死存亡的大事。因此，处理投诉时最为基本的目的就是要消除客户的不满、恢复信誉。企业理所当然地应该真诚、及时地对客户投诉进行处理。

(2) 确立企业的品质保证体制。利用客户投诉来促进自身的改革是企业一项很重要的能力。通过处理客户投诉，改进企业的产品质量和服务水平，从而为客户提供更为满意的产品和服务。

(3) 收集客户信息。客户投诉是顾客对产品和服务最真实的检查结果，也是最为可靠的市场调查结果。因此，企业要将客户的投诉收集起来，然后对其进行充分的分析，妥善地保存好其结果，并在生产及试验方法的改进方面加以利用。

(4) 挖掘潜在的需求。挖掘市场的潜在需求也是处理客户投诉的重要目的之一。投诉是客户不满意的一大信号，但是在实际工作中，一般都把注意力集中到追究商品缺陷的发生责任上或对投诉的处理上，却忽略了客户的真正需求。由于客户投诉是与市场紧密相关的，因此在研发新商品时如果考虑到客户投诉的提示作用，那么开发的新商品更容易达到适销对路，同时其开发成本也将大大降低。

要达到上述处理目的，投诉处理应做好三个方面的工作：①为顾客投诉提供便利的渠道；②对客户投诉进行迅速有效的处理；③对投诉原因进行最彻底的分析。

2. 客户投诉处理的效果

客户投诉处理的宗旨就是挽回不满意顾客，具体来说，正确处理好客户的投诉可以产生如下效果。

(1) 提高企业的品质意识。一般的品质管理都是以公司内部标准为基准的活动。而客户投诉的处理则是直接与顾客的需求相关，所以融合了客户投诉处理的品质管理范围更广、品质管理的水准更高，从而能将企业的品质标准和客户的品质标准很好地结合起来。

(2) 强化组织的活动。在解决客户投诉的时候，需要企业各方面的配合。在调查、分析原因及寻找对策的时候，必须依靠企业各部门的协助及整个组织的力量。客户投诉处理时各个部门应越过彼此的鸿沟进行真正的交流，在此基础上讨论实际对策，这对公司内部合作体制的建立能起到一定的促进作用。

(3) 降低成本。如果由投诉引起的损失赔偿要求不断增加的话，其补偿额往往也是很可观的。因此，减少客户投诉本身就能够降低成本。而且，在进行客户投诉处理的过程中，还有机会寻找能够消除生产过剩和无谓浪费的更有效的生产方法。所以，如果采取了治本的对策，往往能够发挥降低成本的作用。

(4) 提高设计和生产技术。对于生产者来说，当然应该尽量为满足顾客的需求而不懈地努力。但是，不管产品的设计、生产技术多么完善，它们总有其自身的局限。因此，企业在处理投诉时，要利用投诉来达到改进设计、生产技术的目的，否则，如果不做出技术方面的努力，企业是很难生存下去的。此外，投诉、索赔不但能促进产品的改良和技术的进步，还给企业提供了了解顾客潜在需求的机会。所以，企业可以通过客户投诉来发现顾客的新需求、开发新产品。

(5) 确保并扩大销路。投诉、索赔是阻碍顾客与生产者、销售者之间交流的一大因素。在处理客户投诉的过程中，如果能使这条管道畅通无阻，就能确保产品的销路。而且，这条管道并不仅限于成为投诉对象的产品的流通管道，它还是自己公司很多其他产品的流通管道。

(6) 改善方法及保证契约。顾客投诉的对象并不仅限于产品的品质，还包括产品的使用方法、售后服务等。在处理客户投诉的过程中，对客户的综合服务也会得到相应的充实。而且，处理客户投诉在产品责任预防方面也有着十分重要的作用，它可以帮助我们制定更完善的产品责任预防体制。

(二)客户投诉案件的受理

客户投诉是客户对商品或服务品质不满的一种具体表现。企业对外应化解客户投诉，圆满解决；对内应利用客户投诉，充分检讨与改善销售和服务行为，将其转化为提升企业素质的良机。企业经营常会碰到"客户投诉"，一旦处理不当，会引起不满和纠纷。其实从另一个角度来看，客户投诉是最好的产品情报。销售部门不仅要利用客户投诉找出症结所在，弥补客户的不满，同时必须努力恢复客户的信赖。

遇到客户投诉的案件，应以机警、诚恳的态度加以受理；各级人员对客户的投诉案件，应以谦恭礼貌的态度迅速处理。

企业内部各经营部门对于决定受理的案件，应在作记录后迅速加以处理。客户投诉的处理必须迅速，各部门在处理客户投诉时，应设定处理的时限，以控制时效，不仅要迅速前往处理，而且要按照规定填写"客户投诉处理表"。若是受理案件限时结案有困难，在实务上，我们可以设定以"客户投诉处理表"流向各部门的处理期限为控制标的。对于逾期尚未结案的客户投诉，主管单位可以开立"催办单"，督促相关部门加速处理。对每件"客户投诉"解决后，为求一劳永逸，必须进行统计分析，以利于企业内部检讨、改善销售行为。

汽车4S店的实际工作中一般将投诉分为三种情况进行处理。

(1) 对于言词强烈的客户、其车辆存在严重的质量问题并影响车辆正常使用的客户，应即刻通知站长，迅速解决问题，以示对客户的理解和关注。

(2) 对于服务质量有问题，由责任人或站长向客户直接道歉，以求得客户的理解。

(3) 对维修质量不太满意又不影响使用的，可以和客户讲好再次来修的日期，而客户因工作忙无时间过来维修时，可以约定等下次维修保养时一起解决。

(三)客户投诉处理的程序

凡遇到处理客户投诉的，应填写"客户投诉处理表"，并注意该表单的流向。此表的联数多少可视企业规模大小、组织结构而自行确定。表格必须填写日期；为防止工作漏失，处理表应有流水编号。对投诉处理表单的流程，亦可加以规定。

(1) 客户管理中心一接到客户投诉，立即填写"客户投诉处理表"。

(2) 生产部门接到客户管理中心的"客户投诉处理表"后，应编号并登记于"客户投诉案件记录表"及异常调查报告表，送质量部门追查、分析原因，判定责任归属后，反馈给厂家分析异常原因与批定处理对策。另依异常情况送研发部，再送回总经理室查核后，送回客户管理中心拟定处理意见，再送经理室，最后送回客户管理中心进行处理。

(3) 销售人员收到总经理室送回的"客户投诉处理表"时，应立即向客户说明，与其交涉，并将处理结果填入表中，呈主管核阅后送回总经理室。

(4) 经处理结案的"客户投诉处理表"由各部门按规定分别留存。

"客户的投诉"显示了企业和汽车品牌的弱点所在，除了要随时解决问题外，更应注意不要让同样的错误再次发生。

(四)客户投诉处理的工作要点

1. 第一时间致歉并记录相关内容

客服人员接到客户投诉意见后，应在第一时间向客户致歉并记录投诉相关内容，比如时间、地点、人员、事情经过、其结果如何等问题，了解投诉事件的基本信息，并初步判断客户的投诉性质，在 1 小时内上报客户经理或客户服务中心，由客户经理或客户服务中心立即填写"客户信息反馈处理单"和"客户投诉登记表"，如表6-1、表6-2 所示。

表6-1 客户信息反馈处理单

抱怨与投诉处理单			
回访时间		编号	
类别	(抱怨/投诉)	客户名称	
车牌		联系电话	
客户意见			
经销商/维修站站长或总经理批示			
服务经理处理结果			
回访员再次回访结果			
是否结案	(是/否)	结案日期	
是否产生新的抱怨或投诉	(是/否)	新抱怨或投诉单编号	

2. 客服中心立即处理，完成相关表单填写

客户服务中心应立即给该"客户信息反馈处理单"进行编号并简单记录基本信息，如车牌号、填单人姓名、内容概要等。

表 6-2　客户投诉登记表

序　号	投诉日期	顾客名称	联系电话	投诉抱怨内容(原因)	处理措施	经办人	与顾客的联络	备　注

3. 确定责任问题处理

对于能确定责任的质量问题、服务态度、文明生产、工期延误的投诉处理如下所述。

(1) 客户经理在 24 小时内协同被反馈部门完成责任认定并对责任人完成处理意见后，完成与客户的沟通(如有必要)并将《客户信息反馈处理单》转给管理部。24 小时内没有联系上的客户，客户经理应在 48 小时内完成上述工作。

(2) 管理部在接到《客户信息反馈处理单》后，在 4 小时内根据公司文件对处理意见进行复核，对认可的处理出具过失处理意见；对有异议的，召集客户经理和相关部门进行协商并签署协商意见。在 4 个小时内，将处理结果上报主管总经理，同时将主管总经理的处理意见反馈给客户经理和相关部门执行。

(3) 管理部在 8 小时内根据最终处理意见实施责任追究、进行过失沟通，完成最终的《客户信息反馈处理单》并于当日转客户服务中心。

4. 无法确定责任问题的处理

对于当时无法确定责任的质量问题、配件延时、客户不在场、客户没有时间的投诉处理如下所述。

(1) 客户经理通知客户在客户方便时直接找客户经理解决，报主管总经理认可后，按未了事宜进行处理。

(2) 如投诉属于重大投诉，客户经理应请示主管总经理后上门拜访客户。

(3) 未了事宜由客户经理和客户服务中心分别进行记录，并在维修接待电脑系统中明确标注。

(4) 客户经理每月 4 日完成上个月未了事宜的客户沟通提醒及时回厂处理并及时掌握未了事宜的变化情况。

(五)客户投诉处理后的回访

客户投诉处理后的回访应注意以下两点。

(1) 客户服务中心对处理完毕的"客户信息反馈处理单"，并由客户经理明确标明需要回访的客户,在24小时内进行回访;对正在处理中的"客户信息反馈处理单"暂停回访,直至处理完毕后再进行回访。

(2) 对不同类型的客户进行不定期回访。客户的需求不断变化,通过回访不但能了解不同客户的需求,还可以发现自身工作中的不足,及时补救和调整,满足客户需求,提高客户满意度。

回访方式:电话沟通、电邮沟通、短信沟通等。

回访流程:从客户档案中提取需要统一回访的客户资料,统计整理后分配给各客服专员,通过电话(或电邮等方式)与客户进行交流沟通并认真记录每一个客户回访结果,填写记录表(此表为回访活动的信息载体),最后分析结果并撰写"回访总结报告",进行最终资料归档。

回访内容:①询问客户对本司的评价,对产品和服务的建议和意见;②特定时期内可做特色回访(如节日、店庆日、促销活动期);③友情提醒客户续卡或升级为其他消费卡。

回访规范:一个避免、三个必保,即避免在客户休息时打扰客户;必须保证会员客户的100%的回访;必须保证回访信息的完整记录;必须保证在三天之内回访(最好与客户在电话中约定一个方便的时间)。

【知识拓展】

回访标准用语范例

范例1:

(1) 您好!我是××××特约店的信息员,请问您是××先生/女士吗?

(2) 您的贵车××月××日在本服务店进行维修/保养,我想将这次情况做个回访。请问您现在方便接电话吗?

A. 方便——好的,耽搁您2分钟时间。

B. 不方便——好的,那请问什么时候最适合打给您呢?(记下时间) 不好意思打扰您,谢谢您,祝您用车愉快!再见!

(3) 对接待人员在车辆方面的知识,您的满意程度如何?

(4) 经过您的描述后,接待人员对您需求的了解程度如何?

(5) 在车辆诊断方面,对于工作人员可以正确诊断车辆故障,您的同意程度如何?

(6) 在维修前,接待人员对于将要进行服务内容的解释,您的满意程度如何?

(7) 在维修前,接待人员对于将要收取费用的解释(说明),您的满意程度如何?

(8) 维修保养后,接待人员对已进行服务项目的解释(说明),您的满意度如何?

(9) 维修保养后,接待人员对最终收取费用的解释,您的满意度如何?

(10) 谢谢您的意见!祝您用车愉快!

(11) 再见!

范例2:

"您好,这里是×××客服中心,请问您是××先生/女士吗?"

现对您上一次入厂所接受的售后服务情况进行调查,希望了解您对我公司售后服务方面的宝贵意见,帮助我们提高服务水平,从而为您和其他用户创造一个更理想的汽车消费环境。我们想耽误您两三分钟时间,请教几个问题。"(这段话由信息员根据实际情况适当缩减)

(1) 到厂维修时是否有人及时主动地接待您?(最低标准:起身、微笑相迎)

(2) 服务顾问是否在维修前为您估算了总体服务价格并详细说明相关内容?(标准:客户能够明白维修内容及价格)

(3) 您的车辆是否在约定的时间内交付的?(客户回答"是"则转入下一问题,回答"否"则直接跳至问题(5))

(4) 您是否被告知交车将延迟,并重新约定交车时间?

(5) 您对我店服务场地、客户休息区的清洁程度、布置感到满意吗?

(6) 您要求我们完成的工作是否符合您的要求?(即客户提出的需求是否得到满足)

(7) 这次售后服务工作后,您是否因为维修质量问题,需要再次将车送回我店维修?(体现一次修复率)

(8) 结账时我们的服务顾问将所完成的工作向您一一说明了吗?

(9) 是否和估价相一致?估价准确率(不含增加修理的部分)如何?

(10) 是否为您的爱车清洁外观,是否为您倒掉烟灰缸内杂物?您感到满意吗?(不清洁要具体到物品名称)

(11) 是否向您提供车辆此次维修后的使用保养建议?

(12) 您此次修车是否需要备件订货?(对订货情况做简单记录,要有跟踪)

感谢您的配合,祝您愉快!再见!

三、客户满意与客户关怀

不论是客户回访还是客户投诉处理,最终的目的都是客户管理,都以客户满意为目标,培养客户忠诚,以维持一种长期稳定的客户关系,从而提升企业经营效益。

调查表明,大多数客户在车辆送修之前几乎总是看到汽车 4S 店的缺点,例如工时费用高、配件贵、送车取车费时以及维修时无车可开等。所有这一切原则上都是客户满意度的负面条件。因此,维修服务的目的就是增加其满意因子,赢得客户信任,使客户满意。

(一)客户满意

1. 客户价值与客户满意的含义

客户价值是企业价值实现的前提和基础,客户价值最大化是企业利润的来源。汽车 4S 店如果没有良好的客户服务就不能实现客户价值的最大化,也就谈不到企业利润的来源。汽车 4S 店经营管理的根本就是通过客户服务为客户创造价值。客户价值是客户购买产品和服务的成本与价值的比较,其大小取决于客户总价值和总成本两个因素。客户总价值也就是指客户购买某一产品或服务所得到的所有利益，包括产品价值、服务价值、人员价值和形象价值四部分；而客户总成本是指为获取上述利益而付出的总代价，包括货币成本、时间成本、精力成本和体力成本几部分。客户价值正是客户获得的总价值和总代价的差额。

客户满意，是全体人员为在任何时候均达到最高服务标准所做的全面承诺。简单地说，是指客户对所购买的产品或者服务的评价超过了原有的期望值，他会感到愉快，这就是客户的满意。如果没有达到他的期望值，他就不会满意。

当一个客户带着一种期望值去接受某一种产品或者服务的时候，通常会产生下列三种情况。

(1) 产生满足感与愉悦感。

【案例链接】

有一个30多岁的商人经常出差，一天，他出差到某个城市，住进一家四星级酒店。和往常一样，他先到卫生间去看了看洗发香波，结果发现并不是他喜欢的牌子，他就把服务员叫过来说："服务员，我不喜欢这个洗发香波，我喜欢的是另外一个牌子。"服务员马上跑回去拿了一瓶他喜欢的洗发香波。

这时候，客人可能会觉得满意，并且也不会感到非常惊奇和奇怪。因为他觉得，自己付了那么多钱，就应该得到这样的服务。

(2) 产生失落与失望的情绪。

【案例链接】

有一个被收买了的小记者，在报纸上对一部新电影做了影评。一个人看了影评之后，满怀希望地去看了那部电影。结果觉得并不是那么好看。这时候，他就产生了一种失落与失望的情绪，也就是不满意的情绪。他以后肯定不会再相信这个小记者写的影评了。

(3) 满意和不满意保持平衡状态。

大多数客户都有这样的心态，我们叫作一种中间值。

【案例链接】

客户开车去维修厂，他以前从来没修过车，这是第一次来做保养，维修厂帮他做了保养以后，把车洗得干干净净，里面也打扫得干干净净。他感到非常满意，因为这些服务都是免费的。

第二次，他到另一家维修中心去做保养。这家也提供了上述服务。这时，客户就不会感到惊奇了。他会认为，上一次那家也是这样做的，只不过这一家洗得比那一家干净一点，但是差别不大。这就是满意和不满意保持一种平衡的状态。

由此可知，客户满意和不满意实际上是取决于他们在事前的期望值与他们接受服务或者产品以后所实际获得的感觉之间的比较。因此，想要让客户满意，就必须超越客户内心的期望值。

汽车4S店作为服务性企业，应当最大限度地降低客户时间成本、精力和体力成本，从细节处充分为客户考虑和服务，努力降低客户成本，提升客户满意度。调查表明，大多数客户在车辆送修之前几乎总是看到4S店的缺点，例如工时费用高、配件贵、送车取车费时以及维修时无车可开等。所有这一切原则上都是客户满意度的负面条件。因此，维修服务的目的就是增加满意因子，赢得客户信任，让客户满意。

2. 客户满意因素

著名学者诺曼(Earl Navman)引用赫兹伯格的理论来解释客户内心的期望和感受，他将影响客户内心感受的因素分为保健因子和满意因子。

保健因子包括：将车辆的故障排除、在预定交车的时间内交车、正确判断故障、维修质量等。汽车4S店做到保健因子，只能降低客户不满，却不能提升客户的满意。汽车4S店要想真正提升客户满意，还需做到满意因子。

满意因子包括：被理解、感到受欢迎、感到自己很重要、感到舒适等。满意因子代表着客户内心所期待能获得产品或服务的情境。汽车4S店要做好保健因子和满意因子两个层面的工作，才能保证在杜绝客户投诉的前提下达到客户满意。

综合上述分析内容，我们把影响客户满意的因素总结如下。

1) 品质因素

(1) 人员素质：包括汽车4S店员工的基本素质、职业道德、工作经验、教育背景、观念、态度、技能等。

(2) 设备工具：包括汽车4S店的设备工具是否完备、员工会不会用、愿不愿用等。

(3) 维修技术：包括汽车4S店一次修复率、合格率、疑难故障的排查能力和维修质量等。

(4) 服务标准化：包括汽车4S店预约、接待、维修、交车、跟踪服务流程的标准化等。

(5) 管理体制：包括汽车4S店的质量检验、进度掌控、监督机制等制度。

(6) 厂房设施：包括汽车4S店的布置是否顺畅、安全、高效等。

2) 价值因素

(1) 价格合理：包括汽车4S店制定的工时费、配件价格、材料费等是否合理。

(2) 品牌价值：包括汽车4S店的品牌知名度、美誉度和忠诚度等方面。

(3) 物有所值：包括汽车4S店提供的服务产品是否方便、舒适、安全、高效。

(4) 服务差异：是指汽车4S店的服务品质与其他竞争企业的优势差别。

(5) 附加价值：包括汽车4S店能提供给客户的免费检测活动、赠送活动等。

3) 服务因素

服务因素包括信任要素和便利性要素两方面。

信任要素有以下几种。

(1) 厂房规划：包括4S店的CI形象、功能区域划分、指示牌的设立等。

(2) 专业作业：主要包括4S店的标准程序、看板管理、专业人员负责、专业分工、团队合作等。

(3) 价格透明：指4S店的常用零件价格、收费标准公开透明化。

(4) 兑现承诺：指汽车4S店的交车时间、维修作业时间、配件发货、解决问题的时间准确。

(5) 客户参与：主要是指汽车4S店在寻求客户认同、需求分析、报告维修进度、告知追加维修项目、交车过程、车主讲座过程中寻求客户的参与，增强客户的信赖感。

(6) 专业化：主要指汽车4S店工作人员语言专业，态度热忱、亲切。

便利性要素有以下几种。

(1) 地点：与客户居住地的距离、客户进厂的路线、天然阻隔、接送车服务是否带给客户更多的便利。

(2) 时间：汽车4S店的营业时间、假日值班、24小时紧急救援、等待时间等方面为客户创造便利。

(3) 付款：包括付款方式、有人指引或陪同、结账时间、单据的整理等。

(4) 信息查询：包括汽车4S店向客户提供的维修记录、费用、车辆信息、配件信息、工时费等信息查询。

(5) 商品选购：百货、饰品等的选购。

(6) 功能：保险、贷款、四位一体、紧急救援、车辆年审、汽车俱乐部、二手车置换等。

3. 汽车4S店赢得客户满意的方法和途径

汽车4S店赢得客户满意的方法和途径具体如下：

(1) 努力做到一次就把车修好。
(2) 要不断地改进。
(3) 认真对待问题。
(4) 对客户要持积极的态度。
(5) 除了完成客户要求的工作，还要提供额外的服务。
(6) 不要被动反应，要有预先准备。
(7) 运用团队的知识和经验为客户寻找最佳解决方案。
(8) 超越客户的期望，给客户一个令人愉悦的惊喜。

(二)客户关怀

汽车4S店工作人员对客户的关怀要出自内心；把客户当成自己，换位思考；主动式关怀，在客户困难时伸出援助之手；帮助客户降低成本，赢得客户信任；不要表现出明显的商业行为；在客户满意和公司利益之间寻找最佳平衡点。

客户关怀的实施要点具体如下。

1. 新车提醒

若购买新车的客户，工作人员应做到以下几点：新车交车后的3~4周内使用信函或电话询问新车的使用情况；主动告知企业的地点、营业时间、客户需带的文件，并进行预约；提醒首次保养的里程和日期。

2. 维修回访

维修时，事先与客户讨论好回访的方式与时间；维修后三日内进行回访；对客户提出的意见要有反馈。

3. 联系久未回厂的客户

对于久未回厂的客户要重点联系，联系前应了解客户对前次维修服务的内容是否满意。若客户不满意，应表示歉意，并征求客户意见，请客户来厂或工作人员登门拜访客户。

4. 定期保养通知

定期保养通知应在距客户车辆保养日前 2 周发出通知函或 1 周前电话进行通知；主动进行预约；主动告知客户保养内容与时间。

5. 季节性关怀活动

主动告知客户季节性用车注意事项；提醒客户免费检测内容。

6. 车主交流会

成立车主交流会，要求客户积极加入。交流会内容包括：正确的用车方式、服务流程讲解、简易维修处理程序、紧急事故处理等。人数以 10～15 人为宜，时间一般不要超过 2 小时。可以请客户代表发言，赠送小礼品，对客户满意度进行调研等。

7. 信息提供

向客户提供与其利益相关的信息，包括：客户从事产业的相关信息、新的汽车或道路法规、路况信息、客户感兴趣的相关信息等。

(一)技能学习

1. 客户投诉处理的程序

凡遇处理客户投诉，应填写"客户投诉处理表"，并注意该表单的流向。此表的联数多少可视企业规模大小、组织结构而自行确定。表格必须填写日期；为防止工作漏失，处理表应有流水编号。对投诉处理表单的流程，亦可加以规定：

(1) 客户管理中心一接到客户投诉，立即填写"客户投诉处理表"。

(2) 生产部门接到客户管理中心的"客户投诉处理表"后，应编号并登记于"客户投诉案件记录表"及异常调查报告表，送质量部门追查、分析原因，判定责任归属后，反馈给厂家分析异常原因与批定处理对策。另依异常情况送研发部，再送回总经理室查核后，

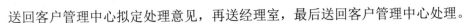

项目六 汽车4S店的信息反馈管理

送回客户管理中心拟定处理意见，再送经理室，最后送回客户管理中心处理。

(3) 销售人员收到总经理室送回的"客户投诉处理表"时，应立即向客户说明，与其交涉，并将处理结果填入表中，呈主管核阅后送回总经理室。

(4) 经处理结案的"客户投诉处理表"由各部门按规定分别留存。

"客户的投诉"显示了企业和汽车品牌的弱点所在，除了要随时解决问题外，更应注意不要让同样的错误再度发生。

2. 有效处理客户投诉的要点

针对客户的投诉，处理时要注意以下问题。

(1) 虚心接受投诉。冷静地接受投诉，并且抓住投诉的重点，同时更清楚地明了客户的要求到底是什么。

(2) 追究原因。仔细调查原因，掌握客户心理。诚恳地向客户道歉，并且找出客户满意的解决方法。

(3) 采取适当的应急措施。应根据客户投诉的重要程度，采取不同的处理方法。为了不使同样的错误再度发生，应当断然地采取应变的措施。

(4) 改正缺点。以客户的不满为参考找出差距，甚至可以成立委员会来追查投诉的原因，以期达到改善的目的。

(5) 建立客户投诉管理体系。要建立反映快速、处理得当的客户投诉管理体系，如一些公司的客户(投诉)管理中心。

(6) 后续动作的实施。为了恢复企业的信用与名誉，除了赔偿客户精神上和物质上的损失之外，更要加强对客户的后续服务，使客户恢复原有的信心。

3. 客户索赔的处理

当客户提出投诉并要求索赔时，公司内部必须细心应对，避免事件扩大，损害企业形象。再者，索赔事件若处理得当，不仅可消除企业危机，甚至可得到客户长期的支持。处理方式如下：

(1) 与客户应对时，应切记以诚恳、亲切的态度处理。

(2) 如果显然是本公司问题时，应首先迅速向客户致歉，并尽速处理；如原因不能确定时应迅速追查原因(应对本公司之产品具备信心)，不可在调查的阶段轻易向客户妥协。

(3) 对投诉的处理，以不影响一般消费者对本公司印象为标准，由客户中心或公关部致函道歉，并以完好的产品予以调换；如没有同样产品时，应给予金钱补偿。若赔偿调查需要耗费较长时间时，应向客户详细说明，取得谅解(应设法取得凭证)。在处理上应注意加强追踪。

(4) 责任不在本公司时，应由承办人员召集各有关人员，包括客户及相关部门共同开会以查明责任所在，并确定是否应该赔偿以及赔偿的额度。

(5) 当赔偿事件发生时，应迅速与有关部门联络，汇报相关情报，并以最快的行动加以处理，以防同一事件再次发生。

(6) 发生客户索赔事件时，对客户应给予补偿，同时如果是供货商的问题，应尽快向其索取补偿。

为应对客户索赔，在企业内部要建立相应的体制：

(1) 明确划分有关部门、有关人员的职责范围。

(2) 培养全体员工共同合作、协力解决索赔问题的精神。

(3) 整理有关索赔资料。应利用管理系统和索赔的记录资料，并依照一定的规则，将索赔发生至处理完毕的经过详细记录下来。

(4) 公司内有关人员和部门要共同处理索赔问题，并建立相应的索赔处理机制。

(二)任务实施

实训项目 1：模拟客户跟踪服务

实训操作：学生两人一组，互为客服和车主，进行客户跟踪服务模拟表演。要求学生课前做好准备工作，以一款市场上的保有车辆为基础，进行车辆信息收集并虚拟一项维修项目，对车主进行服务跟踪。

实训项目 2：模拟客户投诉处理

实训操作：学生 3～4 人一组，选择 1 人为客户，其余组员为客服部工作人员，可根据项目设计自行安排具体角色。该项实训要求学生事前收集准备好相应车型和客户投诉的相关信息，在汽车营销模拟 4S 店实训基地内进行客户投诉处理的模拟表演。

(三)实训考核

教师根据学生组的表现，主要从资料准备是否充分、模拟流程是否合理、语言表达是否流畅、处理问题的灵活性和技巧性以及实训态度等方面进行考核打分。实训结束后，要求各组提交实训报告，明确分析实训中发现的主要问题，提出具体解决意见和实训心得体会。

思 考 题

1. 什么是信息反馈？汽车 4S 店开展信息反馈的意义是什么？
2. 我国汽车 4S 店信息反馈工作不足体现在哪几方面？针对这些不足，应在哪些方面进行创新？
3. 简述汽车 4S 店跟踪服务流程。
4. 简述电话回访的基本原则。
5. 对回访问题应如何处理？
6. 影响客户满意的因素有哪些？
7. 简述汽车 4S 店客服部的工作职责和规范。
8. 简述客户管理的内容和方法。
9. 简述客户投诉处理的目的和效果。
10. 实际调查一个汽车 4S 店的信息反馈岗位的相关情况，分析岗位对人员的能力要求。

项目七　汽车 4S 店的财务管理

【项目导入】

　　财务管理是基于企业再生产过程中客观存在的财务活动和财务关系而产生的,是组织企业资金活动、处理企业同各方面的财务关系的一项经济管理工作,是企业管理的重要组成部分。汽车 4S 店的生产经营过程,从价值形态来看表现为资金运动。这种资金运动包括资金的筹集、使用、耗费、收入和分配等内容。企业财务即企业的资金运动,它是企业再生产过程的价值体现。

【项目目标】

- 了解财务管理的含义和内容。
- 理解企业的财务关系和财务目标。
- 了解企业筹资的动机,掌握常见的筹资方式。
- 掌握企业运营资金管理的基本要求。
- 学会企业的成本费用管理。

任务一 了解汽车 4S 店的财务管理

【任务导入】

新入职的小王是一名大学毕业生，在校学习过财务管理的基本知识，但真正到企业，特别是到具有鲜明行业特点的汽车 4S 店做财务工作还是第一次。小王想认真学习一下相关的知识，以便更好地开展财务管理工作。

【任务分析】

作为财务管理人员，必须了解企业财务管理基本特点和财务目标，熟悉企业的财务关系，掌握财务管理的基本内容。本任务中我们将从企业财务与财务管理、财务管理目标和汽车 4S 店财务管理的构成等方面进行学习。

【知识准备】

一、企业财务与财务管理

(一)企业财务

企业财务是指企业在生产经营过程中客观存在的资金运动及其所体现的经济利益关系。前者(客观存在的资金运动)称为财务活动，后者(经济利益关系)称为财务关系。

汽车 4S 店的生产经营过程，从价值形态来看表现为资金运动。这种资金运动包括资金的筹集、使用、耗费、收入和分配等内容。资金筹集是资金运动的起点。资金的使用是把筹集的资金，通过购买、建造等过程形成各种生产资料。资金耗费即为在生产经营过程中所耗费的各种材料、燃料、固定资产损耗、支付工资和其他费用等。资金的收入是指通过销售产品和提供服务所取得的收入。资金分配是指对所取得收入的分配，其中一部分用以弥补生产经营耗费，其余为企业纯收入。企业纯收入首先以税金形式按规定的税率上缴国家，其余为企业留利。企业资金的筹集和使用以价值形式反映企业对生产资料的取得和占用；企业资金的耗费以价值形式反映企业的物化劳动和劳动力的消耗；企业资金的收入和分配则以价值形式反映企业生产成果的实现和分配。企业财务即企业的资金运动，它是企业再生产过程的价值体现。

(二)财务管理

1. 财务管理的含义

财务管理是企业组织财务活动、处理财务关系的一项综合性的管理工作，是通过财务

预测、财务计划、财务控制及财务分析等环节的相互配合、紧密联系，形成周而复始的财务管理循环过程，构成完整的财务管理工作体系。它以最经济的方式筹措资金，以最合理的标准运用资金，以最快的速度回收资金，以最佳的比例分配资金，以严格的制度进行财务监督，从而促进企业提高经营管理水平，获得最佳经济效益。

2．财务管理的内容

财务管理主要包括筹资管理、投资管理、资产管理、收入管理和分配管理，此外，还包括企业设立、合并、分立、改组、解散、破产的财务处理，它们构成了企业财务管理不可分割的统一体。

企业财务管理区别于其他管理的特点在于它是一种价值管理，即对企业再生产过程中价值运动所进行的管理。财务管理利用资金、成本、收入等价值指标来组织企业中价值的形成、实现和分配，并处理这种价值运动中的经济关系，其目的是千方百计地使资金释放出最大的能量，实现价值增值，提高资金效益。

财务管理是企业管理中的一个独立方面，又是一项综合性的管理工作。企业各方面生产经营活动的质量和效果大都可从资金活动中综合地反映出来，通过合理组织资金活动有效地促进企业的生产经营活动。财务管理的各项价值指标是企业经营决策的重要依据。及时组织资金供应、节约使用资金、控制消耗、大力增加收入以及适时合理分配收益，将会促使企业增产节约、增收节支、提高经济效益。

理解财务管理的含义要注意三个方面。

(1) 财务管理是人所做的一项工作，是企业各项管理工作中的一种工作。

(2) 财务管理工作和其他管理工作的主要区别：首先，财务管理是资金(价值)管理；其次，财务管理是综合性管理工作。

(3) 财务管理工作内容包括两大部分，即组织企业财务活动和处理企业与各有关方面的财务关系。

3．财务关系

企业在资金运动中与有关方面发生的经济关系即为财务关系。企业资金的筹集、使用、耗费、收入和分配，与企业上下左右各方面都有着广泛联系。概括起来，汽车4S店有六方面的财务关系。

(1) 企业与国家之间的财务关系，即企业应按照国家税法规定交纳各种税款，在应交税款的计算和缴纳等方面体现国家与企业的分配关系。

(2) 企业与投资者和受资者之间的财务关系，即投资同分享投资收益的关系。

(3) 企业与债权人、债务人及往来客户之间的财务关系，这主要是指企业和债权人的资金借入和归还及利息支付等方面的财务关系、企业之间的资金结算关系和资金融通关系，包括债权关系和合同义务关系。

(4) 企业与其他企业之间的财务关系。在市场经济中，各企业之间存在着分工协作的关系，因此，它们之间存在着由于相互提供产品或劳务而形成的资金结算关系。

(5) 企业内部各单位之间的财务关系。这主要是指企业财务部门同企业内各部门、各单位之间发生的资金结算关系。

(6) 企业与职工之间的财务关系。这主要是指企业与职工之间的结算关系，体现着职工个人和集体在劳动成果上的分配关系。

二、财务管理目标

明确财务管理的目标，是有效组织财务管理工作的前提，同时也是合理评价财务管理工作质量的客观标准。财务管理的目标不会脱离企业的目标而独立存在。企业财务管理的具体目标如表7-1所示。

表7-1 企业财务管理目标

观　点	关键指标	优　点	缺　点
利润最大化	利润	可以直接反映企业创造剩余产品的多少，从一定程度上反映出企业经济效益的高低和对社会的贡献大小	(1)未考虑时间价值 (2)未反映利润与投入资本之间的关系，不利于比较 (3)未考虑风险因素 (4)易导致短期行为
资本利润率最大化或每股收益最大化	资本利润率，每股收益	反映了利润与投入资本之间的关系，利于与其他不同资本规模企业或同企业不同时期比较	(1)未考虑时间价值 (2)未考虑风险因素 (3)不能避免短期行为
企业价值最大化	企业未来收益的现值	(1)考虑时间价值和风险因素 (2)反映了资产保值增值的要求 (3)有利于克服管理上的片面性和短期行为 (4)有利于社会资源合理配置	(1)即期市场上的股价不一定能直接揭示企业获利能力 (2)法人股东对于股价不敏感 (3)不易确定非股票上市公司的企业价值

企业的目标是生存、发展、获利。为了永久存续，企业必须创造利润，掌握现金流量，保持偿债能力。这些财务目标的实现，有赖于其他的管理功能都能维持良好的状态。企业付薪给管理者，便是希望他们能创造新产品和服务，扩大市场，改善生产力，预测变迁，运用新科技提供明确的战略、雇用及激励员工、处理困难的抉择，解决问题，协调业务上的各种利益冲突(例如顾客要求低价，而员工要求高薪)；而且大众也期待管理者要依道德行事，要遵守各项法律，对社会大众负责，同时还要能创造利润，活用现金，避免财务危机。

企业的基本财务信息可由财务报表发现。财务报表是依据会计资料及业务记录做成的，这些资料来自会计系统。会计资料必须完备、正确和及时，要有良好的会计系统支持。

企业财务管理的目标是企业价值最大化，企业在追求自身目标时，不仅要看企业未来收益的大小，还要看收益取得的时间，同时要看收益与风险的配合情况。一般来说，收益越高，风险越大。因此，财务管理在追求企业价值最大化目标的过程中，要综合考虑收益的资金时间价值和风险价值。

三、汽车 4S 店的财务管理构成

(一)店内整车销售的财务管理

整车销售的财务管理主要是资金管理、销售情况统计、库存的核对以及厂家的财务核对。其中整车采购资金来源主要有两个方面：一方面是企业自有的资金；另一方面是三方协议贷款资金。

在实际工作中，主要是对三方协议贷款资金的控制和管理。在资金运作的过程中应注意资金的周转率、在途时间的长短、与厂家按类型和型号订购的车辆、企业融资能力的强弱等。

三方协议贷款资金是指由经销商(汽车 4S 店)、厂商和银行这三方所签订的贷款协议。70%的银行贷款资金和经销商以 30%左右的自有资金从厂家购车，其中 70%的银行贷款资金由经销商将车质押的合格证给银行后，银行贷款给经销商，银行收到还款后再将合格证还给经销商。

(二)二级经销商的销售财务管理

二级经销商一般是地区性的汽车 4S 店的下级经销商，它主要分布在三四线城市，因为其货源主要来自汽车 4S 店，所以在管理上受汽车 4S 店的控制。在实际工作中，这类二级经销商可以采取付部分定金或买断的方式进行销售和管理。其中采用部分定金方式进行经营的，库存明细上应单独列示，约定有销售返利的，月末应进行销售返利核算。为了更好地了解二级经销商的销售情况，应将这两部分分别核算，月底再进行仔细分析。

(三)汽车 4S 店的进货财务管理

汽车 4S 店在进货过程中大部分是货先到，发票和货品同时到，或比货品后到，为了及时进行资产登记、合格证的管理，在实际工作中采取备查台账的形式。

在实际工作中应注意以下两点：

(1) 整车的销售利润主要有销售差价以及厂家的销售返利。这部分利润应进行每月的预提或摊销而进入每月利润。

(2) 广告费是汽车 4S 店中金额较大的一笔支出，为了扩大该汽车在该地区的销售影响，一般情况下，厂家承担大多数广告和宣传活动费用的一半。所以，当支付完广告费后，财务人员应向广告商索取各半等额的两份发票，一份是以汽车 4S 店的名义，一份是以厂家的名义。另外还有一种放大资金的方法，也就是采用承兑汇票。这种方法同样也应注意承兑汇票到期日，及时进行补缺口、办理新的承兑汇票，这样以达到高效利用资金的目的。

(四)汽车 4S 店售后维修业务的核算管理

在对于汽车售后维修业务的核算中，主要内容有配件款和人工费。一般情况下，人工费和配件款的核算借助详细的维修结算清单。此单也是与客户结算的依据和开发票的依据，单上的数据已经过事先设置好成本和毛利，是计算机自动计算的数据。

1. 配件的核算

配件由维修工段根据维修需要填领用清单从配件部领出，并按成本进行结转。月底对领料单和库存配件进行核对，无误后，依据维修结算清单就可统计出配件维修所产生的毛利。

2. 人工费的核算

人工费通常为基本工资和业务量的提成，具体按提成比例及工段类别进行成本核算。业务量和工段在维修结算清单上都有记录，并通过计算机自动计算。每单维修业务，计算机都可以计算出毛利，月底再与配件领料单及毛利和人工费及毛利进行核对，以保证数据的正确性，在此基础上计算售后维修业务毛利。配件销售业务可比照于售后维修业务中的配件核算进行，只是要注意客户交易的往来。

(五) 保险收入的核算

保险收入也是一项比较大的业务，涉及整车销售和售后维修。在整车销售过程中，汽车4S店一般都会代客户购买保险，保险公司会给一定的代收手续费和返利。4S店在核算中应该单独列账进行核实，月底将代收手续费和返利转入利润。售后维修时，售后维修部根据核赔定损清单进行核算，核算时和一般的维修一样，其中有可能核赔定损清单金额大于维修费用，先把差额挂在应付账款，等半年或一年时经过总经理办公会及保险清查后将其转入利润。

(六) 费用的控制与核算

汽车4S店应该对维修业务每月产生的费用进行环比和同比，对每项费用占比总费用进行比较和分析。由于VIP客户的特殊性，对于其维修费用，汽车4S店应单独管理与核算。VIP客户多为团体客户和长期的售后维修客户，签了优惠的服务协议或事先存入一定的资金，在进行维修服务时给予一定折扣。在计算折扣时可以事先在维修经营软件中设置好折扣比例自动计算，或在维修结算单出来后，财务再根据VIP客户维修管理规定进行折扣。每日收银员将折扣清单汇总整理后在现金日报表上注明交财务核算。

> **小提示**
>
> 整车的销售和汽车的售后维修、配件销售、保险业务等有一定比例的业务提成，这些可记入每项业务成本，也可在销售费用中体现出来进行成本的核算。配件返利和整车销售情况类似，厂家可以根据销售量的情况按返利制度来返利，这部分的利润应每月进行预提或摊入每月利润。

【任务实施与考核】

(一)技能学习

通过该工作任务的学习，使学生能了解汽车4S店的财务管理的基本知识，熟悉4S店财务管理的主要内容。

(二)任务实施

实训项目：以某汽车4S店为例，向新人小王介绍该汽车4S店的财务管理工作。

具体操作：学生分组进行训练，每组2人，进行财务角色扮演(小王和工作人员)，进行财务知识答辩。

实训内容需要课前布置给学生，便于学生提前了解相关内容。

(三)实训考核

学生提交活动设计方案和活动分析总结。教师根据学生设计方案及分析总结，以及在模拟实践过程中学生的应变反应能力进行打分。

任务二 汽车4S店的资金筹集管理

【任务导入】

新人小王在熟悉了汽车4S店财务管理基本知识的基础上，该如何为企业进行最佳筹资方案设计呢？

【任务分析】

资金是企业进行生产经营活动的必要条件。企业开展日常生产经营活动，购置设备、原材料等生产要素，不能没有生产经营资金；扩大生产规模，开发新产品，提高技术水平，更要追加投资。筹集资金是企业资金运动的起点，是决定资金运动规模和生产经营发展程度的重要环节。本任务中我们将从企业筹资的动机、筹资的分类、股权筹资和债务筹资等方面进行学习。

【知识准备】

一、企业筹资的动机

企业筹资，是指企业为了满足其经营活动、投资活动、资本结构调整等需要，运用一定的筹资方式，筹措和获取所需资金的一种行为。筹资动机对筹资行为和结果产生着直接的影响。

1. 扩张筹资动机

扩张筹资动机是企业因扩大生产经营规模或追加对外投资的需要而产生的筹资动机。例如，企业销售的品牌汽车销售量和保养数量在本地区名列前茅，为稳定市场占有率，需扩大汽车产品销售和服务规模，需要扩建店面和库存条件、采购更多的车辆、增加人员等活动，所产生的直接结果是导致企业资产总额和筹资总额的增加。

2. 偿债筹资动机

偿债筹资动机是企业为了偿债而形成的借款动机，即借新债还旧债。通常，偿债筹资有两种情形：一是调整性偿债筹资，即企业虽有偿还到期旧债的能力，但为了调整原有的资本结构，使企业资本结构更趋合理，仍然举债；二是恶化性偿债筹资，即企业财务状况已有恶化，其现有的支付能力已不足以偿付到期债务，而被迫举新债还旧债。偿债筹资动机只改变企业的债务结构。

3. 混合筹资动机

企业因同时需要扩张筹资和偿债筹资而形成的筹资动机，即为混合筹资动机。通过混合筹资，企业既扩大资产规模，又可偿还部分旧债。筹资动机直接影响筹资行为，并产生不同的筹资结果。

二、筹资分类

1. 股权筹资和债务筹资

按企业所取得资金的权益特性不同，企业筹资分为股权筹资和债务筹资，这也是企业筹资方式最常见的分类方法。

2. 直接筹资与间接筹资

按其是否以金融机构为媒介，企业筹资分为直接筹资和间接筹资两种类型。

3. 内部筹资与外部筹资

按资金的来源范围不同，企业筹资分为内部筹资和外部筹资两种类型。企业筹资时首先应利用内部筹资，然后再考虑外部筹资。

4. 长期筹资与短期筹资

按所筹集资金的使用期限不同，企业筹资分为长期筹资和短期筹资两种类型。

三、股权筹资

股权筹资形成企业的股权资金(权益资本)，是企业最基本的筹资方式。股权筹资又包括吸收直接投资、发行股票和利用留存收益三种主要形式，此外，我国上市公司引入战略投资者的行为，也属于股权筹资的范畴。

(一)吸收直接投资

吸收直接投资是非股份制企业筹集权益资本的基本方式，是指企业按照"共同投资、共同经营、共担风险、共享利润"的原则来吸收国家、法人、个人、外商投入资金的一种投资方式。吸收直接投资出资有以货币资产、实物资产、土地使用权和工业产权等几种方式。

1. 吸收直接投资的种类

(1) 吸收国家投资。国家投资是指有权代表国家投资的政府部门或机构，以国有资产投入公司，这种情况下形成的资本叫国有资本。根据《公司国有资本与公司财务暂行办法》的规定，在公司持续经营期间，公司以盈余公积、资本公积转增实收资本的，国有公司和国有独资公司由公司董事会或经理办公会决定，并报主管财政机关备案；股份有限公司和有限责任公司由董事会决定，并经股东大会审议通过。

(2) 吸收法人投资。法人投资是指法人单位以其依法可支配的资产投入公司，这种情况下形成的资本称为法人资本。

(3) 吸收外商直接投资。企业可以通过合资经营或合作经营的方式吸收外商直接投资，即与其他国家的投资者共同投资，创办中外合资经营企业或者中外合作经营企业，共同经营、共担风险、共负盈亏、共享利益。

(4) 吸收社会公众投资。社会公众投资是指社会个人或本公司职工以个人合法财产投入公司，这种情况下形成的资本称为个人资本。

2. 吸收直接投资的筹资特点

吸收直接投资有尽快形成生产能力、容易进行信息沟通、手续相对比较简单、筹资费用较低、公司控制权集中等优点；其缺点是资本成本较高、不利于公司治理等。

(二)发行普通股股票

股票作为一种所有权凭证，代表着股东对发行公司净资产的所有权。股票只能由股份有限公司发行。

1. 股票的特征

股票的特点：永久性、流通性、风险性。

风险的表现形式有：股票价格的波动性、红利的不确定性、破产清算时股东处于剩余财产分配的最后顺序等。

2. 发行普通股筹资的特点

优点：所有权与经营权相分离，分散公司控制权，有利于公司自主管理、自主经营；

没有固定的股息负担，资本成本较低，相对吸收直接投资来说，普通股筹资的资本成本较低；能增强公司的社会声誉；促进股权流通和转让。

缺点：筹资费用较高，手续复杂；不易尽快形成生产能力；公司控制权分散，公司容易被经理人控制；同时，流通性强的股票交易，也容易被恶意收购。

(三)留存收益

1. 留存收益的筹资途径

留存收益的筹资途径包括提取盈余公积和未分配利润。

2. 利用留存收益筹资的特点

优点：不用发生筹资费用，维持公司的控制权分布。
缺点：筹资数额有限。

四、债务筹资

债务筹资主要是企业通过向银行借款、向社会发行公司债券、融资租赁以及赊销商品或劳务等方式筹集和取得的资金。向银行借款、发行公司债券、融资租赁和商业信用，是债务筹资的基本形式。

1. 银行借款

优点：筹资速度快；资本成本较低，利用银行借款筹资，比发行债券和融资租赁的利息负担要低；筹资弹性较大，在借款之前，公司根据当时的资本需求与银行等贷款机构直接商定贷款的时间、数量和条件。

缺点：限制条款多，筹资数额有限。

2. 发行公司债券

优点：一次筹资数额大；提高公司的社会声誉；募集资金的使用限制条件少，与银行借款相比，债券筹资募集资金的使用具有相对的灵活性和自主性；能够锁定资本成本的负担，在预计市场利率持续上升的金融市场环境下，发行公司债券筹资，能够锁定资本成本。

缺点：发行资格要求高，手续复杂；相对于银行借款筹资，资本成本较高。

【任务实施与考核】

(一)技能学习

1. 个别资金成本的计算

资金成本指企业为筹集和使用资本而付出的代价，包括筹资费用和占用费用。

筹资费是指企业在资本筹措过程中为获取资本而付出的代价，如借款手续费和证券发行费等,它通常是在筹措资金时一次性支付。占用费是指企业在资本使用过程中因占用资本而付出的代价,如股利和利息等,这是资本成本的主要内容。

个别资金成本是指单一融资方式的资金成本,包括银行借款资金成本、公司债券资金成本、融资租赁资金成本、普通股资金成本和留存收益成本等,其中前三类是债务资金成本,后两类是权益资金成本。

1) 资金成本计算的基本模式

资金成本通常用不考虑时间价值的一般通用模型计算,一般用相对数表示。资金成本的计算公式为:

$$资本成本率 = \frac{年资金占用费}{筹资总额 - 筹资费用} = \frac{年资金占用费}{筹资总额 \times (1 - 筹资费用率)}$$

2) 债务资金成本的计算

(1) 长期借款资金成本 $= \dfrac{年利息 \times (1 - 所得税率)}{借款额 \times (1 - 筹资费率)} = 年利率 \times \dfrac{(1-T)}{(1-f)}$

(2) 债券资金成本 $= \dfrac{年利息 \times (1-T)}{发行价格 \times (1-f)}$

若债券溢价或折价发行,为更精确地计算资金成本,应以实际发行价格作为债券筹资额。

3) 股权资金成本的计算

权益资金成本,其资金占用费是向股东分派的股利和股息,而股息是以所得税后净利支付的,不能抵减所得税。股利不能抵税。

(1) 普通股资金成本。

若股利固定:

$$普通股的资金成本 = \frac{年股利}{发行价格 \times (1-f)}$$

若股利逐年稳定增长:

$$普通股成本 = \frac{第一年预期股利}{普通股筹资金额 \times (1-普通股筹资费率)} \times 100\% + 股利固定增长率$$

(2) 留存收益资金成本。

留存收益的资金成本率,表现为股东追加投资要求的报酬率,留存收益的资金成本与普通股资金成本计算方法一致,只不过不考虑筹资费用。

2. 平均资金成本的计算

平均资金成本是以各项个别资本在企业总资本中的比重为权数,对各项个别资金成本率进行加权平均而得到的总资本成本率。

计算公式为:

$$K_w = \sum_{j=1}^{n} K_j W_j$$

式中:K_w 为综合资金成本;K_j 为第 j 种个别资金成本;W_j 为第 j 种个别资本在全部资本中的比重。

(二)任务实施

实训项目：不同筹资方式成本计算。

实训操作：通过本学习任务的学习，使学生掌握对不同筹资方式资金成本的计算。

某企业拟筹资 4000 万元。其中，按面值发行债券 1000 万元，筹资费率 2%，债券年利率为 5%；普通股 3000 万元，发行价为 10 元/股，筹资费率为 4%，第一年预期股利为 1.2 元/股，以后各年增长 5%。所得税税率为 25%。计算该筹资方案的平均资金成本。

(三)实训考核

实训结果：债券比重=1000÷4000=0.25

普通股比重=3000÷4000=0.75

债券资金成本 = $\dfrac{1000 \times 5\% \times (1-25\%)}{1000 \times (1-2\%)} \times 100\% = 4.17\%$

普通股资金成本 = $\dfrac{1.2}{10 \times (1-4\%)} \times 100\% + 5\% = 17.5\%$

加权平均资金成本=0.25×3.42%＋0.75×17.5%=13.98%

教师根据学生的实训作业综合评分并点评。

任务三　汽车 4S 店的营运资金管理

【任务导入】

刚入职的财务专员小李应财务部领导考核要求，对公司购进甲材料的相关成本进行计算，为使总成本最低，本年度需购进该材料多少次？每次购进数量多少？小李应该掌握哪些知识和能力呢？

【任务分析】

企业的营运资金在全部资金中占有相当大的比重，而且周转期短，形态易变，是企业财务管理工作的一项重要内容。本任务中我们需要从运营资金的含义与特点、运营资金管理的基本要求、现金管理、应收账款管理和存货管理等方面进行学习。

【知识准备】

一、营运资金的含义与特点

(一)营运资金的含义

营运资金可以从广义和狭义两个方面来理解。广义的营运资金又称毛营运资金，是指一个企业的流动资产的总额。狭义的营运资金又称净营运资金，是指一个企业流动资产减去流动负债后的余额，即企业在生产经营中维持日常经营所需的资金。此处我们针对狭义概念进行讲述。

1. 流动资产

可以根据不同的标准，对流动资产进行分类。

(1) 按占用形态不同，分为现金、交易性金融资产、应收及预付款项和存货等。

(2) 按在生产经营过程中所处的环节不同，分为生产领域中的流动资产、流通领域中的流动资产以及其他领域的流动资产。

2. 流动负债

可以根据不同的标准，对流动负债进行分类。

(1) 以应付金额是否确定为标准，可以分为应付金额确定的流动负债和应付金额不确定的流动负债。

(2) 以流动负债的形成情况为标准，可以分为自然性流动负债和人为性流动负债。

(3) 以是否支付利息为标准，可以分为有息流动负债和无息流动负债。

(二)营运资金的特点

营运资金作为流动资金的一个有机组成部分，具有以下显著的特点。

1. 周转短期性

营运资金在生产过程中虽然需要经历供产销循环过程，但周转期较短，一般不超过一年。在整个营运资金的投资中，各环节都需要一定数额资金，必须要有多种融资途径，以解决和满足流动资金的需要数额。

2. 高度变换性

营运资金变换能力较强，正因为这一点，才能使企业有足够的能力去维持和运作，获得高度的经营能力。在营运资金的形态转换过程中，转换为货币资金的时间越短，或转换为货币资金的数额越接近于原有价值，其变换性也就越高。

3. 形态并存性

由于生产经营是连续不断的，营运资金的占用形态从空间上看是并存的，各种占用形态同时分布在供产销各个过程中，但从时间上看又是变动的，经常处于货币资金、存货、应收账款、货币资金的变化之中。

4. 投入补偿性

营运资金的投入回收期短，它的耗费能较快地从产品销售收入中得到补偿。一般它的实物耗费与价值补偿在一个生产经营周期内同时完成。

二、营运资金管理的基本要求

营运资金的管理就是对企业流动资产和流动负债的管理,主要是处理好流动资产与流动负债的关系。控制营运资金的数额,既要保证有足够的资金满足生产经营的需要,又要保证能按时按量偿还各种到期债务。企业营运资金管理的基本要求主要表现在以下几方面。

1. 认真分析生产经营状况,合理确定营运资金的需要量

企业流动资金的需要量与企业生产经营活动密切相关,取决于生产经营规模和流动资金的周转速度,同时也受市场及供产销情况的影响。因此,企业财务管理人员应认真分析生产经营状况,综合考虑各种因素,合理预测流动资金的需要量,既要保证企业生产经营的要求,又不能因安排过量而造成浪费。

2. 做好日常管理工作,尽量控制流动资产的占用量

企业在日常管理工作中,要建立有效的管理和控制系统,营运资金的利用在保证生产经营需要的前提下,要恪守勤俭节约的原则,充分挖掘资金潜力,精打细算地使用资金,科学地控制流动资金的占用量,提高企业经济效益。

3. 提高资金的使用效益,加速流动资金的周转

企业占用资金都要为之付出相应的取得成本或使用成本。当企业的生产经营规模及其耗费水平一定时,流动资产的周转速度与流动资金占有数量成反比,所以,周转速度越快,所占用的流动资金就越少,使用成本就越低,因此,加速资金的周转也就相应地提高了资金的利用效果。为此,企业需加强内部经营管理,适度加速存货周转,缩短应收账款的收款周期,以改进资金的利用效果。

4. 合理安排流动资产与流动负债的比例,保证较高的资产获利水平

营运资金是流动资产减去流动负债后的金额,一般说来营运资金数额相对较大,也就是企业流动资产较多,流动负债较少,企业短期偿债能力较强,反之则较弱。但如果企业营运资金过大,也即企业流动资产过多,流动负债过少,企业必须有更多的长期资金来源用于短期资产即流动资产占用,则会加大企业的资产成本,影响获利能力的提高。因此,要合理安排流动资产和负债的比例,既要保证企业有足够的偿债能力,又要保证有较高的资产获利水平。

三、现金管理

现金是企业不可或缺的重要资产。在一定条件下,这种资产甚至会决定企业是否能够持续经营下去。广义的现金是指在生产经营过程中以货币形态存在的资金,包括库存现金、银行存款和其他货币资金,如银行本票、银行汇票等。狭义的现金仅指库存现金。从财务的角度看,现金管理主要是指对广义现金的管理。

(一)企业持有现金的动机

1. 交易动机

交易动机是指企业为了维持日常周转及正常商业活动所需持有的现金额。这种现金持有动机受每日现金流入和流出在时间及数额上的不匹配、企业向客户提供的商业信用条件和从供应商那里获得的信用条件不同和季节性需要等方面的影响。

2. 预防动机

预防动机是指企业为了应付突发的紧急情况而需要持有现金。该动机受企业愿冒缺少现金风险的程度、企业对现金流量预测的可靠程度和企业临时举债能力强弱等因素的影响。

3. 投机动机

投机动机是企业为了把握市场投资机会，获得较大收益而持有现金。这种动机受企业在金融市场的投资机会和企业对待风险的态度等因素影响。

(二)现金的成本

1. 机会成本

现金的机会成本，是指企业因持有一定现金余额丧失的再投资收益。放弃的再投资收益即机会成本属于变动成本，它与现金持有量的多少密切相关，即现金持有量越大，机会成本越大，反之就越小。

2. 管理成本

现金的管理成本，是指企业因持有一定数量的现金而发生的管理费用，例如管理者工资、安全措施费用等。一般认为这是一种固定成本。

3. 短缺成本

现金短缺成本是指在现金持有量不足，又无法及时通过有价证券变现加以补充所给企业造成的损失，包括直接损失与间接损失。短缺成本与现金持有量负相关。

四、应收账款管理

(一)应收账款的功能

应收账款的功能指其在生产经营中的作用，体现在增加销售功能和减少存货功能两方面。

(二)应收账款的成本

1. 应收账款的机会成本(应收账款占用资金的应计利息)

应收账款会占用企业一定量的资金，而企业若不把这部分资金投放于应收账款，便可以用于其他投资并可能获得收益。这种因投放于应收账款而放弃其他投资所带来的收益，即为应收账款的机会成本。

应收账款占用资金的应计利息=应收账款占用资金×资金成本

其中：应收账款占用资金=应收账款平均余额×变动成本率

则：应收账款占用资金的应计利息=平均每日赊销额(或销售额)×平均收账天数×变动成本率×资本成本率

2. 应收账款的管理成本

应收账款的管理成本主要是指在进行应收账款管理时所增加的费用，主要包括：调查顾客信用状况的费用、收集各种信息的费用、账簿的记录费用、收账费用等。

3. 应收账款的坏账成本

在赊销交易中，债务人由于种种原因无力偿还债务，债权人就有可能无法收回应收账款而发生损失，这种损失就是坏账成本。而此项成本一般与应收账款发生的数量成正比。

坏账成本=赊销额×预计坏账损失率

五、存货管理

(一) 存货的含义及功能

存货是企业在生产经营过程中为销售或耗用而储备的各种物质。汽车销售和服务企业的存货包括：汽车、汽车配件、汽车保养和维修用材料、汽车装饰品、低值易耗品等。在企业的流动资产中，存货占很大的比重，特别是汽车4S店的存货比重更大，约占流动资产的80%以上。所以，加强存货的管理，对企业财务状况将产生极大影响。

存货管理的目标，就要尽力在各种存货成本与存货效益之间做出权衡，在充分发挥存货功能的基础上，降低存货成本，实现两者的最佳结合。存货的功能是指存货在企业生产经营过程中起到的作用。具体包括以下几个方面：

(1) 保证生产正常进行；
(2) 有利于销售；
(3) 便于维持均衡生产，降低产品成本；
(4) 降低存货取得成本；
(5) 防止意外事件的发生。

(二) 存货的持有成本

保持一定的存货就必然产生一定的成本，存货的成本包括取得成本、储存成本和短缺成本。

1. 取得成本

取得成本是指为取得某种存货而支出的成本。取得成本又分为订货成本和购置成本。

(1) 订货成本是指订购商品而发生的成本，如采购人员的差旅费、电话费、办理结算的手续费等。

(2) 购置成本是指存货本身的价值，经常用数量与单价的乘积来确定。在无商业折扣的情况下，购置成本是不随采购次数的变动而变动的，是一项决策的无关成本。

2．储存成本

储存成本是指为了保持存货而发生的成本，包括存货占用资金所应计的利息、仓库费用、保险费用、存货破损和变质损失等。

3．短缺成本

短缺成本是指由于存货供应中断而造成的损失，包括材料供应中断造成的停工损失、产品库存缺货造成的销售数量的流失即丧失销售机会的损失。如果企业以紧急采购等方式解决库存短缺之急，那么短缺成本表现为紧急额外购入成本。

【任务实施与考核】

(一)技能学习

1．最佳现金持有量的确定方法

1) 成本模型

持有现金是有成本的，最优的现金持有量是使得现金持有成本最小化的持有量。模型考虑的现金持有成本与持有量的关系如表7-2所示。

表7-2 现金持有成本与持有量的关系

现金持有成本	机会成本	管理成本	短缺成本
与现金持有量的关系	正比例变动	无明显的比例关系 (固定成本)	反向变动
决策原则	最佳现金持有量是使上述三项成本之和最小的现金持有量		

2) 随机模型(米勒-奥尔模型)

由于现金流量波动是随机的，只能对现金持有量确定一个控制区域，定出上限和下限。当企业现金金额在上限和下限之间波动时，表明企业现金持有量处于合理的水平，无须进行调整。当现金余额达到上限时，则将部分现金转换为有价证券；当现金余额下降到下限时，则卖出部分证券。具体原理如表7-3所示。

2．最优存货量的确定

1) 经济订货模型

这些假设包括：①存货总需求量是已知常数；②订货提前期是常数；③货物是一次性入库；④单位货物成本为常数，无批量折扣；⑤库存持有成本与库存水平呈线性关系；

⑥货物是一种独立需求的物品，不受其他货物影响。

表 7-3　现金持有量随机模型分析表

相关成本	机会成本(总额)	交易成本(总额)
与现金持有量关系	正比例变动	反比例变动
基本原理	企业根据历史经验和现实需要，测算出一个现金持有量的控制范围，即制定出现金持有量的上限和下限，将现金持有量控制在上下限之内	
基本计算公式	(1)下限(L)的确定：由现金管理部经理在综合考虑短缺现金的风险程度、公司借款能力、公司日常周转所需资金、银行要求的补偿性余额等因素的基础上确定。 (2)回归线 R 的计算公式： $$R = \left(\frac{3b + \delta^2}{4i} \right)^{\frac{1}{3}} + L$$ 式中：b——证券转换为现金或现金转换为证券的成本； 　　　δ——公司每日现金流变动的标准差； 　　　i——以日为基础计算的现金机会成本。 (3)最高控制线 H 的计算公式为：$H=3R-2L$	
特点	随机模式建立在企业的现金未来需求总量和收支不可预测的前提下，计算出来的现金持有量比较保守	

2) 保险储备

在交货期内，如果对存货的需求量很大，或交货时间由于某种原因被延误，企业可能发生缺货。为防止存货中断，再订货点应等于交货期间的预计需求与保险储备之和。即：

再订货点=预计交货期内的需求＋保险储备

最佳的保险储备应该是使缺货损失和保险储备的持有成本之和达到最低。

库存管理不仅需要各种模型帮助确定适当的库存水平，还需要建立相应的库存控制系统。传统的库存控制系统有定量控制系统和定时控制系统两种，现在许多大型公司都已采用了计算机库存控制系统。

3. 应收账款信用政策

1) 信用标准

信用标准代表企业愿意承担的最大的付款风险的金额。如果企业执行的信用标准过于严格，可能会降低对符合可接受信用风险标准客户的赊销额，因此会限制公司的销售机会。

如果企业执行的信用标准过于宽松，可能会对不符合可接受信用风险标准的客户提供赊销，因此会增加随后还款的风险并增加坏账费用。

(1)"5C"系统。企业在设定某一顾客的信用标准时，往往先要评估其赖账的可能性。这可以通过"5C"系统来进行。具体信用评估内容见表7-4。

表 7-4 信用品质的 5C 表现

	信用品质的五个方面
品质	指个人申请人或公司申请人管理者的诚实和正直表现
能力	反映的是公司或个人在其债务到期时可以用于偿债的当前和未来的财务资源；可以使用流动比率、现金流的预测等方法评价
资本	资本是指如果公司或个人当前的现金流不足以还债，他们在短期和长期内可供使用的财务资源
抵押	当公司或个人不能满足还款条款时，可以用作债务担保的资产或其他担保物
条件	指影响顾客还款能力和还款意愿的经济环境，对申请人的这些条件进行评价以决定是否给其提供信用

(2) 信用的定量分析。进行商业信用的定量分析可以从考查信用申请人的财务报表开始。通常使用比率分析法评价顾客的财务状况。常用的指标有：流动性和营运资本比率(如流动比率、速动比率以及现金对负债总额比率)、债务管理和支付比率(利息保障倍数、长期债务对资本比率、带息债务对资产总额比率，以及负债总额对资产总额比率)和盈利能力指标(销售回报率、总资产回报率和净资产收益率)。

2) 信用条件

信用条件是指销货企业要求赊购客户支付货款的条件，由信用期限和现金折扣两个要素组成。规定信用条件包括设计销售合同或协议来明确规定在什么情形下可以给予信用。

3) 信用期间

信用期间是企业允许顾客从购货到付款之间的时间，或者说是企业给予顾客的付款期间。

信用期的确定，主要是分析改变现行信用期对收入和成本的影响。延长信用期，会使销售额增加，产生有利影响；与此同时，应收账款、收账费用和坏账损失增加，会产生不利影响。当前者大于后者时，可以延长信用期，否则不宜延长。如果缩短信用期，情况与此相反。

4) 折扣条件

现金折扣是企业对顾客在商品价格上的扣减。向顾客提供这种价格上的优惠，主要目的在于吸引顾客为享受优惠而提前付款，缩短企业的平均收款期。另外，现金折扣也能招揽一些视折扣为减价出售的顾客前来购货，借此扩大销售量。

关于折扣要考虑两个问题，一是由于折扣存在，可能引起提前付款，进而影响平均收账期，进一步影响应收账款占用资金的应计利息；二是引起折扣成本。

(二)任务实施

实训项目 1：现金最佳持有量的确定

通过本学习任务的学习，使学生掌握现金最佳持有量的确定方法。

设某公司现金部经理决定 L 值应为 10 000 元，估计公司现金流量标准差 δ 为 1000 元，持有现金的年机会成本为 14%，换算为 i 值是 0.00039，b=150 元。

实训项目2：应收账款信用政策的确定

通过本学习任务的学习，使学生掌握应收账款信用政策的确定方法。

A公司现在采用30天按发票金额付款(即无现金折扣)的信用政策，拟将信用期放宽至60天，仍按发票金额付款。假设等风险投资的最低报酬率为15%，其他有关的数据如下表。要求分析该公司应否将信用期改为60天。

项　目	30天	60天
全年销售量(件)	100 000	120 000
全年销售额(元)(单价5元)	500 000	600 000
全年销售成本(元)		
变动成本(每件4元)	400 000	480 000
固定成本(元)	50 000	50 000
毛利(元)	50 000	70 000
可能发生的收账费用(元)	3 000	4 000
可能发生的坏账损失(元)	5 000	9 000

实训项目3：最优存货量的确定

通过本学习任务的学习，使学生掌握最优存货量的确定方法。

假设某公司每年所需的某材料为104 000件。设公司每次订货费用为20元，存货年持有费率为每件0.8元。

(三)实训考核

实训项目一

根据该模型，可求得：

$$R = \left(\frac{3 \times 150 \times 1000^2}{4 \times 0.00039} \right)^{\frac{1}{3}} + 10\,000 = 16\,607(元)$$

$H = 3 \times 16\,607 - 2 \times 10\,000 = 29\,821(元)$

该公司目标现金余额为16 607元。若现金持有额达到29 821元，则买进13 214元的证券；若现金持有额降至10 000元，则卖出6607元的证券。

随机模型计算出来的现金持有量比较保守。

实训项目二

1) 收益的增加

收益的增加=销售量的增加×单位边际贡献=(120 000-100 000)×(5-4)=20 000(元)

2) 应收账款占用资金应计利息增加的计算

30天信用期应计利息=(500 000÷360)×30×(400 000÷500 000)×15%=5000(元)

60天信用期应计利息=(600 000÷360)×60×(480 000÷600 000)×15%=12 000(元)

应计利息增加=12 000-5000=7000(元)

3) 收账费用和坏账损失增加

收账费用增加=4000-3000=1000(元)

坏账损失增加=9000-5000=4000(元)

4) 改变信用期的税前损益

改变信用期的税前损益=收益增加-成本费用增加=20 000-(7000+1000+4000)=8000(元)

由于收益的增加大于成本增加，故应采用 60 天的信用期。

实训项目三

与订货批量有关的存货年总成本 TIC：

$$\text{TIC} = 20 \times \frac{104\,000}{Q} + \frac{Q}{2} \times 0.8$$

式中：Q——每次订货批量。

我们的目的是使公司 TIC 最小化。由此例，我们可抽象出经济订货模型。存货的总成本为

$$\text{TIC} = K \times \frac{D}{Q} + \frac{Q}{2} \times K_C$$

式中：TIC——与订货批量有关的每期存货的总成本；

D——每期对存货的总需求；

Q——每次订货批量；

K——每次订货费用；

K_C——每期单位存货持有费率。

使 TIC 最小的批量 Q 即为经济订货批量 EOQ。利用数学知识，可推导出：

$$\text{EOQ} = \sqrt{\frac{2KD}{K_C}} \qquad \text{TIC} = \sqrt{2KDK_C}$$

从该公式，我们可算出公司的经济订货批量和最小存货成本：

$$\text{EOQ} = \sqrt{\frac{2 \times 104\,000 \times 20}{0.8}} = 2280.35(件)$$

$$\text{TIC} = \sqrt{2KDK_C} = \sqrt{2 \times 20 \times 0.8 \times 104\,000} = 1824.28(元/件)$$

教师根据学生的三个实训项目作业，结合上述结论给予评价和分析。

任务四　汽车 4S 店的成本与费用管理

【任务导入】

成本在企业财务活动中占有十分重要的地位，它是补偿企业生产经营耗费的最低尺度，是衡量企业工作业绩与效率的基础，是制订和修订产品价格的主要参数，因此，作为财务

新人的小王必须学会为企业进行成本管理。

汽车 4S 店在实现服务的过程中，必然伴随着一系列人、财、物的消耗，构成汽车 4S 店经营活动的成本与费用。本任务中我们需要学习成本与费用的含义及分类、经营成本的内容及要素、期间费用和成本控制等相关内容。

一、成本、费用的含义及其分类

1. 成本、费用的含义

汽车销售和服务企业的成本、费用即经营费用，是指企业进行服务所进行的一系列经营活动发生的各种费用消耗，是企业在获取收入过程中付出的经济代价。在成本管理活动中，把汽车销售和服务企业在经营活动中耗费的费用分为经营成本和期间费用两个部分，使"成本"与"费用"相互区分开来。

1) 成本

成本亦即经营成本，是指企业在经营过程中实际发生的与销售、服务、维修等生产经营活动直接有关的各项支出，包括在此过程中支出的人工费、材料费和其他费用。成本的支出具有明确的针对性，以特定的产品或劳务为归集基础和核算对象，能较好地体现企业在经营活动中所支出的物质消耗、劳动报酬及有关费用支出。成本的各项费用要素均直接或按一定标准分配计入经营成本。

2) 费用

费用亦即期间费用，是指企业(不含企业基层生产组织管理部门)为组织管理销售和服务活动而发生的管理费用和财务费用。此类费用的发生是间接为经营生产活动服务的，也有用于非生产方面的耗费，只能以费用发生的时间即相应的会计期间为归集基础。各种期间的费用不能计入经营成本，只能直接计入当期损益，是当期损益的抵减项目。

3) 不得列入成本、费用的支出

下列支出是既不能列入经营成本，也不能列入当期费用的：为购建和建造固定资产、无形资产和其他资产的支出；对外投资的支出；被没收财物的损失；支付的滞纳金、罚款、违约金、赔偿金；企业赞助和捐赠支出；国家法律、法规规定以外的各种付费；国家规定不得列入成本、费用的其他支出。

2. 成本、费用的分类

汽车销售和服务企业的成本、费用即经营成本、费用按照不同的分类目的及标准，可作如下分类。

1) 按经济内容分

汽车销售和服务企业的生产经营过程也是物化劳动与活化劳动消耗的过程，故经营费用按其经济内容的不同，可以分为物化劳动费用和活化劳动费用两大类，在此基础上可进一步划分出若干费用要素。如此分类可以较明确地反映汽车服务经营活动所耗资源的种类、数量，分析各个时期营运费用的支出水平。

2) 按经济用途分

按各类营运费用在汽车销售和服务活动中的不同用途，可以分为经营成本和期间费用两大类，前者又可分为人工费、材料费及其他费用三部分；后者又可分为管理费用和财务费用两部分。经营成本按经济用途还可进一步划分出若干成本项目。如此分类有利于划清成本与费用的界限，便于计算经营成本。

3) 按计入成本对象的方法分

经营费用依其计入成本的方法不同，可分为直接费用和间接费用两类。直接费用是指在维修、销售等或其他业务活动中发生的能直接计入某成本计算对象的费用，如汽车进货成本、维修用的材料等；间接费用则是指无法根据其原始凭证确认成本计算对象的费用，如行政经费等，只能通过分配计入成本。如此分类有利于正确、准确地计算经营成本。

4) 按费用与业务量的关系分

经营费用按其与销售和服务工作量的变化关系，可分为固定费用与变动费用。随着服务工作量的变化而变动的费用为变动费用，如进货费用、维修材料费、维修工时费用等，否则为固定费用，如管理人员的工资等。如此分类有利于分析成本习性，寻求降低成本的途径。

二、经营成本的内容及要素

1. 经营成本的内容

经营成本是指企业在经营过程中实际发生的与维修、销售和其他业务等直接有关的各项支出，包括人工费、材料费和其他费用。

(1) 人工费：企业直接从事汽车销售和服务活动的人员工资、福利费、奖金、津贴和补贴等。

(2) 材料费：企业在汽车维修服务活动中实际消耗的各种材料、备品、备件、轮胎、专有工器具、动力照明、低值易耗品等支出。

(3) 其他费用：除人工费和材料费以外的、应直接或间接计入经营成本的各项费用。对于汽车 4S 店，它主要包括企业在经营活动中发生的这样一系列费用：固定资产折旧费、修理费、租赁费(不含融资租赁的固定资产)、水电费、办公费、差旅费、保险费、劳动保护费、职工福利费、事故净损失等。

2. 经营成本的要素

汽车销售和服务企业经营费用在按其经济内容进行分类的基础上可进一步划分出若干

费用要素。

(1) 工资：支付给职工的基本工资、工资性津贴。

(2) 职工福利：按规定的工资总额和标准计提的职工福利费。

(3) 进货费用：包括进车、购入维修材料、购入汽车备件和各种消耗性材料等。

(4) 外购低值易耗品：外购的各种用具物品，如维修工具等不在固定资产范围的有关劳动资料。

(5) 折旧：按规定提取的固定资产折旧。

(6) 修理费：企业修理固定资产而发生的修理费用。

(7) 其他费用：根据其使用特性不能明确地归类到上述各项费用要素之中的一系列费用。

三、期间费用的含义及构成

汽车销售和服务企业的期间费用是指企业为组织生产经营活动而发生在会计期间的管理费用和财务费用。期间费用不能计入成本，而应直接计入当期损益，以利于及时结算各期损益。

1. 管理费用

管理费用是指企业行政管理部门为管理和组织经营活动而发生的下列各项费用：公司经费、职工教育和培训经费、职工保险费、董事会费、咨询费、诉讼费、税金、土地使用费、无形资产摊销、开办费摊销、广告费、展览费、坏账损失、存货盘亏(减盘盈)、其他不属于以上范围的管理费用。

2. 财务费用

财务费用是企业为筹集资金而发生的各项费用，包括汽车销售和服务企业在经营期间发生的下列各项费用：借款利息、汇兑损益、金融机构手续费和筹集资金发生的其他财务费用。

四、成本控制

(一)成本控制的含义和内容

成本控制是对企业生产经营过程中发生的各种耗费进行控制。它有广义和狭义之分。

广义的成本控制就是成本经营，强调对企业生产经营的各个环节和方面进行全过程的控制。广义的成本控制包括成本预测、成本计划、成本日常控制、成本分析和考核等一系列环节。

狭义的成本控制也称成本的日常控制，主要是指对生产阶段产品成本的控制。

(二)成本控制的基本方法

1. 标准成本控制的含义

标准成本是指运用技术测定等方法制定的在有效的经营条件下应该实现的成本,是根据产品的耗费标准和耗费的标准价格预先计算的产品成本。

2. 标准成本的种类

标准成本的种类具体如下。

(1) 理想标准成本。理想标准成本是指在现有条件下所能达到的最优的成本水平。

(2) 以历史平均成本作为标准成本。以历史平均成本作为标准成本是指过去较长时间内所达到的成本的实际水平。

(3) 正常标准成本。正常标准成本是指在正常情况下企业经过努力可以达到的成本标准,这一标准考虑了生产过程中不可避免的损失、故障和偏差。

3. 标准成本的制定

制定标准成本,通常要区分成本项目确定直接材料、直接人工和制造费用等的标准成本,最后制定单位产品的标准成本。制定时,无论是哪一个成本项目,都需要分别确定其用量标准和价格标准,两者相乘后得出成本标准。标准成本项目具体如表 7-5 所示。

表 7-5　标准成本项目

成本项目	用量标准	价格标准
直接材料	单位产品材料消耗量	原材料单价
直接人工	单位产品直接人工工时	小时工资率
制造费用	单位产品直接人工工时	小时制造费用分配率

4. 成本差异的含义和类型

1) 成本差异的含义

在标准成本制度下,成本差异,是指一定时期生产一定数量的产品所发生的实际成本与相关的标准成本之间的差额。

$$成本差异=实际成本-标准成本$$

2) 成本差异的类型

成本差异按照不同标准可划分为不同类型,其数值的确定也不同。

(1) 用量差异与价格差异。

用量差异是反映由于直接材料、直接人工和变动性制造费用等要素实际用量消耗与标准用量消耗不一致而产生的成本差异。其计算公式为

$$用量差异=标准价格×(实际用量-标准用量)$$

价格差异是反映由于直接材料、直接人工和变动性制造费用等要素实际价格水平与标准价格水平不一致而产生的成本差异。其计算公式为

价格差异=(实际价格-标准价格)×实际用量

(2) 纯差异与混合差异。

从理论上讲，任何一类差异在计算时都需要假定某个因素变动时，其他因素固定在一定基础上不变。把其他因素固定在标准的基础上，计算得出的差异就是纯差异。

与纯差异相对立的差异就是混合差异。混合差异又叫联合差异，是指总差异扣除所有的纯差异后的剩余差异。

(3) 有利差异与不利差异。

有利差异，是指因实际成本低于标准成本而形成的节约差。不利差异，则指因实际成本高于标准成本而形成的超支差。但这里的有利与不利是相对的，并不是有利差异越大越好。例如，不能为了盲目追求成本的有利差异，而不惜以牺牲质量为代价。

(4) 可控差异与不可控差异。

可控差异，是指与主观努力程度相联系而形成的差异，又叫主观差异。它是成本控制的重点所在。

不可控差异，是指与主观努力程度关系不大，主要受客观原因影响而形成的差异，又叫客观差异。

【任务实施与考核】

(一)技能学习

1. 变动成本差异的计算与分析

变动成本差异分析的通用模式，具体见图 7-1。

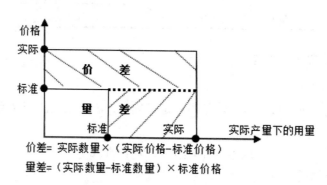

图 7-1 变动成本差异分析通用模式

变动成本差异分析包括直接材料成本差异分析、直接人工成本差异分析和变动制造费的差异分析，具体如表 7-6～表 7-8 所示。

表 7-6 直接材料成本差异分析

项目	差异计算	差异形成的原因及责任归属
直接材料成本差异分析	用量差异： 直接材料用量差异= (实际产量下实际用量-实际产量下标准用量)×标准价格	直接材料用量差异的形成原因是多方面的，有生产部门的原因，也有非生产部门的原因。材料用量差异的责任需要通过具体分析才能确定，但主要责任往往应由生产部门承担
	价格差异： 直接材料价格差异=(实际价格-标准价格)×实际产量下实际用量	材料价格差异的形成受各种主客观因素的影响，较为复杂，但由于它与采购部门的关系更为密切，因此其主要责任部门是采购部门

表 7-7 直接人工成本差异分析

项目	差异计算	差异形成的原因及责任归属
直接人工成本差异分析	用量差异： 直接人工效率差异= (实际产量下实际人工工时-实际产量下标准人工工时)×标准工资率	差异的形成原因是多方面的。工人技术状况、工作环境和设备条件的好坏等都会影响效率的高低，但其主要责任部门还是生产部门
	价格差异： 直接人工工资率差异= 实际产量下实际人工工时×(实际工资率-标准工资率)	直接人工工资率差异的形成原因较复杂，工资制度的变动、工人的升降级、加班或临时工的增减等都将导致工资率差异。一般而言这种差异的责任不在生产部门，劳动人事部门更应对其承担责任

表 7-8 变动制造费用的差异分析

项目	差异计算	差异形成的原因及责任归属
变动制造费用差异分析	用量差异： 变动费用效率差异= (实际产量下实际工时-实际产量下标准工时)×变动制造费用标准分配率	变动制造费用效率差异形成原因与人工效率差异相同。
	价格差异： 变动费用耗费差异= 实际产量下实际工时×(变动费用实际分配率-变动费用标准分配率)	差异的形成原因亦较复杂。

2. 固定制造费用成本差异的计算分析

固定制造费用成本差异的计算公式如下：

耗费差异=实际产量下实际固定制造费用-预算产量下的标准固定制造费用

　　　　=实际固定制造费用-预算产量×工时标准×标准分配率

　　　　=实际固定制造费用-预算产量标准工时×标准分配率

能量差异=预算产量下的标准固定制造费用-实际产量下的标准固定制造费用
=(预算产量下的标准工时-实际产量下的标准工时)×标准分配率

(二)任务实施

实训项目：成本差异的计算和控制方法。

实训操作：通过本学习任务的学习，使学生掌握某企业适用标准成本法控制成本。

具体问题如下：

甲产品每月的正常生产量为 2000 件，每件产品直接材料的标准用量是 0.6 千克，每千克的标准价格为 100 元；每件产品标准耗用工时 3 小时，每小时标准工资率为 10 元；制造费用预算总额为 18 000 元，其中变动制造费用 6000 元，固定制造费用 12 000 元。

本月实际生产了 1875 件，实际材料价格为 105 元/千克，全月实际领用 1200 千克；本月实际耗用总工时 6000 小时，每小时支付的平均工资为 9.8 元；制造费用实际发生额为 18 900 元(其中变动制造费用为 6900 元，固定制造费用为 12 000 元)。

要求：

(1) 编制甲产品标准成本卡；
(2) 计算和分解直接材料、直接人工、制造费用的成本差异。

(三)实训考核

(1) 编制甲产品的标准成本卡，如表 7-9 所示。

表 7-9 甲产品标准成本卡   金额单位：元

项 目	用量标准	价格标准	单位标准成本
直接材料	0.6	100	60
直接人工	3	10	30
变动制造费用	3	1[6000/(3×2000)]	3
固定制造费用	3	2[12 000/(3×2000)]	6
单位标准成本			99

(2) 计算成本差异。

① 首先列示实际单位成本，如表 7-10 所示。

表 7-10 甲产品实际单位成本   金额单位：元

项 目	实际用量	实际价格	实际单位成本
直接材料	0.64(1200/1875)	105	67.2
直接人工	3.2(6000/1875)	9.8	31.36
变动制造费用	3.2	1.15(6900/6000)	3.68
固定制造费用	3.2	2(12 000/6000)	6.4
单位标准成本			108.64

② 直接材料成本差异=67.2×1875-60×1875=13 500(元)

其中，用量差异=(1200-1875×0.6)×100=7500(元)

价格差异=(105-100)×1200=6000(元)

③ 直接人工成本差异=31.36×1875-30×1875=2550(元)

其中，效率差异=(6000-3×1875)×10=3750(元)

工资率差异=(9.8-10)×6000=-1200(元)

④ 变动制造费用成本差异=6900-3×1875=1275(元)

其中，效率差异=(6000-1875×3)×1=375(元)

耗费差异=(1.15-1)×6000=900(元)

⑤ 固定制造费用成本差异=12 000-6×1875=750(元)

其中，耗费差异=12 000-6×2000=0

产量差异=(2000×3-6000)×2=0

效率差异=(6000-1875×3)×2=750(元)

教师结合上述分析结论，对学生的实训作业进行评价和分析。

思 考 题

1. 简述汽车 4S 店财务管理的内容。
2. 简述企业筹集资金的目的和分类。
3. 企业筹资的动机有哪些？
4. 简述筹资的渠道和方式。
5. 股票和债券有哪些区别？
6. 简述营运资金管理的基本要求。
7. 什么是成本和费用？
8. 汽车 4S 店的经营成本包括哪些内容？

参 考 文 献

[1] 宋润生，韩承伟. 汽车营销基础与实务[M]. 北京：机械工业出版社，2017.
[2] 朱刚，王海林. 汽车服务企业管理[M]. 2版. 北京：北京理工大学出版社，2015.
[3] 赵伟章. 汽车维修业务管理实务[M]. 北京：化学工业出版社，2012.
[4] 刘亚杰. 汽车4S店经营管理[M]. 长春：吉林教育出版社，2009.
[5] 段钟礼，张摺挑. 汽车服务接待实用教程[M]. 北京：机械工业出版社，2012.
[6] 李美丽. 汽车服务企业管理[M]. 上海：上海交通大学出版社，2012.
[7] 晋东海，翟云茂. 汽车维修企业经营与管理[M]. 北京：机械工业出版社，2013.
[8] 朱杰. 汽车服务企业管理[M]. 北京：电子工业出版社，2005.
[9] 新知车业项目策划组. 汽车4S店规范化管理全案[M]. 北京：化学工业出版社，2015.
[10] 倪勇，吴汶苪. 汽车4S企业管理制度与前台接待[M]. 北京：机械工业出版社，2011.
[11] 吴崑. 管理学基础[M]. 北京：高等教育出版社，2012.
[12] 加里·德斯勒. 人力资源管理[M]. 北京：中国人民大学出版社，1999.
[13] 刘军. 汽车4S店管理全程指导[M]. 北京：化学工业出版社，2011.
[14] 房红霞. 汽车维修财务管理[M]. 北京：人民交通出版社，2005.
[15] 李恒宾，张锐. 汽车4S店经营管理[M]. 北京：北京交通大学出版社，2010.
[16] 叶东明. 如何经营好4S店[M]. 北京：化学工业出版社，2012.
[17] 姚凤莉. 汽车4S店经营管理[M]. 北京：清华大学出版社，2018.
[18] 栾琪文. 现代汽车维修企业管理实务[M]. 北京：机械工业出版社，2011.
[19] 朱建柳. 汽车服务企业管理[M]. 西安：西安电子科技大学出版社，2013.
[20] 刘同福. 汽车4S店管理全攻略[M]. 北京：机械工业出版社，2006.
[21] 叶东明. 汽车4S店客户关系优化管理[M]. 北京：化学工业出版社，2020.